大学生心理健康教育

Daxuesheng Xinli Jiankang Jiaoyu

王聪 鲁婉玉 黄子鉴◎主编
宋辉 李萌◎副主编

大连理工大学出版社

图书在版编目(CIP)数据

大学生心理健康教育 / 王聪，鲁婉玉，黄子鉴主编. 大连 ：大连理工大学出版社，2024. 8(2024.8 重印). -- ISBN 978-7-5685-5063-5

Ⅰ. G444

中国国家版本馆 CIP 数据核字第 2024QE1341 号

大连理工大学出版社出版

地址：大连市软件园路 80 号　邮政编码：116023

发行：0411-84708842　邮购：0411-84708943　传真：0411-84701466

E-mail：dutp@dutp.cn　URL：https://www.dutp.cn

大连天骄彩色印刷有限公司印刷　大连理工大学出版社发行

幅面尺寸：185mm×260mm　印张：16　字数：377 千字

2024 年 8 月第 1 版　2024 年 8 月第 2 次印刷

责任编辑：邵　婉　朱诗宇　责任校对：张　娜

封面设计：张　莹

ISBN 978-7-5685-5063-5　定　价：58.00 元

前言

FOREWORD

“青年最富有朝气、最富有梦想。青年兴则国家兴，青年强则国家强。”“中国梦是我们的，更是你们青年一代的。中华民族伟大复兴终将在广大青年的接力奋斗中变为现实。”大学生作为青年人的主力军，是社会最活跃、最积极的力量，承载着我们共同的中国梦，因此促进大学生身心健康、全面发展成为全社会关注的重大课题。党的十八大以来，以习近平同志为核心的党中央高度重视学生心理健康工作。在党的二十大报告中提出要“重视心理健康和精神卫生”。近几年，教育部等相关部门出台了一系列指导性政策：2021年发布《关于加强学生心理健康管理工作的通知》，2023年印发《全面加强和改进新时代学生心理健康工作专项行动计划（2023—2025年）》等。各高校应加强和改进新时代大学生心理健康工作，丰富心理健康教育形式，全面提升大学生心理健康素养。

大学生正处于从青春期向成年期过渡的阶段，心理处于半成熟半幼稚状态，在自我认知、情绪管理、人际关系、恋爱、人格培养及职业规划等方面都存在困惑。因此，帮助大学生培养积极心态和健全人格，正确应对“成长的烦恼”，提高自身心理健康水平，树立远大的人生目标，成长为全面发展的新一代青年，成为高校心理健康教育工作的重要目标。

在以上这些大背景下，围绕高校心理健康教育工作的目标，我们组织了在高校长期从事大学生思想政治教育及心理健康教育工作的教师编写了这本教材。本教材的特点是通俗易懂，理论与实际相结合。以心理健康知识的基本理论为基础，紧紧围绕大学生人格成长和完善过程中经常遇到的心理问题，如自我意识、人格完善、情绪调节、人际交往、恋爱心理和职业规划等方面的困扰，通过心理健康知识理论和一些简单实用的心理调适方法的讲授和操作，帮助学生更好地认识自我，能够及时地对可能发生的心理问题进行必要的预防，提升自身心理健康水平。本教材增设“思政元素”栏目，将人生观、价值观、理想信念、以爱国主义为核心的民族精神、以改革创新为核心的时代精神等思想政治教育元素与心理健康教育内容有机融合，充分发挥课程思政、课程育人的功能。

本教材由大连海洋大学王聪、鲁婉玉、黄子鉴担任主编，宋辉、李萌担任副主编。全书包括十二章，其中第二、七、八、十二章由王聪编写；第一、六章由鲁婉玉编写；第三、九章由黄子鉴编写；第五、十一章由宋辉编写；第四、十章由李萌编写。全书由王聪统稿。

在编写的过程中，我们参阅和借鉴了大量中外文献资料，在此，向各位专家一并表示感谢。编写时我们虽力求体现科学性、实用性、时代性，但限于编者的水平，书中一定存在许多不足之处，敬请读者提出宝贵意见。

编　者

2024年4月

目录

CONTENTS

第一章

走进神秘的心理学

——心理健康导论

学习目标

知识目标	了解心理学的概念、心理学的研究目标；了解心理学关于心理过程的描述；了解心理与健康的关系；掌握心理健康的标准
能力目标	认识心理健康的重要性，提升心理健康意识；掌握评估心理健康的标准
素质目标	了解"健康中国行动"，培养积极正向心态

主题导读

扫阳光

有兄弟二人，年龄不过四五岁，由于卧室的窗户整天都是密闭着的，他们认为屋内太阴暗，看见外面灿烂的阳光，觉得十分羡慕。兄弟二人就商量说："我们可以一起把外面的阳光扫一点儿进来。"于是，兄弟两人拿着扫帚和畚箕，到阳台上去扫阳光。

等到他们把畚箕搬到房间里的时候，里面的阳光就没有了。这样一而再再而三地扫了许多次，屋内还是一点阳光都没有。正在厨房忙碌的妈妈看见他们奇怪的举动，问道："你们在做什么？"他们回答说："房间太暗了，我们要扫点阳光进来。"妈妈笑着说："只要把窗户打开，阳光自然会进来，何必去扫呢？"故事告诉我们：把封闭的心门敞开，成功的阳光就能驱散失败的阴暗。

尽管每个人对成功的理解并不相同，但是每个人都在追求成功，渴望成功。心理素质与人的成功有着不可分割的关系。需要重视心理素质的提升；管理要发挥效能，需要强调以人为本，遵循人的心理活动规律；商业促销要成功，更离不开对消费者心理活动的观察与运用。现代医学也重视社会生活事件对人心理活动的影响，关注心理因素在致病及康复过程中的作用。因此，了解掌握心理学知识对正在成长的大学生有着十分重要的意义。

第一节 心理学与我们的生活

就问题的复杂性而言，人本身的问题绝不比宇宙的其他问题容易。有人类历史以来，人本身的问题就成了人类所面临的最难解之谜，以至于著名哲学家苏格拉底发出经久不衰的呐喊：人啊！去认识你自己吧！我们有时会感觉到自己的思想、情绪感受、行为动作是那么的不可思议和深受伤害，惶恐中寻求着理解与解决之道。

一、心理学概述

(一)什么是心理学

心理学在历史上长期隶属于哲学，英文名称为"psychology"，它是由两个古希腊文字"psyche"和"logos"组成的。"psyche"的含义是"心灵""灵魂"；"logos"的含义是"讲述"或"解说"。二者合起来就是"对心灵或灵魂的解说"。这可以说是心理学的最早定义。在之后的发展历史中，心理学的定义随着其研究内容和重点的不断演变而不断变化着，直到20世纪中期以后才有了相对统一的定义，即"心理学是研究人的心理和行为活动规律的科学"。它通过探讨人的心理活动和对行为的观察，调节与控制人的心理活动，是一门兼有自然科学和社会科学特征的中间科学。

什么是行为呢？

每一个人所做的任何事情都是一种行为，如吃饭、睡觉、做梦、打喷嚏、讲话、思考、赌博、看电视、学外语、读书等。

心理学把人的行为分为两类：一类是可以直接观察的行为和反应，称为外显行为(overt behavior)；相对而言，另一类是不能被他人在自然状态直接观察的行为，称为内隐行为(covert behavior)，比如思考、记忆、情感等，也有人把这些内隐行为称为人内部的心理过程或精神过程。

心理学研究的主题在很大程度上是人类和其他动物的可观察行为，探讨个体做些什么？如何做的？为什么会发生这样的行为？如何改变？等等。但是，许多事实告诉我们，不理解人的内部的活动，如思考、计划、记忆、情绪等活动，就无法理解我们观察到的各种外在的行为。在我们一般性的生活经验中，我们很容易将诸如思考、计划、记忆、情绪等内隐行为理解为精神活动。

(二)心理学的研究目标

心理学家把心理学及其研究的目标概括为：描述、解释、预测和控制行为。

1. 描述——是什么

描述是指对行为进行的精确的观察，心理学家把这种观察称为行为数据。行为数据是关于肌体的行为和行为发生时环境状态的观察报告。心理学对人的行为从不同等级、不同角度进行观察和描述：从最宽泛、最概括的一般水平到最细微的具体水平等。心理学描述的水平不同，提出的问题也不同。在心理分析最概括的水平上，研究者探索的是在复杂的社会环境和文化环境中人的整体行为。在这个水平上，研究个体存在的严重的暴力、偏见的根源，精神疾患产生的原因等。在下一个水平上，心理学家关注窄一些、小一些的行为单元，比如，对交通灯的反应速度、阅读过程中的眼动以及儿童在学习语言过程中的语法错误。心理学家还可以研究行为的更小单元，他们可以通过确认大脑中存储不同类型记忆的地方、在学习过程中发生的生物化学变化以及负责视觉和听觉的感觉通路来探索行为的生物基础。

2. 解释——为什么

描述行为和解释行为不是一回事。解释行为意味着我们能说明一种行为产生的原因。例如，前面提到的一个问题：为什么旁观者在紧急情况下往往不愿出手救人？对旁观者这种冷漠态度的研究表明，当人们看到有其他人在场并可能去救助时，自己常常不去援助，原因是此时会出现一种“责任扩散”的心理现象，没有人觉得一定需要自己出手。一般来说，现场中“潜在的救助者”人数越多，人们等着别人去救助的可能性就越大。至此，我们可以给这个令人困惑的现象一个解释了。

3. 预测——将要发生什么

心理学中的预测是指对一个特定的行为发生的可能性和一种特定环境事件的关系将被发现的可能性的陈述。例如，我们观察到一个同学是害羞的，我们可以有信心地预测，他在被要求和一个陌生人交谈的时候会感到不舒服。

4. 控制——改变什么

心理学中的所谓控制，指的是根据预期结果改变影响行为的条件，进而使人的行为发生某种预期的变化。例如，一位心理学家建议，对教室的环境重新布置将有助于孩子们学习得更好，这就是在运用行为控制的原理。在飞机的设计中也需要运用行为控制的原理，尽量避免在使用中失误的发生。

在此基础上，应用心理学补充了心理学的另外一个目标——提高人类生活的质量。

二、心理与行为

（一）性格影响行为

心理视窗　　为什么反应会不同

1979 年 2 月，曾有一家报纸发表一篇题为“发挥个性优势，做到人尽其才”的文章。该文章讲了这样一个小故事：一位经理要从值得信任的甲、乙、丙三位助手中，选派人员分别负责财务管理、推广业务、后勤管理的工作。这位经理想了解三位助手的性格特点，以便根据他们性格的不同分配给他们合适的工作。于是安排三位助手下班后留在公司与他一起研究问题，在这期间，经理安排人故意制造了一起假火警。

在火警面前：

甲说：“我们赶快离开这里再想办法。”

乙一言不发，马上跑到屋角拿出灭火器去寻找火源。

丙坐着不动，说：“这里很安全，不可能有火警。”

经理通过观察三位助手个人的行为表现，找到了满意的答案。

那么，甲乙丙三人为什么在同样的“火警”面前会有不同的表现呢？假如你身在其中，你会怎么做呢？

心理学研究表明：人的行为反应会受其性格的影响。

（二）环境因素影响认识

心理视窗 13还是B？

请你不假思索地将图1-1、图1-2的内容读出来。

A 13 C D

图1-1

12 13 14

图1-2

这个“13”到底是数字“13”还是英文字母“B”呢！当然，在汉语拼音中，它还读“玻”。

心理学研究表明：人对当前事物的认识不仅受事物本身特点的影响，还受该事物所处环境的影响。A、C、D给我们建成了一个英文字母的环境，所以当我们面对“13”时很容易按照英文字母的规则将其读为“[bi:]”；同样，12、14为我们构成一个数字的环境，环境的暗示让我们很容易将“13”读为“十三”；当然也可能读成“玻”，这要看你的英文经验和汉语拼音知识经验在你头脑中的优势兴奋程度，不过没有汉语拼音知识经验的人是绝对不可能读“玻”的。

（三）对事情的看法影响我们的行为

心理视窗 非洲卖鞋

有一位经营皮鞋店生意的商人，他想把公司的业务拓展到非洲，因此请了两位年轻人小张和小李到非洲做实际的市场调查看看适不适合。他们到非洲后，看到人们都在赤脚走路。不久，小张哭丧着脸回来向他报告：“完了！这生意做不成了。”而小李却兴高采烈地向他报告：“太好了，这是一个大市场！”

为什么两个人同去非洲，遇到相同的事情，可是他们的感觉却不一样呢？一个哭丧着脸，一个兴高采烈的。

他们的感受来源于他们对“非洲之行”的评价与认识，一个感到“有希望”；另一个感到“没有希望”。

人的行为并非完全受我们主观故意所控制，引起人的某种行为的原因很多：有人的主观意识、客观环境影响、个人主观经验约束、行为习惯等。心理因素就是那些影响制约人的行为、感受、反应的内在因素。心理因素影响甚至决定着人在某种情况下的行为反应。

第二节 心理学的研究对象

人的心理现象是自然界最复杂、最奇妙的一种现象。人眼可以看到五彩缤纷的世界，人耳可以聆听优美的音乐，人脑可以存储异常丰富的知识，并且可以事过境迁而记忆犹存，人能运用思维去探索自然奥秘，人有七情六欲并能通过活动满足自己的需要，人在应对事件时的反应方式各不相同……人的心理现象纷繁复杂，表现形式丰富多样。心理学就是研究各类心理现象及其活动规律的科学。心理学把心理现象分为既相互联系又相互区别的三大类：心理过程、个性心理和心理状态。

一、心理过程

（一）感觉

初夏的早晨，大自然的万物从沉睡中醒来。初升的太阳像一团火球，从东方冉冉升起。在凉爽的空气中，时而飘来一阵阵沁人心脾的花香，悦耳的鸟鸣声此起彼伏，多姿的百花争先吐艳。当你漫步在林间小道，或晨读于石凳上，此时此刻，你必定有一种心旷神怡之感。你的五官在积极地活动着，向你提供丰富的外界信息，使你如实地感知外界，从而欣赏这良辰美景。

所有这一切，都始于我们的感觉。读书产生语言动觉，散步产生运动觉和平衡觉，闻到花香是嗅觉，看到大自然的美景是视觉，听到鸟鸣是听觉……

那么，人的感觉是怎样产生的呢？首先，外界的刺激物（如声、光）作用于你的感觉器官，当这个刺激物作用达到一定强度时，就会引起感觉器官（如眼、耳）的工作——产生一种微弱的生物电流，当这些生物电信号沿神经通路传入你的大脑时，你的脑内就会产生该事物的映象，这时感觉就产生了。

在一般情况下，大脑在产生感觉的同时，还会发出一定的指令，指挥你的骨骼和肌肉，产生一定的动作反应。例如，当一团火接近你的手臂时，你的眼睛和身体的温度感觉器官就会开始工作，把关于火接近的信息通知大脑，当这些信息传递到大脑时，你就会产生一个"烫"的感觉，与此同时，你的大脑又发出指令，指挥你的手臂肌肉收缩，做出一个躲避火的动作反应。这就是一个简单的感觉过程，这个过程不需要很长时间，瞬息之间便可以完成。

此外，人的感觉能力会随着时间、环境的变化而变化，心理学上称这种现象为"对比现象"。例如，当你先吃了糖块再去吃梨，你就会感觉"梨"不怎么甜；但如果你先吃杏再去吃梨，你就会感觉"梨"很甜。这就是前后两种感觉的对比，引起了感觉的加强或削弱的效果。

心理学把人的感觉分为外部感觉和内部感觉两大类。外部感觉的感觉器官位于人体表面或接近表面的地方，主要接受来自体外的适宜刺激，反映体外事物的个别属性，主要有视觉、听觉、嗅觉、味觉、肤觉等；内部感觉的感觉器官位于肌体内部，主要接受肌体内部的适宜刺激，反映自身的位置、活动和内脏器官的不同状况，包括运动觉（动觉）、平衡觉（静觉）等，我们常常感到的饥饿、口渴、胃痛等都属于人的内部感觉。

心理词典　　**感觉剥夺实验**

加拿大麦吉尔大学的心理学家贝克斯顿等人首次报告了感觉剥夺的实验结果。在实验中，要求被试安静地躺在实验室的一张舒适的床上，如图 1-3 所示室内非常安静，听不到一点声音；一片漆黑，看不见任何东西；两只手套上手套，并用纸卡卡住。吃喝都由主试事先安排好了，用不着被试移动手脚。总之，来自外界的刺激几乎都被"剥夺"了。

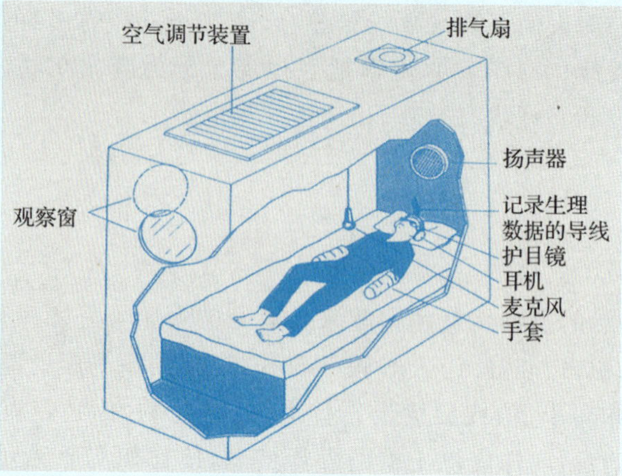

图 1-3　感觉剥夺实验示意图

实验开始时，被试还能安静地睡着，但稍后，被试开始失眠，不耐烦，急切地寻找刺激。他们想唱歌，打口哨，自言自语，用两只手套互相敲打，或者用它去探索这间小屋子。换句话说，被试变得焦躁不安，老想活动，觉得很不舒服。实验中被试每天可以得到 20 美元的报酬。但即使这样，也难以让他们在实验室中坚持这种实验 2～3 天。这个实验说明，来自外界的刺激对维持人的正常生存是十分重要的。

(二)知觉

心理视窗　　**是少妇还是老妪**

同学们，当你看到下面的图 1-4 后，你能告诉我你看到了什么吗？

也许你会说：我看到了一位高雅的少妇。也许你会说：不，我看到了一个面目可憎的老妪。

现在让我来告诉你吧，图中的人物既可以看成是一位少妇，也可以看成是一位老妪。当你首先注视她的卷发下边的脸庞时，你就会看到一个美貌少妇，而当你首先注视画面的中央部分时，你就会把少妇的脸看成一个鼻子，把少妇的耳朵看成是眼睛，少妇的脖子看成是嘴和下巴，从而得出结论是一位老妪。心理学上把这种现象叫作知觉的选择性。

图 1-4　双关图

生活中，我们很难停留在只对一个事物的表面认识上(即它的一种颜色或形状，或是别的什么)。我们在利用自己的感觉器官感觉这个世界的同时，一定也利用了我们的知识经验，在思考：这是什么？怎么样？而且也会利用多种感觉器官共同感觉同一个事物，如视觉、听觉器官进行综合的感知。这种综合的感知过程心理学上称为知觉，即人脑对当前起作用的事物整体的反映。

知觉是在感觉的基础上形成的，离开感觉是不可能产生知觉的；同时离开知觉的单纯的感觉是不存在的。知觉是人脑较为复杂的分析综合活动。如当一个苹果的色、香、味、形等各个属性，直接作用于人的各相关感觉器官时，就在大脑皮层相关的几个中枢神经间建立起一组复杂的暂时的神经联系，于是就形成对苹果这一事物的整体映象，这就是对苹果的知觉。

（三）记忆

我们每天都会看到、听到、接触和经历许许多多的生活现象，这些现象不会马上消失，总会或多或少地留在我们的头脑中。比如，你能在熙熙攘攘的人群中一下子认出你的同学；经过多年之后，当你路过你上小学的校门口时，你对你第一天上小学时的情形记忆犹新；你也能背诵你读过的诗词、默写出学过的公式……所有这些都是记忆的表现。

记忆是经历过的事物在人脑中的反映。人们在生活、工作和学习中，感知过的事物、思考过的问题、体验过的情感、实践过的动作，都可以在一定时间内，不同程度地保留在头脑中，并在一定的条件下重新呈现出来。

识记、保持、再认、再现是记忆过程不可分割的四个部分，有人形象地把人的记忆过程模拟为计算机的信息输入、保存、输出的过程并加以研究。

记忆是我们再熟悉不过的心理现象了，在我们咿呀学语时、在我们学习的每一个环节中，我们都在关注着我们的记忆："要是一看就能记住该多好哇！要是我能过目不忘，那太棒了！"遗忘是记忆的大敌，加强记忆的效果就应该努力地克服遗忘。心理学研究证明：良好的行为方式有助于人的记忆；人的记忆能力可以通过培养和锻炼得到提高。

（四）思维与想象

思维是人脑对客观现实间接的、概括的反映。它是在掌握感知材料的基础上，通过大脑进行"去粗取精，去伪存真，由此及彼，由表及里"的制作加工，也就是通过分析、综合、推理、判断等环节，认识事物共同的、本质的特征和内在的联系。

思维是人类认识的理性阶段，它能更深刻、更准确、更完全地反映客观事物。

想象则是人脑在思维的参与下对已有的表象进行加工改造而创造出新形象的过程。

（五）情绪情感

情绪和情感过程是个体在实践过程中对事物的态度体验。人对客观事物的认识并不是呆板的、冷漠的，而总是对它表现出鲜明的态度，渗透着某种感情色彩。例如，我们对美好事物的赞美，对侵略者的愤恨，对国家、民族的热爱，为攻破难关取得成绩而喜悦等等，这些在认识基础上产生的喜、怒、哀、惧等态度体验都是情绪和情感过程。

（六）意志过程

意志过程是指人脑自觉地确定目的，克服内部和外部困难，力求实现预定目的的心理过程。人凭借意志的力量，支持、保护自己所喜欢的事物，反对、摒弃自己所厌恶的事物，积极主动地创造人类的物质文明和精神文明。所以，意志是人的意识能动性的集中表现。

二、个性心理

（一）气质

气质是一个人生来就具有的心理活动的动力特征。是内在的个性本性，主要指大脑皮层神经细胞的特性类型。

气质又称"性情""脾气"，它是表现在人的心理活动和行为方式中比较稳定的动力特征，是一种天生的稳定的个性心理特征。

根据目前的科学认识，气质的生理基础是人的高级神经活动类型。气质在人的个性结构中居于基础地位，它能给人增添一种独特的色彩。气质是构成人的个性的重要部分，由于人的气质特点不同，其日常行为表现得就会有差异。我们常常通过观察一个人的行为特点来观察、描述、推断这个人的气质特点。如稳定或不稳定；反应的速度是灵敏还是迟钝；是兴奋型还是抑制型。因此它是性格的内在基础，是决定个性类型的基础。

关于人类的气质及行为的差异问题，古希腊医生希波克拉特进行过开拓性的研究，并提出了四种气质学说，即胆汁质、多血质、黏液质、抑郁质。尽管其学说理论内容为现代科学所否定，但他对气质分类的命名依旧为现在人们所沿用。

俄国生理学家和心理学家巴甫洛夫研究发现：人的高级神经活动是气质的生理基础；高级神经活动的兴奋过程和抑制过程，在强度、平衡性和灵活性方面具有不同的特点。他根据神经系统活动的特点将人的神经活动分为四种类型。四种气质类型与神经系统活动见表 1-1。

表 1-1　　气质类型与神经系统活动对应表

气质类型	神经系统活动类型	行为方式的典型表现
胆汁质	强而不平衡型(不可抑制型)	直率、热情，精力旺盛，情绪易冲动，心境变化剧烈
多血质	强而平衡、灵活型(活泼型)	活泼，好动，敏感，反应迅速，喜欢与人交往，注意力易转移，兴趣易变化，缺乏持久性
黏液质	强而平衡、不灵活型(安静型)	安静，稳重，反应缓慢，沉默寡言，情绪不易外露，注意力稳定难转移，善于忍耐
抑郁质	弱型(抑制型)	情绪体验深刻，行动迟缓，多愁善感，能察觉他人不易察觉的事物，富有幻想，胆小孤僻

(二)性格

性格是个性的外显表现，是显露的气质的外形，是人对现实稳定的态度以及与之相适应的、习惯化的行为方式及其特点。例如：性格温和、热情、奔放、对人忠诚、疾恶如仇、礼让关怀；行动举止优雅大方、神态温和端庄、谈吐幽默等等。性格在人的个性特征中具有核心地位：一方面，人的性格特征与人的需要、动机、信念和世界观联系最为密切。人的需要、动机、信念、世界观是性格当中心理倾向性的主要内容。人对现实的态度总会不自觉地渗透到人的生活和行为方式中，并影响着人的行为；另一方面，人的性格特征决定了人的能力、气质的发展方向以及能力和气质在现实中的表现。

性格具有相对的稳定性，同时还有极大的可塑性。生活中，除了受重大事件的影响，性格改变一般要经过较长时间的环境影响和个人实践。同学们在学校生活的过程也是性格形成、改变的过程，有意识地培养自己的性格是大学时期重要的目标之一。

人的个性是在生命成长过程中通过从出生、婴幼儿、童年、青少年、学生，经历几年、十几年、几十年,心理过程的发育、发展及至终生的接受教育、自我学习、锻炼,最终培育形成了具有自我特征的个性。

个性是个体的特性,每个人各不相同。个性的品质也互有差异。因此也就有优良、良好、一般和不良与很差的区别。能适应自然环境与社会环境并能获得发展的个性是好的个性品质,不能适应,当然也就难以发展的个性品质是不好的个性品质。能适应恶劣艰险环境的个性是极其优良的个性,是能在任何环境下都能发展的个性。优良的个性品质当然就具有了优良的才能、智慧和技能。

(三)个体倾向性

个性倾向性主要包括需要、动机、兴趣,另外还有理想、信念及世界观等方面。它是人的个性心理结构中最活跃的因素,是人的行为活动的动力结构。个体倾向性是在一定的社会历史条件下形成的个体意识倾向,所以它制约着人的全部心理活动的方向和行为的社会价值,使人的个性心理表现出一定的社会倾向性。

需要是个体在社会生活中对客观事物的需求在大脑中的反映,是对目标的渴求愿望和产生个体行为的原始动力,是主体积极性的源泉。人类为了个体自身的生存、种族繁衍,以及适应社会生活,必然需求一些事物,如衣服、食物、住房、学习、劳动、娱乐、爱、尊重、成就等。

动机是直接推动人进行活动,从而满足需要、达到目标的内在驱动力。动机可发动和维持人的某种行为,并且使行为具有稳固、完整的内容,始终趋向目标,直到目标实现。人的一切有意识的活动都是由动机引起的,而动机是在需要的基础上产生的。离开需要的动机是不存在的。需要是行为的基本原因,动机是行为的直接动力。

兴趣是指人力求认识和探究某种事物的个性倾向。兴趣能够使探索者对某种事物优先产生注意。兴趣的发生以一定的需要为基础,并总是与积极愉快的情绪相联系。兴趣使人对某种事物特别关注,并积极地探究。“兴趣是最好的老师”,它是人们获取知识、发展能力的巨大动力。稳定的兴趣是后天形成的,是在社会实践活动中形成和发展起来的,并随着社会实践的变化而变化。兴趣与爱好既有区别又有联系。兴趣是认识中的倾向,而爱好是活动中的倾向。爱好离不开对事物的兴趣,但对某事物有兴趣的人并非都会去从事探究该事物的活动。

三、心理状态

人的心理状态又叫精神状态,其主要成分是人的情绪状态。心理状态是在人的肌体受到各种内外因素的作用时产生的,影响着人的心理活动特征和行为表现。它不仅有复杂的内在的心理体验,也伴随着各种各样的生理活动。

人的心理状态受大脑皮层的调节,与中枢神经的边缘系统和下丘脑有直接的关系。人的心理状态好坏,自我感觉如何,从根本上来说取决于他对客观世界的主观认识和评价。有的人面临山崩地裂仍能镇定自若,有的人稍遇挫折就悲观绝望。人的心理状态也与人体各系统组织器官的功能状态有关。下丘脑不但能对各个系统组织的和谐统一起着调整作用,更重要的是能增强这些组织的功能。例如,去甲肾上腺素作用增强时,会使整个系统协调能力增强,刺激“喜悦中枢”兴奋,引起舒适愉快的情绪体验。健康的生命力、旺盛的躯体组织的生物反馈能使人保持良好的心理状态，产生喜悦、幸福、满意、积极、轻松、愉快的情绪，使人能够思维敏捷、联想迅速、注意力集中、记忆力增强，善于决断，分析、综合、理解能力增强，对环境有良好的适应能力，也容易忘记疲劳和烦恼，提高创造力。这种状态又会使情绪进一步改善，产生良性循环。

现实中，我们的一举一动既是对自然、社会各种信息刺激的反应，也是我们自身生理、心理状态的一种表现。每一个举动、每一次思考都包含复杂的心理过程，我们描述的各种心理现象与心理活动，如感觉、知觉、思维、情绪等在人的生命活动中同时存在。在具体活动中我们很难泾渭分明地把这些区分为感觉，把那些区分为知觉，其他的心理现象也是一样，事实上人的各种心理活动是浑然一体的。我们如此的区分、描述，只是为了更好地认识、了解发生在我们身上的各种心理现象罢了！

第三节　健康与心理健康

一、科学的健康观

（一）健康的标准

1946 年，世界卫生组织成立时，在其宪章中对健康做了这样的界定：健康乃是一种在身体上、心理上和社会适应方面上的完好状态，而不仅仅是没有疾病和虚弱的状态。

1978 年 9 月，国际初级卫生保健大会所发表的《阿拉木图宣言》里对健康的描述中重申：“健康不仅是没有疾病与体弱，而是身心健康、社会幸福的完美状态。”并且指出：“健康是基本人权，达到尽可能的健康水平，是世界范围内的一项最为重要的社会目标。”

1981 年新加坡国际生理卫生评定委员会认为，健康是“能精力旺盛地、敏捷地、不感觉过分疲劳地从事日常活动，保持乐观、蓬勃向上及具有应急能力。”

1989 年 WHO 在宣言中将“道德健康”纳入健康的概念中，把健康定义为：躯体（生理）健康、心理健康、道德健康和良好的社会适应能力。

1. 生理健康

生理健康是指人的躯体和器官的健康，生理功能正常，也就是无伤残、无病痛。生理健康意味着一个人能精力充沛地享受生活，有能力去追求美满的生活和探索新环境。

2. 心理健康

心理健康是指人的心理活动和社会适应良好的一种状态，是人的基本心理活动协调一致的表现。心理健康的人能充分享受生活。

3. 道德健康

道德健康是指个体或群体在道德规范的引导下，实现人格的和谐、社会性的协调以及价值实现。道德健康对于个体的成长和发展具有重要的作用。它可以促进人们对自我和他人的认识，增强人们的责任心和担当精神，有利于建立正当的社会秩序和道德体系，同时，道德健康也是一个国家和民族发展的重要指标。

4.良好的社会适应能力

社会适应良好主要包括能胜任各种角色，正确认识他人，与他人的关系和谐，既能接受他人，也能为他人所接纳。

（二）健康的生活常态

新型的健康观下，健康应具有如下的生活常态：

（1）生理方面，如状态良好、有活力。

（2）心理方面，如快乐、活泼，主观感受良好。

（3）行为方面，如饮食、睡眠适中。

（4）未来结果，如更长寿。

（5）不适的缺乏，如没有不舒服、没有疾病、没有症状。

从人类对健康认识的历程中不难理解：健康是一种状态，这种状态涉及人的生理层面、心理层面和社会生活层面，它们是统一的、相互影响的。

新的健康观，不仅关注人类的生存时间（寿命）的长短，更关注人类存在的状态，追求人类生存状态的完美，是对人的一种理性的思考，是关于人本质的一种探讨与回答。

心理词典 亚健康

亚健康是介于健康状态和疾病状态之间的一种临界状态，是指机体在内外环境不良刺激下引起心理、生理发生异常变化，但尚未达到明显病理性反应的程度。

亚健康状态具体有以下表现。

（1）身体疲劳乏力、易累，肌无力，体力活动后全身不适，体力难以恢复。

（2）体质虚弱，免疫功能低下，易患感冒、咽喉不适、口腔黏膜溃疡等疾病。

（3）胃肠机能紊乱，食欲不振。

（4）关节痛、肌肉痛、头痛、淋巴结肿痛、胸闷、心悸、气短。

（5）失眠或嗜睡，眼睛易疲劳，视力模糊。

（6）健忘，头脑不清醒，记忆力下降。

（7）精神不振、情绪低落，对事物缺乏兴趣，常常感到孤独无助。

（8）烦躁、情绪不稳定，紧张、易怒、焦虑等。

（9）对环境的适应能力和反应能力较差，人际关系不协调，家庭关系不和谐。

二、心理健康的标准

世界心理卫生联合会曾具体明确地指出心理健康的标准是：身体、智力、情绪十分正常；适应环境，人际交往中彼此能谦让；有幸福感；在工作中，能充分发挥自己的能力，过着有效率的生活。

我国绝大多数学者比较认同的判断心理健康的基本标准是：

1.智力正常

一般智力（IQ）在80分以上者均为正常，这是人们学习、生活与工作的基本的心理条件，也是适应周围环境变化所必需的心理保证。

2. 情绪健康

情绪健康的标志是情绪稳定和心情愉快。包括的内容有：活泼开朗、富有朝气、对生活充满希望；情绪稳定，善于控制与调节自己的情绪（既能克制又能合理宣泄）；情绪反应与环境相适应。

3. 意志健全

意志是人在完成一种有目的的活动时，所进行的选择、决定与执行的心理过程。心理健全者在行动的自觉性、果断性、完全性和自制力等方面都表现出较高的水平。

4. 人格完整

人格指的是个体比较稳定的心理特征的总和。人格完整就是指有健全统一的人格，即个人的所想、所说、所做都是协调一致的。个人具有合理的自我意识，能以积极进取的人生观作为人格的核心，并以此为中心把自己的需要、目标和行动统一起来。

5. 自我评价正确

人要学会自我观察、自我认定、自我判断和自我评价，恰如其分地认识自己，摆正自己的位置，既不以自己的某些方面高于别人而自傲，也不以某些方面低于别人而自卑，应做到自尊、自强、自制、自爱，积极进取。

案例

正确认识自我

小玲是一个来自小镇的大一女生。她在县城高中成绩很好，名列前茅，受到同学们的倾慕和老师的认可。来到大学后，发现同学们一个个都那么优秀，小玲突然找不到自己的位置了。过去那个熟悉的“自己”到哪里去了呢？那个自信、散发着光彩的自己，似乎找不到了，而现在的自己，在讲台上做报告很紧张，自认为英语口语不太好，也没有什么特长，就连在寝室里也常常接不上话。小玲觉得现在的自己很平庸，一点光彩都没有。面对这样的自己，小玲不禁自我怀疑起来。她不喜欢现在的自己，越来越怀念过去的自己。

这个例子，在大学一年级新生中常见，不少同学或多或少都有着小玲的影子。进入大学，来到一个全新的环境，你的参照对象发生了变化，评价标准也由单一的成绩变得更加多元。在这个阶段，正确地认识自己尤为重要。在正确认识自己的基础上，不盲目怀疑和否定自己，而是要坦然接受自己，才能够更好地在大学实现自我成长和取得进步。

6. 人际关系和谐

良好的人际关系主要表现为：乐于与人交往，既有广泛的人际关系，又有知心朋友；在交往中保持独立而完整的人格，有自知之明、不卑不亢；能客观评价别人和自己，善于取长补短；宽以待人、乐于助人；积极的交往态度多于消极的交往态度，交往动机端正。

7. 社会适应良好

个体能客观地认识现实环境，以有效的办法克服环境中的各种困难而不退缩，还要根据环境的特点和自我意识的情况努力地进行调整，改善环境以适应个体需要。

8. 心理行为符合年龄特征

不同年龄阶段有不同的心理和行为，心理健康者应具有与多数同龄人相符合的心理行为特征，如果严重偏离，就是不健康的表现。

三、心理的发展和成熟

心理学所研究的人的发展与变化涉及人从生到死的全部过程，这里涉及人的生理机能的萌芽、成长、健壮、衰落与死亡；涉及人的社会角色、社会生活的变化；涉及由于生理变化，社会角色、社会生活的变化所引起的自我认识、自我评价等认知心理与行为的变化。

这样的关注与研究，心理学称为毕生发展观。

当然，人生的生命旅程也有很大的相似之处——都要经历婴儿期、儿童期学龄初期、学龄期、青春期、成年早期、成年期和成熟期这些普遍的生命阶段。

一般来讲，在每个阶段，每个人都要面对为得到理想发展而必须完成的新的发展任务，比如儿童期要学习阅读，青春期要经历对于性成熟的适应，成年期要确定自己的职业等。

美国个性理论家埃里克森有一本影响广泛的著作《儿童期与社会》，书中指出：我们在生命的每一个阶段都要面对一种特有的心理社会困境或“危机”。心理社会困境指个人冲动与社会现实之间的矛盾冲突。每一次“成功地”解决一个两难问题并摆脱困境，都会使个人和社会之间产生新的平衡，从而使人健康发展，获得满意的生活。如果问题不能解决，会失去这种平衡，应对以后的危机将更加困难，生活之路更加坎坷，个人成长将受到阻碍。

他将人的一生分为八个阶段。在每一个阶段都会遇到不同的挑战和问题。

1. 婴儿期（0～1.5 岁）：信任对怀疑的冲突

此时不要认为婴儿是一个不懂事的小动物，只要吃饱不哭就行。此时是基本信任和不信任的心理冲突期，因为这期间孩子开始认识人了，当孩子哭或饿时，父母是否出现则是能否建立信任感的重要问题。信任在人格中形成了“希望”这一品质，它起着增强自我的力量。具有信任感的儿童敢于希望，富于理想，具有强烈的未来定向。反之则不敢希望，时时担忧自己的需要得不到满足。埃里克森把希望定义为：“是对自己愿望的可实现性的持久信念，是反抗黑暗势力、标志生命诞生的怒吼”。

2. 儿童期（1.6～3 岁）：自主与害羞和怀疑的冲突

这一时期，儿童掌握了大量的技能，如爬、走、说话等。更重要的是，他们学会了怎样坚持或放弃，也就是说儿童开始“有意志”地决定做什么或不做什么。这时候父母与子女的冲突很激烈，也就是第一个反抗期的出现，一方面父母必须承担起控制儿童行为使之符合社会规范的任务，即养成良好的习惯，如训练儿童大小便，使他们对随地大小便的行为感到羞耻，训练他们按时吃饭，节约粮食等；另一方面儿童开始有了自主感，他们坚持自己的进食、排泄方式，所以训练良好的习惯不是一件容易的事。这时孩子会反复应用“我”“我们”“不”来反抗外界控制，而父母绝不能听之任之、放任自流，这将不利于儿童的成长。反之，若过分严厉，又会伤害儿童自主性和自我控制能力。如果父母对子女的保护或惩罚不当，子女就会产生怀疑，并感到害羞。因此，把握住“度”，才有利于在儿童人格内部形成意志品质。埃里克森把意志定义为：“不顾不可避免的害羞和怀疑心理而坚定自由选择或自我抑制的决心”。

3. 学龄初期(4～5 岁):主动对内疚的冲突

在这一时期,如果幼儿表现出的主动探究行为受到鼓励,幼儿就会形成主动性,这为他将来成为一个有责任感、有创造力的人奠定了基础。如果成人讥笑幼儿的独创行为和想象力,那么幼儿就会逐渐失去自信心,这使他们更倾向于生活在别人为他们安排好的狭窄的圈子里,缺乏自己开创幸福生活的主动性。当儿童的主动感超过内疚感时,他们就有了"目的"的品质。埃里克森把目的定义为:"一种正视和追求有价值目标的勇气,这种勇气不被幼儿想象的失利、内疚感和害怕惩罚的恐惧所限制"。

4. 学龄期(6～12 岁),勤奋感对自卑感的冲突

这一阶段的儿童都应在学校接受教育。学校是训练儿童适应社会、掌握今后生活所必需的知识和技能的地方。如果他们能顺利地完成学习课程,他们就会获得勤奋感,这使他们在今后的独立生活和承担工作任务中充满信心。反之,就会产生自卑感。另外,如果儿童养成了过分看重自己的工作的态度,而对其他方面木然处之,这种人的生活是可悲的。埃里克森说:"如果一个人把工作当成自己唯一的任务,把做什么工作看成是唯一的价值标准,那他就可能成为老板们最驯服和最无思想的奴隶。"当儿童的勤奋感大于自卑感时,他们就会获得"有能力"的评价。埃里克森说:"能力是不受儿童自卑感削弱的,完成任务所需要的,是自由操作的熟练技能和智慧"。

5. 青春期(13～18 岁):自我同一性和角色混乱的冲突

一方面,青少年本能冲动的高涨会带来很多问题,另一方面,青少年面临新的社会要求和社会冲突会感到困扰和混乱。所以,青春期的主要任务是建立一个新的同一感或自己在别人眼中的形象。这一阶段的危机是角色混乱。这种同一性的感觉也是一种不断增强的自信心,一种在过去的经历中形成的内在持续性和同一性(一个人心理上的自我发展过程)。如果这种自我感觉与一个人在他人心目中的感觉相称,很明显这将为一个人的生涯增添绚丽的色彩。埃里克森把同一性危机理论用于解释青少年对社会不满和犯罪等社会问题,他说:如果一个儿童感到他所处的环境剥夺了他在未来发展中获得自我同一性的种种可能性,他就将以令人吃惊的力量抵抗社会环境。在人类社会中,没有同一性的感觉,就没有自身的存在,所以,他宁做一个坏人,或干脆像死人般活着,也不愿做一个不伦不类的人。

6. 成年早期(19～25 岁):亲密对孤独的冲突

因为与他人发生亲密关系,就是把自己的同一性与他人的同一性融为一体。虽然存在一定的自我牺牲或损失,但只有这样才能在恋爱中建立真正亲密无间的关系,从而获得亲密感,否则将产生孤独感。埃里克森把爱定义为"压制异性间的对立性而永远相互奉献"。

7. 成年期(26～65 岁):生育对自我专注的冲突

当一个人顺利地度过了自我同一性时期,在以后的岁月中将过上幸福充实的生活,他将生儿育女,关心后代的成长和培育。他认为,生育感有生和育两层含义,一个人即使没生孩子,只要能关心孩子、教育、指导孩子也可以具有生育感。反之,没有生育感的人,是一个自我关注的人,他们只考虑自己的需要和利益,不关心他人(包括儿童)的需要和利益。在这一时期,人们不仅要生育孩子,同时要承担社会工作,这是一个人对下一代的关心和创造力最旺盛的时期,人们将获得关心和创造力的品质。

8. 成熟期(66 岁以上):自我调整与绝望感的冲突

由于衰老,此阶段的人的体力、心理和健康每况愈下,对此他们必须做出相应的调整和适应,所以被称为自我调整与绝望感的冲突。当老人们回顾过去时,可能怀着充实的感情与世告别,也可能怀着绝望走向死亡。自我调整是一种接受自我、承认现实的感受;一种超脱的智慧之感。如果一个人怀着充实的感情,他将获得智慧的品质,埃里克森把它定义为:“以超然的态度对待生活和死亡”。

老年人对死亡的态度直接影响下一代儿童时期信任感的形成。因此,第 8 阶段和第 1 阶段首尾相连,构成一个循环或生命的周期。埃里克森认为,在每一个心理社会发展阶段中,解决了核心问题之后所产生的人格特质,包括了积极与消极两方面的品质。如果各个阶段都保持向积极的品质发展,就可以认为完成了这阶段的任务,逐渐实现了健全的人格,否则就会产生心理危机,出现情绪障碍,形成不健全的人格。

思政元素

健康中国行动
重大行动五——心理健康促进行动

心理健康是人在成长和发展过程中,认知合理、情绪稳定、行为适当、人际和谐、适应变化的一种完好状态,是健康的重要组成部分。当前,我国常见精神障碍和心理行为问题人数逐年增多,个人极端情绪引发的恶性案(事)件时有发生。我国抑郁症患病率达到 2.1%,焦虑障碍患病率达 4.98%。截至 2017 年底,全国已登记在册的严重精神障碍患者 581 万人。同时,公众对常见精神障碍和心理行为问题的认知率仍比较低,更缺乏防治知识和主动就医意识,部分患者及家属仍然有病耻感。加强心理健康促进,有助于促进社会稳定和人际关系和谐,提升公众幸福感。

行动目标:

1. 到 2022 年和 2030 年,居民心理健康素养水平提升到 20%和 30%。
2. 失眠现患率、焦虑障碍患病率、抑郁症患病率上升趋势减缓。
3. 每 10 万人口精神科执业(助理)医师达到 3.3 名和 4.5 名。
4. 抑郁症治疗率在现有基础上提高 30%和 80%。
5. 登记在册的精神分裂症治疗率达到 80%和 85%。
6. 登记在册的严重精神障碍患者规范管理率达到 80%和 85%。
7. 建立精神卫生医疗机构、社区康复机构及社会组织、家庭相互衔接的精神障碍社区康复服务体系,建立和完善心理健康教育、心理热线服务、心理评估、心理咨询、心理治疗、精神科治疗等衔接合作的心理危机干预和心理援助服务模式。
8. 提倡成人每日平均睡眠时间为 7～8 小时。
9. 鼓励个人正确认识抑郁和焦虑症状,掌握基本的情绪管理、压力管理等自我心理调适方法。
10. 各类临床医务人员主动掌握心理健康知识和技能,应用于临床诊疗活动中。

个人和家庭：

1. 提高心理健康意识，追求心身共同健康。每个人一生中可能会遇到多种心理健康问题，主动学习和了解心理健康知识，科学认识心理健康与身体健康之间的相互影响，保持积极健康的情绪，避免持续消极情绪对身体健康造成伤害。倡导养德养生理念，保持中和之道，提高心理复原力。在身体疾病的治疗中，要重视心理因素的作用。自我调适不能缓解时，可选择寻求心理咨询与心理治疗，及时疏导情绪，预防心理行为问题和精神障碍发生。

2. 使用科学的方法缓解压力。保持乐观、开朗、豁达的生活态度，合理设定自己的目标。正确认识重大生活、工作变故等事件对人的心理造成的影响，学习基本的减压知识，学会科学有益的心理调适方法。学习并运用健康的减压方式，避免使用吸烟、饮酒、沉迷网络或游戏等不健康的减压方式。学会调整自己的状态，找出不良情绪背后的消极想法，根据客观现实进行调整，减少非理性的认识。建立良好的人际关系，积极寻求人际支持，适当倾诉与求助。保持健康的生活方式，积极参加社会活动，培养健康的兴趣爱好。若因为情绪原因，可以通过专业心理咨询顾问帮助释放和改善睡眠。

3. 重视睡眠健康。每天保证充足的睡眠时间，工作、学习、娱乐、休息都要按作息规律进行，注意起居有常。了解睡眠不足和睡眠问题带来的不良心理影响，出现睡眠不足及时设法弥补，出现睡眠问题要及时就医。要在专业指导下用科学的方法改善睡眠，服用药物需遵医嘱。

4. 培养科学运动的习惯。选择并培养适合自己的运动爱好，积极发挥运动对情绪的调节作用，在出现轻度情绪困扰时，可结合运动促进情绪缓解。

5. 正确认识抑郁、焦虑等常见情绪问题。出现心情压抑、愉悦感缺乏、兴趣丧失，伴有精力下降、食欲下降、睡眠障碍、自我评价下降、对未来感到悲观失望等表现，甚至有自伤、自杀的念头或行为，持续存在 2 周以上，可能患有抑郁障碍；突然或经常莫名其妙地感到紧张、害怕、恐惧，常伴有明显的心慌、出汗、头晕、口干、呼吸急促等躯体症状，严重时有濒死感、失控感，如频繁发生，可能患有焦虑障碍。一过性的或短期的抑郁、焦虑情绪，可通过自我调适或心理咨询予以缓解和消除，不用过分担心。抑郁障碍、焦虑障碍可以通过药物、心理干预或两者相结合的方式治疗。

6. 出现心理行为问题要及时求助。可以向医院的相关科室、专业的心理咨询机构和社会工作服务机构等寻求专业帮助。要认识到求助于专业人员既不等于自己有病，更不等于病情严重，而是负责任、有能力的表现。

7. 精神疾病治疗要遵医嘱。诊断精神疾病，要去精神专科医院或综合医院专科门诊。确诊后应及时接受正规治疗，听从医生的建议选择住院治疗或门诊治疗，主动执行治疗方案，遵照医嘱全程、不间断、按时按量服药，在病情得到有效控制后，不急于减药、停药。门诊按时复诊，及时、如实地向医生反馈治疗情况，听从医生指导。精神类药物必须在医生的指导下使用，不得自行任意服用。

8. 关怀和理解精神疾病患者，减少歧视。学习了解精神疾病的基本知识，知道精神疾病是可以预防和治疗的，尊重精神病人，不歧视患者。要认识到精神疾病在得到有效治疗后，可以缓解和康复，可以承担家庭功能与工作职能。要为精神疾病患者及其家属、照护者提供支持性的环境，提高患者心理行为技能，使其获得自我价值感。

9. 关注家庭成员心理状况。家庭成员之间要平等沟通交流，尊重家庭成员的不同心理需求。当与家庭成员发生矛盾时，不采用过激的言语或伤害行为，不冷漠回避，而是要积极沟通加以解决。及时疏导不良情绪，营造相互理解、相互信任、相互支持、相互关爱的家庭氛围和融洽的家庭关系。

社会：

1. 各级各类医疗机构和专业心理健康服务机构对发现存在心理行为问题的个体，提供规范的诊疗服务，减轻患者心理痛苦，促进患者康复。医务人员应对身体疾病，特别是癌症、心脑血管疾病、糖尿病、消化系统疾病等患者及其家属适当辅以心理调整。鼓励医疗机构开展睡眠相关诊疗服务，提供科学睡眠指导，减少成年人睡眠问题的发生。专业人员可指导使用运动方案辅助治疗抑郁、焦虑等常见心理行为问题。鼓励相关社会组织、高等院校、科研院所、医疗机构对心理健康从业人员开展服务技能和伦理道德的培训，提升服务能力。

2. 发挥精神卫生医疗机构作用，对各类临床科室医务人员开展心理健康知识和技能培训，普及心理咨询和治疗技术在临床诊疗中的应用，提高抑郁、焦虑、认知障碍、孤独症等心理行为问题和常见精神障碍的筛查、识别、处置能力。推广中医心理调摄特色技术方法在临床诊疗中的应用。

3. 各机关、企事业单位、高校和其他用人单位把心理健康教育融入员工（学生）思想政治工作，鼓励依托本单位党团、工会、人力资源部门、卫生室等设立心理健康辅导室并建立心理健康服务团队，或通过购买服务形式，为员工（学生）提供健康宣传、心理评估、教育培训、咨询辅导等服务，传授情绪管理、压力管理等自我心理调适方法和抑郁、焦虑等常见心理行为问题的识别方法，为员工（学生）主动寻求心理健康服务创造条件。对处于特定时期、特定岗位，或经历特殊突发事件的员工（学生），及时进行心理疏导和援助。

4. 鼓励老年大学、老年活动中心、基层老年协会、妇女之家、残疾人康复机构及有资质的社会组织等宣传心理健康知识。培训专兼职社会工作者和心理工作者，引入社会力量，为空巢、丧偶、失能、失智老年人，留守妇女儿童，残疾人和计划生育特殊家庭成员提供心理辅导、情绪疏解、悲伤抚慰、家庭关系调适等心理健康服务。

政府：

1. 充分利用广播、电视、书刊、动漫等形式，广泛运用门户网站、微信、微博、移动客户端等平台，组织创作、播出心理健康宣传教育精品和公益广告，传播自尊自信、乐观向上的现代文明理念和心理健康知识。（中央宣传部、中央网信办、卫生健康委、国家新闻出版广电总局按职责分工负责）

2. 依托城乡社区综治中心等综合服务管理机构及设施建立心理咨询（辅导）室或社会工作室（站），配备专兼职心理健康辅导人员或社会工作者，搭建基层心理健康服务平台。整合社会资源，设立市县级未成年人心理健康辅导中心，完善未成年人心理健康辅导网络。培育社会化的心理健康服务机构，鼓励心理咨询专业人员创办社会心理服务机构。通过向社会心理服务机构购买服务等方式，逐步扩大服务覆盖面。（中央政法委、中央文明办、教育部、民政部、卫生健康委按职责分工负责）

3. 加大应用型心理健康工作人员培养力度，推进高等院校开设相关专业。进一步加强心理健康工作人员培养和使用的制度建设，积极设立心理健康服务岗位。支持精神卫生医疗机构能力建设，完善人事薪酬分配制度，体现心理治疗服务的劳务价值。逐步将心理健康工作人员纳入专业技术岗位设置与管理体系，畅通职业发展渠道。（教育部、财政部、人力资源社会保障部、卫生健康委、医保局按职责分工负责）

4. 各级政法、卫生健康部门会同公安、民政、司法行政、残联等单位建立精神卫生综合管理机制，多渠道开展严重精神障碍患者日常发现、登记、随访、危险性评估、服药指导等服务，动员社区组织、患者家属参与居家患者管理服务。建立精神卫生医疗机构、社区康复机构及社会组织、家庭相互衔接的精神障碍社区康复服务体系，加强精神卫生医疗机构对社区康复机构的技术指导。到2030年底，80%以上的县（市、区）开展社区康复服务，在开展精神障碍社区康复的县（市、区），60%以上的居家患者接受社区康复服务。鼓励和引导通过举办精神障碍社区康复机构或通过政府购买服务等方式委托社会组织提供精神卫生社区康复服务。（中央政法委、公安部、民政部、司法部、卫生健康委、中国残联按职责分工负责）

5. 重视并开展心理危机干预和心理援助工作。卫生健康、政法、民政等单位建立和完善心理健康教育、心理热线服务、心理评估、心理咨询、心理治疗、精神科治疗等衔接合作的心理危机干预和心理援助服务模式。将心理危机干预和心理援助纳入各类突发事件应急预案和技术方案，加强心理危机干预和心理援助队伍的专业化、系统化建设。相关部门推动建立为公众提供公益服务的心理援助热线，由专业人员接听，对来电者开展心理健康教育、心理咨询和心理危机干预，降低来电者自杀或自伤的风险。（卫生健康委牵头，中央政法委、公安部、民政部按职责分工负责）

【资料来源：健康中国行动（2019—2030）心理健康促进行动相关内容】

复习思考题

1. 心理学是一门什么样的学问？
2. 谈谈你对大学生活与心理健康的认识。
3. 我们怎样观察感知自己或别人心理是否健康？
4. 列举生活中不健康的心理行为实例，探讨一下应如何应对？

心灵阅读

生命列车咏叹调

生活犹如乘火车旅行，旅途中人们上上下下。在旅途中，不时有意外出现——有时是意外的惊喜，有时则是深深的悲哀。

来到人间，我们登上生命列车，与一些人结伴而行。

原以为父母会永远陪伴着我们。遗憾的是，事实并非如此。他们在中途的某个车站下车，使我们成为失去其无法替代的爱抚与陪伴的孤儿。

然而，还会有一些在我们的一生中占据特殊地位的人上来。我们的兄弟姐妹，亲朋好友和亲密爱人会登上列车。乘坐列车的人中，有些仅仅在车上做短暂的停留，有些在旅途中遭受的只是悲伤，而还有些人则永远准备为需要的人提供帮助。

很多人在下车时会给我们留下永久的怀念，有的则悄然离去，以至于我们都没察觉到他是何时离开座位的。

当发现非常亲密的人竟然坐在另外的车厢时，我们会感到极其惊讶。我们被迫与他们分开。当然，这并不能阻碍我们在旅途中艰难地穿过我们的车厢与他们会合……但遗憾的是，我们不能坐在他们的旁边，因为其他人已占据了座位。

尽管旅途中充满挑战、梦想、幻觉、等待和离别，但我们决不回头。

让我们尽可能使旅行变得美好，设法同所有旅客建立良好关系，努力发现每个人的优点。

我们经常会回忆起旅途中某个时刻，和我们结伴而行的人可能会徘徊不定，而我们很可能必须要理解他们，因为我们也经常会犹豫不决和需要别人的理解。

最后，巨大的秘密是我们永远不知道在哪一站下车，更不清楚我们的伙伴——即使他们是此刻坐在我们身边的人——在哪儿离去。

我陷入沉思，当我下车离开时是否会抱有怀恋之情……

我想会的。与旅途中结识的一些朋友别离将是很痛苦的，但是回想一下旅途的经历，我们会感到欣慰：想到在某个时刻列车到达主要车站，伙伴们陆续上车，当时我们是多么激动；想到我们曾经帮助他们并使其旅途变得更加愉快，我们会由衷地感到幸福。

我们应使这次很有意义的旅行变得平静安稳。这样做是为了当到了该我们下车的时候，我们的位置空了出来，但仍能给继续乘车旅行的人留下美好的回忆。

自我测试

大学生健康生活方式的心理评估

第二章

穿越精神的黑洞

——大学生心理困惑与心理咨询

学习目标

知识目标	了解心理学咨询的概念、功能、原则、形式；了解大学生心理咨询的内容；掌握大学生常见心理问题及其应对方法
能力目标	能够正确认识心理咨询和心理问题，掌握判断常见心理问题的方法及其正确的应对方式，树立正向的心理健康观
素质目标	了解中华优秀传统文化中的心理健康思想，树立文化自信

主题导读　一例大学生心理咨询案例

某男，19岁。上大学以前，家庭经济状况较好，很受宠爱。后来其父病故，母亲受不了打击也病倒了，他失去了在大学里的主要经济来源。他看到大多数同学家庭幸福，花钱大方，而自己家庭不幸，经济窘迫，自卑感很强。原本就多愁善感、不爱说话的他从此就更加沉默寡言。在医院看病时又被查出携带乙肝病毒，回校后想了很久，觉得自己得了这样的病，将来也是废人，于是产生了轻生的念头。后来在同学陪同下他到心理咨询室接受咨询。

咨询老师请他坐下，以亲切关怀的口吻问他："最近，你遇到什么让你伤心的事情了？"话还没说完，他就大哭起来。一面哭一面断断续续地说着他的不幸和伤心。咨询老师没有打断他，让他尽情地宣泄内心长期压抑的痛苦。哭了一段时间后，他慢慢地平静下来。咨询老师对他表示了理解并安抚他。

在咨询老师信任与关切的目光鼓励下，他打开了心灵的大门，诉说自己的忧虑后，情绪比较稳定了。然后，咨询老师先用科学知识解释携带乙肝病毒并不是已患了肝病，这种情况并不影响招工或考公务员。然后与他一起讨论了如何现实地看待他所面临的这些问题，怎样积极对待生活中遇到的困难，讨论克服困难的理智的方法及途径。

咨询老师进一步与他讨论了对自杀的看法，帮助他分析自杀对本人、对亲人、对同学将会造成的身心伤害，以及在对待这些事件中他性格方面、适应能力方面暴露的薄弱问题。他表示通过咨询已意识到自己原来所思所做可能造成的危害，决心努力调整，珍惜生命，好好学习和生活。

最后在咨询老师的鼓励、建议与帮助下，他在学校找了一份勤工俭学的工作，渐渐从不良情绪的阴影中走了出来。

第一节 大学生心理咨询

一、心理咨询的概念和功能

（一）心理咨询的含义

“咨询”一词有询问、商议、建议、忠告、给人以帮助的意思。心理咨询（Psychological Counseling）是指来访者（要求进行心理咨询的人）与心理咨询师之间，就来访者提出的问题和要求，进行共同分析、研究和讨论，找出问题所在，经过心理咨询师的启发和指导，找出解决问题的方法，以克服情绪障碍，恢复与社会环境的协调适应能力，维护身心健康。

心理学家帕特森认为，咨询是一种人际关系，在这种关系中，咨询人员提供一定的心理气氛或条件，使咨询对象发生变化，做出选择，解决自己的问题，并且形成一个有责任感的对立个体，从而成为更好的人和更好的社会成员。

从上述定义中我们归纳出心理咨询应强调的几个基本要素。

第一，心理咨询解决的是来访者心理方面的问题，或由心理问题引发的行为问题，而不是帮助他们处理生活中的具体问题。例如，一个因考试焦虑来咨询的大学生，希望咨询师替他交涉缓考的问题；一个在教育子女问题上遇到困扰的母亲要求咨询师找她儿子谈一次话；一个下岗待业的职工要求咨询师为他物色合适的工作……这些问题都是由于来访者对心理咨询的误解所造成的。咨询师对此应加以解释，并引导来访者把解决问题的着眼点集中在自己的心理问题上，通过咨询，使消极情绪得到调整，以积极的态度面对生活中的实际问题。

第二，心理咨询不是一般的助人行为。它是运用心理学的知识、理论与方法从心理上为来访者提供帮助的活动，咨询师必须是经过专业训练的职业人员。在日常生活中，人们也可以进行互相帮助，通过谈心使紧张情绪得到缓解，但这是一种日常交往而不是心理咨询。心理咨询有特定的目的和任务，解决问题有专业理论与方法，它是一种有目的、有意识的职业行为，而不是人与人之间一般性的生活交往。

第三，心理咨询强调良好的人际关系氛围。咨访关系是一种治疗联盟，在来访者和咨询人师之间必须有一定程度的相互理解和信任，来访者才肯坦述自己的问题，接受咨询师的帮助。能否建立这种良好的关系，营造出相互信任的气氛，取决于来访者主动求助的意愿和开放的程度，以及咨询师的态度和技巧。咨询师对来访者的理解和帮助必须是真诚的，态度应是诚恳的，但咨询师与来访者之间的关系不同于社会生活中的朋友或其他人际关系，双方均不谋求发展咨询以外的关系。假如一位多情的女大学生在咨询中获得了帮助，进而对咨询师在感情上产生了依恋，咨询师绝不能为此而动情或与之发展咨询以外的关系。

一言以蔽之，心理咨询就是咨询师协助来访者解决各类心理问题的过程。

心理词典　　灰色理论

人的心理健康方面存在着一个广泛的灰色区域。具体地说，如果将人的精神健康比作白色，精神不正常比作黑色，那么，在白色与黑色之间存在着一个巨大的缓冲区域——灰色区域，世间大多数人的精神状况都散落在这一灰色区域内。换言之，灰色区域是人非器质性精神痛苦的总和，其中包括人的心理不平衡、情绪障碍及变态人格。这些问题不同程度地干扰了人们的正常生活与情绪状态。灰色区域又可以进一步划分为浅灰色区域与深灰色区域。浅灰色区域的人只有心理冲突而无人格变态，其突出表现为由诸如失恋、丧亲、夫妻纠纷、家庭不和、工作不顺心、人际关系不佳等生活矛盾而带来的心理不平衡与精神压抑。深灰色区域的人则患有种种异常人格和神经症，如强迫症、恐人症、癔症、性倒错等症状。浅灰色区域与深灰色区域之间也无明确界限，后者往往包含了前者。

对于学校心理咨询而言，由于大学生处于特殊的心理发育阶段，其求助者集中于浅灰色区域，心理咨询老师的任务是应用一般心理学与咨询心理学的原理，帮助学生全面、深刻地认识影响其正常生活的内、外矛盾，积极地帮其适应与解决，最终缓解由此产生的心理冲突与压抑。而大学生通过心理咨询可望获得内心的和谐，增强自信心和自主能力，以求积极地适应生活，完善人格。

灰色理论的意义在于区别了服务对象的层次性。心理健康与否乃两级小、中间大的状态而非黑白分明，人们往往忽视灰色区域的存在，认为只有问题严重的人才会做心理咨询，从而影响了对一般心理问题的及时矫正。

(二)心理咨询的功能

1. 认识自己的内部世界和外部世界

人人都生存在身外的客观世界中，但却有各自的内部世界。这两个世界，被人的认知与实践活动连接在一起。所以，两者总是处在既一致又矛盾的状态中。在到处充满矛盾的现实世界中，五花八门、冲突横生的客观世界，既向我们提供无数信息资源，使我们充实自己的内部世界，又用压力、诱惑、假象及变幻莫测的种种事态，不断地袭扰我们。通过咨询，有些人惊奇地发现，许多心理问题是他们自己造成的，一旦理顺了自己内心的情结，软弱的内心世界会变得坚强起来，生活会变得更惬意、更充实、更美满。

2. 了解和改变不合理的观念

心理咨询的任务之一就是协助求助者纠正自己非理性的思维和观念。

求助者经常确信自己的动机和需要是合理的，认为自己十分清楚需要什么，但实际上并非如此，他们的心理问题往往是由盲目自信造成的。心理咨询可以帮助他们总结自己的经验教训，学会评估自己的思维、观念是否合理，这不仅能够解决他们当前的心理问题，而且能够使他们看清未来的方向，从而为他们加速自我成长，由“不自觉的生活”发展到“自觉的生活”奠定可靠的基础。

3. 学会面对现实和应对现实

任何人都有三个时态：过去、现在和未来。过去的永远是历史，历史绝对不会倒退或再来。它只能负载着我们的一切经历，永远留在我们的身后。无论痛苦与欢乐，都只能成为脚印，随着时间的流逝，慢慢地远离与淡化。未来的仅仅是希望，希望可以给我们激励和前进的动力，但不能替我们解决任何现实问题。如果只是躺在床上想象美好的未来，那无非是“黄粱美梦”；如果只是眼盯着画出来的大饼，就绝对不能解决眼下的饥饿；“在那遥远的地方有个好姑娘”，但她离你有千里之遥，如果你真的要娶她，就必须一步一步地向她靠拢。没有希望是可怕的，但若只抱有希望而止步不前，远比没有希望更痛苦。所以，对于我们的生存有真实意义的仅仅是我们的此时、此地。

事实上，我们的很多苦恼，往往源于不能面对和接受现实。

心理咨询可以帮助求助者学会勇敢、真诚地面对现实，使他们提高应对现实问题的能力。

4. 使求助者学会理解他人

任何个体，都有发自人性的依附本能。彼此理解，是满足此类本能的必要条件。无奈、现实世界的名利冲突及其他冲突，打破了人性的内在平衡，使依附本能被淹没在这些冲突之中。这种状况使人的心理产生扭曲，体验到孤独、嫉妒、怨恨，甚至产生严重的心理问题。

通过咨询，唤起求助者的依附本能，他们就能自觉地理解他人及理解群体对自己的重要性。一个人一旦把自己融入群体之中，一旦理解到自己与他人的这层关系，那么，这种理解，就可以成为缓解甚至平复人际冲突、恢复人性平静的关键。

5. 使求助者正确认识自我

个人独特的生活经历、不良的人际关系和物质需求的不满，都可以产生片面的自我认知，使个人自觉、不自觉地对自己做出错误评估。这时人就会处于“自知不明”的状态。

常言道：“人贵有自知之明。”“贵”的意思是说，虽然人能“自知”，但是达到“明”的地步，并不容易。人的认知受到的最大局限就是把“自我需求”“自我认知”作为最高标准，而不是站在自我之外，使用客观标准衡量自己。通过心理咨询，帮助求助者认清客观标准，达到自知之明，明确自己的前进方向。

6. 协助求助者构建合理的行为模式

受不合理行为模式困扰的求助者，若想改变自己的现状，则必须在心理咨询师的协助下，建立一种新的、合理的行为模式。只有按这种合理的行为模式生活，他的行为才能变成“新的有效行为”。这种行为所谓“新”，是过去从未尝试过的；所谓“有效”，是说这种行为可以满足他自身发展的需要，如建立友好人际关系的需要、获得知识的需要，成就感的满足，等等。通过心理咨询，鼓励求助者采取有效行为，就可以使他摆脱苦恼，达到新的平衡。

心理视窗　　**丢掉包袱，轻松上路**

一名青年，背着一个大包裹千里迢迢找到无际大师。

一见面，他就哭诉道：“大师，我是那样的孤独、痛苦和寂寞。长期的跋涉使我疲倦到了极点；我的鞋子破了，荆棘割破了双脚；手也受了伤，流血不止；嗓子因为长久的呼喊而喑哑了……为什么我还不能找到心中的阳光？”

大师见青年背的包裹几乎和人一样大，便问：“你的大包裹里装的是什么？”

青年说：“它对我可重要了。里面是我每一次摔倒时的痛苦，每一次受伤后的哭泣，每一次孤独时的烦恼……靠着它，我才能走到您这儿来。”

无际大师没有作声，他带着青年来到河边，他们坐船过了河。

上岸后，大师说：“你扛着船赶路吧！”

“什么，扛着船赶路？”青年人惊讶地问：“它那么沉，我扛得动吗？”

“是的，孩子，你扛不动它。”大师微微一笑，“过河时，船是有用的，但过了河，我们就要放下船赶路。否则，它会变成我们的包袱。痛苦、孤独、寂寞、灾难、眼泪，这些对人生都是有用的，但片刻都不能忘记，就成了人生的包袱。放下它吧！孩子，生命不能负重太多！”

青年放下包袱，继续赶路。他发现自己的步子轻松而愉悦，比以前快多了。原来，生命是不必如此负重的。

二、心理咨询的原则和常见形式

（一）心理咨询的原则

心理咨询的原则有很多，并因理论流派的不同而有所侧重。一般性的原则有以下六个。

1. 保密性原则

保密性原则是心理咨询中最重要的原则。心理咨询是在咨询对象充分自我袒露的前提下进行的，所以保密性原则是鼓励咨询对象畅所欲言的心理基础，也是对咨询对象人格及隐私权的最大尊重。

2. 不评价和非指示性原则

不评价与非指示性原则体现着对咨询对象的尊重与理解。每个人所信奉的准则不同、境遇不同，在处理问题时所考虑的影响因素侧重不同，特别是每个人都有选择行为方式的自主权利，他人不应对其评头论足，甚至指手画脚地加以摆布。如果对咨询对象的述说加以评价或指责，只会中断咨询对象的述说，妨碍其心迹完全袒露，给咨询过程的深入制造麻烦。所以，咨询人员以参谋角色帮助咨询对象分析问题是合乎情理的，他所提出的见解和提供的建议，不应当是指令性的。

3. 整体性原则

在咨询过程中，学校心理咨询人员要有整体观念，对咨询对象的心理问题做全面考察、系统分析，既要重视心理活动诸要素的内在联系，又要考察心理、生理、社会因素的相互制约影响，以使咨询工作准确、有效。

4. 发展性原则

学校咨询人员要以发展变化的观点看待咨询对象的问题，不仅要在问题的分析和本质的把握中善于用发展的眼光做动态考察，对问题的解决、预测也要有发展的观点。

5. 灵活性原则

在咨询过程中，咨询人员要注意咨询对象的具体情况，灵活地运用各种咨询理论、方法，采用灵活的步骤，在把握来访者共性的基础上，最大限度地根据来访者的特殊性做出判断，采取不同的方法，以便最有效地取得咨询效果。

6. 艺术性原则

学校心理咨询人员在咨询过程中要通晓咨询的理论、技巧，善于运用言语表达、情感交流和教育手段，促进咨询对象的思想转化和行为改变，以如期实现咨访目标。

（二）心理咨询的常见形式

1. 正式形式

（1）面谈咨询

面谈咨询是个别咨询中最常见和最主要的形式。它是咨询工作者坐等来访者上门咨询的一种形式。

（2）团体或小组咨询

团体咨询一般有两种形式。一种是由有共同问题的来访者自愿组织为两三人或更多一些人数的小团体，前来心理咨询门诊机构询问或磋商一些共同关心的问题。这种咨询形式在大学生心理咨询中是常见的。另一种是由咨询工作者把存在共同问题的来访者组织在一起，和他们一起讨论问题，并给予切实的指导。团体咨询的人数没有固定的标准，从两三人到十几人均可。人数太多则不利于讨论，如人数超过 20 人，则可分成几个小组进行。对于来访者中普遍存在的共同问题，可组织心理健康讲座。

2. 非正式形式

（1）信函咨询（或网络信函咨询）

由于条件限制或来访者怯于面谈，采用信函或电子邮件咨询也不失为一种心理咨询的替代方式。但是书面的文字咨询的交流局限于纸上，信息的获得量大大减少。若来访者的文字表达力不强，很难想象咨询师能够与之进行顺利有效的互动。

由于大众的需求，如今相当多的报纸杂志都开设了心理信箱，为读者排忧解难。从诸多的读者来信看，大多过于简单，缺乏有关的背景资料和问题的详细描述，让人难以提出真正有效的咨询建议。有的人甚至干脆只在信纸上写上这几个字："我谈过好几个女朋友都吹了，她们说我脾气不好。我该怎样才能变得脾气好呢？盼复。"你说，这该怎么回答？这样的问题，恐怕得写一本书才能回答。

（2）电话咨询（或网络即时交流咨询）

同信函咨询一样，电话咨询（或网络对话咨询）同样有匿名、方便、快捷的优点，但是信息交流也是一种非正式的咨询形式，因此也做不到充分全面。

一般地，信函咨询或电话咨询等非正式的咨询形式，对于具体的问题解决或行为策略有时还能应付，但若需要的是心理治疗服务，信函和电话就远远不够了。想得到较好的效果，还得去心理咨询室找咨询师进行面谈咨询。

三、大学生心理咨询的对象与主要内容

实际上，一个人在漫长的人生历程中难免遇到种种不如意的事情，谁都可能遇到困难，产生苦闷与烦恼，当他们感到仅仅依靠自己的力量不能摆脱心理困境的时候，就可能想到去进行心理咨询，寻求帮助。人生有一系列的发展课题，这些课题完成的好坏，会直接影响到一个人对人生的感受，所以我们说心理咨询的内容包括了人生的方方面面。马建青在《辅导

人生——心理咨询学》一书中指出:心理咨询即是辅导人生。

大学生心理咨询的内容以恋爱、学习、就业、人际关系、适应等问题居多,也包括各种情绪、认知及人格障碍。还有性心理问题也占有一定比例。

(一)大学生心理咨询的对象

大学生心理咨询的对象一般有三种类型:

(1)所有正常的在校学生,当他们在学习、生活、发展、择业等方面遇到问题时,便可找学校心理咨询人员寻求帮助。

(2)行为感受偏离正常的学生,他们在认知、情感、意志行为等方面有不同程度的障碍,或存在一定心理问题。

(3)学校的教师、行政人员和学生家长,学校心理咨询人员为他们提供心理学的知识和劝导,从而帮助他们明确学生的身心特点。

(二)大学生心理咨询的主要内容

1. 适应咨询

这类咨询对象基本健康,在学习、工作和生活中有各种烦恼,心理矛盾时有发生。咨询的目的是排解心理问题,减轻心理压力,改善适应能力。例如,因学习成绩不如意而忧虑;因陷入失恋痛苦而难以自拔;因人际关系不协调而苦恼;因远离父母、缺乏生活自理能力而焦虑;因环境改变而使自我认知失调等。

2. 发展咨询

在人生的发展历程中,人人都会因为成长而不断遭受各种冲突和困扰。发展咨询的对象是比较健康、无明显心理冲突、基本适应环境的人。咨询的目的是更好地认识自己,扬长避短,开发潜能,提高学习、工作和生活的质量,追求更加完善的发展。例如,怎样处理好社会工作与学习的关系?怎样获得更多的朋友?选择什么职业更有利于自己发展?如何实现人生价值?目前,国内现有的学校心理咨询中心、心理科、社区的热线电话,以及其他形式的心理咨询机构,所做的心理咨询服务工作几乎都是与发展咨询相关的。

3. 职业咨询

在职业高度分化的现代社会中,因为职业选择和工作适应等造成的个人问题正在日益增加,因而职业咨询逐渐发展成为一项专业服务。早期的职业咨询,一方面,帮助一些企业挑选适合其需要的专门职业人员;另一方面,帮助个人进行职业决策,向他们推荐适合于他们的工作。现代职业咨询包含了许多内容,例如,在人事管理方面,通过提供适当的评价、测试方法和各种论证思想,为管理者挑选适当的工作人员。目前,国家机关的好多人事聘用都加入了这项内容。又如,帮助求职的人进行职业生涯设计和规划等,以便更好地实现人职匹配。

4. 障碍咨询

这类咨询对象属于有心理障碍的人,他们患有某种心理疾病,为此苦不堪言,影响了学习、工作和生活。咨询的目的是通过系统的心理治疗,帮助患者克服障碍、缓解症状、恢复心理平衡。例如,焦虑性精神症、严重神经衰弱等。

四、大学生心理咨询的意义和特点

大学生心理咨询是指心理咨询人员运用心理学的原理，对在学校教育过程中产生有心理问题或人格障碍等表现的大学生进行心理援助和教育成才的一种方式，通过与他们的心灵交流、相互理解，促使大学生的自我意识发生变化，人格得到健全地发展。

（一）大学生心理咨询的意义

1. 帮助大学生完善自身和适应环境。

由于当今大学生面临学习任务重、生活节奏快、人际关系复杂、社会竞争激烈等方面的压力，以及新时期新的价值观念未确定所带来的思想困惑，因此他们在能动适应环境或完善自身时容易出现某些不适应或迷茫现象，而这种现象主要表现在学习、环境适应、发展、恋爱、人际交往、择业等方面，如果不能及时地自我调整而又得不到外界有效的帮助，就会加重这些不适应，乃至引起心理障碍。开展心理咨询工作，可为大学生提供一个倾诉内心淤积的烦恼、苦闷、忧虑、痛苦的场所，可借助于心理咨询老师的帮助，使大学生能较快地走出困境，朝着正确目标健康地发展。

2. 帮助大学生增强自我意识。

不少询访的大学生最初往往认为他们的问题是由于自身之外的因素造成的，通过心理咨询，他们可逐渐客观地认识外部世界，认识到只要改变自己的内部冲突，不仅问题可以得到解决，同时也会使自己变得更加坚强，因而能采取积极有效的方式解决其面对的现实问题。还有的大学生对自己感到迷惑不解，不知自己到底是一个什么样的人。通过心理咨询，他们可以真正地认识自己的需要、价值观、态度、动机、长处和短处等，同时也可以根据自己的心理状况设计自己的行为，从而获得进步。

3. 及时发现有心理疾病的大学生。

有少数大学生在过重的心理负担下会出现某些心理疾病甚至自杀倾向。心理咨询能够及时地发现这些大学生存在的问题，并有效地对他们进行心理治疗或送医院治疗，避免病情的恶化或自杀事件的发生。

4. 及时纠正大学生的某些错误观念

心理咨询能及时了解大学生的思想动态和心理变化，纠正求询者的某些错误观念，为有针对性地开展思想政治教育提供某些信息。

（二）大学生心理咨询的特点

从心理咨询的定义，可以看出心理咨询具有两个特点。

1. 心理咨询是一个人际互助过程

咨询的互助，是双向交流。也就是说，不仅咨询者在影响、改变来访者，而且来访者也能影响、改变咨询者。互助的成功与否，关系着咨询的质量与效果，咨询过程中的互助应该是一种良性互助，它集中表现为咨询双方之间发展出一种亲密、信任、富有建设性的关系。

2. 心理咨询具有“心理性”

这个特点表现在：咨访者的困难主要是心理、行为方面的困难或问题；心理咨询的内容主要属于心理学范畴；心理咨询的目标是要促成来访者在心理、行为方向的积极改变；心理咨询所依据的理论、使用的方法来自心理学的基础研究。

五、如何确定自己是否需要心理咨询？

心理问题在日常生活中经常会遇到。每个人在成长的不同阶段及生活、工作的不同方面，都有可能会遇到这样或那样的问题。心理咨询主要是面对正常人的工作，它帮助你更好地认识自我、发挥潜能、适应社会；生活中所有的人都可以接受心理咨询的帮助，不论其问题的大小与严重程度。就在校学生而言：

(1)当你的学习、生活、情感压力过大，例如，失恋、同学相处不良、朋友失信等，使你觉得有点胸闷难受、心区疼痛(但到医院检查，又查不出身体有问题)、焦虑不安、容易发火、心情忧郁、失眠，那你就需要心理咨询。

(2)不管什么原因，如果你觉得自己被某种不良心情压抑超过两周时间，并且这一情况还在持续，那你就需要参加心理咨询。当你对于某些特定的物体和行为，例如，与人交往困难，怕猫狗，或者当你面对一些社会场景，例如，广场、商场，或者没有特定对象场景的情况下，你都觉得焦虑不安，甚至呼吸困难，心跳加速，那你也需要参加心理咨询。

(3)当你的某些行为，例如，洗手、关煤气，表现出十次以上的反复，或者当你对于某一事物的思维反复顽固地出现而无法摆脱，且这样的情况已经持续了一段时间，那你就需要心理咨询。

(4)当你被一些性问题困扰，例如，青春期手淫、暴露性器官、喜欢占有异性衣服等，那建议你参加心理咨询。

(5)遇到亲人丧亡等突发事件之后一个月，如果继续被这些事件干扰你的生活，甚至经常发生做噩梦、哭泣等情况，那可能是创伤后的应激障碍，也建议你参加心理咨询。

(6)当你觉得需要一些精神层面的成长或回顾，那你可以参加心理咨询；当你需要更好地发现自己，发掘自己的潜能，提高自己的心理素质与能力时，你也可以参加心理咨询。

心理视窗　　**心态决定成败**

有两家人开车出去旅游，由于碰上了泥石流，两辆车都被压在了树木和泥土下。

其中一辆车的车主是个男士。他看着窗外黑乎乎的堆积物，喃喃自语："完了，完了。"他完全丧失了求生的勇气。外面堆积了近一吨的泥土、植物，而车祸发生地点位于人烟稀少的山区，外援到达也需要几个小时，那时大家都已窒息而亡。他的常识告诉自己，凭自己的力量根本无法逃生。可以看出，这个男士一眨眼间就想到了所有的困难，而且立即被困难压倒，陷入了消极的自暴自弃的情绪中。

而另一辆车的车主是一位妇女。当她看到两个孩子的脸越来越红时，明白那是缺氧的前兆。她没有去胡思乱想，而是立即摇下后座的窗，开始用手将路挖通。历经两个多小时，她终于将自己和两个孩子救了出来，并立刻向林区管理站求救。

两个小时后，已经严重休克的男士也被救了出来。

当生命面临考验和挑战时，悲观者把自己封锁在一个自闭的精神世界里等死，而积极的求生者却保持乐观的精神不肯放弃任何一丝求生的机会，终于从死神手里夺回了宝贵的生命。这就是心态的作用。

第二节　大学生心理问题及应对

一、大学生常见心理困惑的诱因

由于大学生的心理发展尚未完全成熟，自我调节和自我控制能力还不强，加上难以适应环境变化，因此在处理学习、工作、友谊、爱情，以及个人与集体的关系、个人与社会的关系等复杂问题时，常会出现内心矛盾和冲突，造成心理发展失衡。大学生自我关注和人生目标的定位也较高，因此，面临的心理压力自然要比一般的社会成员大得多，其压力源也广得多。归纳起来，主要有以下几方面诱因：

（一）交际困难造成心理压力

“踏着铃声进出课堂，宿舍里面不声不响，互联网上诉说衷肠。”这句顺口溜实际上反映了相当一部分大学生的存在着交际困难，主要表现为不会独立生活，不知道如何与人沟通，不愿与人交往，不懂交往的技巧与原则；有的同学为交际而交际，不惜牺牲原则随波逐流。

导致大学生交际困难的原因有：大学生多为独生子女，对其教育不当造成了一些负面效果，如任性自私，为所欲为；由于从小缺乏集体环境而导致缺乏集体感与合作精神；家长的过分包办使独生子女上大学之后缺乏最起码的独立生活及为人处世的能力。由于交际困难，一方面导致大学生产生自闭偏执等心理问题，另一方面因无倾诉对象，有问题的学生更会加重心理压力，容易导致心理疾病。

（二）对网络产生过于强烈的依赖性

不少大学生一方面因交际困难而在网络的虚拟世界里寻找心理满足，另一方面也被网络本身的精彩深深吸引。所以，有些大学生对网络的依赖性越来越强，有的甚至染上网瘾，每天花大量时间泡在网上，沉湎于虚拟世界，自我封闭，与现实生活产生隔阂，不愿与人面对面交往。这样久而久之，会影响大学生正常的认知、情感和心理定位，还可能导致人格分裂，不利于健康性格和人生观的塑造。此外，迷恋网络还会使人产生精神依赖性，在日常生活和学习中举止失常，神情恍惚，胡言乱语，行为怪异。

（三）角色转换与适应障碍

大学新生都有一个角色转换与适应的过程，每年新入学的大学生往往会出现各种各样的心理问题，心理学上将这一时期称为“大学新生心理失衡期”。导致新生心理失衡的原因首先是现实中的大学与他们心目中的大学不统一，由此产生心理落差；其次是新生对新的环境，新的人际关系，新的教学方式、内容等短时期内不适应，以致造成心理失调；最后，新生作为大学中普通的一员，与其以前在中学里作为佼佼者的感觉大不一样，这也是导致心理问题的诱因之一。

（四）学习与生活的压力

大学生的学习压力相当一部分来自所学专业非所爱，这使他们长期处于冲突与痛苦之中；课程负担过重，学习方法有问题，精神长期过度紧张也会带来压力；另外还有参加各类证书考试及考研所带来的应试压力等。精神长期处于高度紧张的状态下，极可能导致大学生出现强迫、焦虑甚至精神分裂等心理疾病。生活的压力主要在于学生不善于独立生活和为人处世，还有生活贫困所造成的心理压力。有些贫困生虚荣心太强，经不起贫困带来的精神压力，总觉得穷是没面子的事，不敢面对贫困，与同学相处敏感而自卑，一般采取逃避、自闭的做法，有的同学甚至发展成自闭症、抑郁症而不得不退学。

（五）情感困惑和危机

当前，大学生对情感方面的问题能否正确认识与处理，已直接影响到大学生的心理健康。影响因素主要有以下几点：首先是大学生的性困惑问题，男生因对遗精产生误解而紧张，对认识有偏差而产生犯罪感；女生在月经前后精神紧张，在性意识与自我道德规范的冲突中产生心理矛盾。其次是大学生因恋爱所造成的情感危机，这是诱发大学生心理问题的重要因素，恋爱失败往往导致大学生心理变异，有的人因此而走向极端，甚至造成悲剧。

（六）家庭及外界环境的不利影响

家庭及外界环境的不利影响也会成为诱发大学生心理问题的因素，比如不当的家教方式，单亲家庭环境及学校环境的负面影响，消费上的浪费攀比，对贫困生的歧视，学习节奏过于紧张，等等。

（七）就业压力

近几年来，由于社会竞争的加剧、就业市场的不景气，大学生找工作或找到比较理想的工作越来越困难。这对大学里高年级学生造成很大的精神压力，使他们因焦虑、自卑而失去安全感，许多心理问题也随之产生。

二、大学生常见的心理障碍及其应对

（一）焦虑症

焦虑症是一种常见的神经症。大学生进入新的环境，各方面都要重新开始适应和调整。如果对自己期望过高，压力过大，凡事患得患失，时间长了，就会产生持续性的焦虑、不安、担心、恐慌，并且还伴有明显的运动性不安及各种躯体上的不舒适感。患有焦虑症的人，在其性格上也有一定的特点，大多胆小，做事瞻前顾后，犹豫不决，对新事物、新环境适应能力差，遇上一定精神刺激，就很容易患焦虑症。

患有焦虑症的人，常感到无明显原因、无明确对象、游移不定、范围广泛的紧张不安；经常提心吊胆，却又说不出具体原因。患者过分关心周围事物，注意力难以集中，从而使工作和学习效率明显下降。对焦虑症，一方面可进行药物治疗，另一方面可进行心理训练，如各种自我松弛训练、气功、生物反馈疗法等，都有一定的效果。

（二）抑郁症

抑郁症是大学生中常见的一种心理障碍。主要表现为悲伤、绝望、孤独、自卑、自责等，把外界的一切都看成“灰暗色”的。有的大学生对枯燥的专业学习不感兴趣，对刻板的生活方式感到厌烦，为自己学习或社交的不成功而灰心丧气，陷入抑郁悲观状态。长期的忧郁状态会导致思维迟钝、失眠、体力衰退等，对个体危害是很大的。大学生抑郁症比例较高，这主要是由于：一方面，他们对社会有各种强烈的需求，极力想表现出自己的才能；另一方面，他们对社会的复杂缺乏认识，对自身行为的合理性和可能性了解得不够深刻，加上人生观、价值观尚未稳定建立，对挫折的承受能力与心理防卫机能不成熟、不完善，因而很容易表现出抑郁的情绪和心境。

一般来讲，神经性抑郁症患者在病前大多能找到一些精神因素。如生活中的不幸遭遇，学习中遇到重大挫折和困难，在公共场合中自尊心受到严重伤害等。该症的发生与性格也有一定的关系。自卑心一向很强的人，在受到挫折后，很容易产生失望、自卑而发病。性格不开朗、多愁善感、好思虑、敏感性强、依赖性强的人，在精神因素作用下，也容易导致抑郁症的发生。

大学生抑郁症治疗的第一步就是将自己的生活作息合理化，改掉逃课出去玩儿或睡懒觉的习惯。二是学会将自己的忧伤、痛苦以恰当的方式宣泄出来，以减轻心理上的压力。例如，倾诉、写日记、哭泣等，都可以减轻心理负荷。三是多与其他同学交往，尝试从另一个角度看待自己所面临的问题，开阔视野。四是有意识地参加一些实实在在的活动，如体育锻炼、文化娱乐活动等，将自己从苦恼中解脱出来。五是是向心理医生求助。

(三)强迫症

强迫症是指患者在主观上感到某种不可抗拒和被迫无奈的观念、情绪、意向或行为存在。患有强迫症的人，明知某种行为或观念不合理，但却无法摆脱，因而非常痛苦。这种症状大多是由强烈而持久的精神因素及情绪体验诱发而来的，与患者以往的生活经历、精神创伤或幼年时期的遭遇有一定的联系。患强迫症的大学生多与其性格缺陷有关，如缺乏自信，遇事过分谨慎，生活习惯呆板，墨守成规，常怕出现不幸，活动能力差，主动性不足等。强迫症的根治是比较困难的。行为疗法对强迫动作有一定效果。向患者解释精神生活中的各种知识，增强他们的自信心，对缓解症状有一定效果。

(四)神经衰弱

神经衰弱也是大学生中极为常见的心理障碍。它的特点是容易兴奋，迅速疲倦，并常常伴有各种躯体不适感和睡眠障碍。引起神经衰弱的原因，是长期存在的某些精神因素引起大脑机能活动的过度紧张，使精神活动的能力减弱。有易感素质和不良性格特征的人，更易患神经衰弱。大学生神经衰弱的发生，主要是由于缺乏面对现实的勇气和良好的适应能力造成的，如学习负担过重，专业思想不稳定，个体自我调节失灵，对社会、对人生思虑过多，在家庭、恋爱问题上犹豫徘徊等。所有这些，在患者头脑中产生强烈的思想冲突，使得神经活动过程强烈而持久地处于紧张状态，超过了神经系统本身的张力所能忍受的限度，从而引起崩溃和失调。对神经衰弱的学生，合理安排学习和生活作息，适当参加娱乐活动和体育锻炼，并进行必要的心理治疗，一般可以收到较好的效果。

除上述四种典型症状之外，大学生群体中，神经衰弱、睡眠障碍、精神紧张、忧郁、失眠、精神创伤后遗症等心理疾病也是常发的心理疾病，都可以通过建立良好的生活习惯、积极参加各种运动、适当宣泄不良情绪、向心理老师求助等方法加以解决。

心理词典　消除对心理咨询的五种错误理解

一、心理问题≠精神障碍

心理咨询在我国是一门新兴学科。咨访者通常大多是思前想后、鼓足了勇气才走进咨询室，在医生反复保证下，才肯倾吐愁苦。因为在许多人眼里，来咨询的人很可能有些方面不正常或有精神障碍，要不就是有见不得人的隐私或道德品质方面有问题。此外，有些人认为表露出痛苦是软弱无能的表现，对男性来说尤其如此。以上种种原因，使得很多人宁愿饱受精神上的痛苦折磨，也不愿或不敢前来就诊。其实，心理问题与精神障碍是两个不同的概念。每个人在成长的不同阶段及生活工作的不同方面，都有可能遇到这样或那样的问题，导致消极情绪的产生。对这些问题，如能采取适当的方法予以解决，个体就能顺利地健康成长；若不能及时正确处理，则会持续产生不良影响，甚至导致心理障碍。所以心理问题是日常生活中经常遇到的问题，就此进行心理咨询，并不意味着有什么不正常或有见不得人的隐私，相反，这表明个体具有较高的生活目标，希望通过心理咨询，更好地自我完善，而不是回避和否认问题，浑浑噩噩虚度一生。有相当一部分人认为，有精神障碍的人就是疯子，其实他们所说的精神障碍，严格来讲是指重度精神障碍，如精神分裂症、狂躁症等，它与一般的心理问题和轻度心理障碍有很大区别。绝大部分精神障碍患者对自己的疾病没有自知力，更不会主动求医。

二、心理学≠窥见内心

两个久未谋面的老同学在路上不期而遇，其中一个人知道对方是心理医生，就让他猜一猜自己现在在想些什么。许多咨访者也有类似的心态，他们不愿或羞于吐露自己的心理活动，认为只要简单说几句，心理医生就能猜出他们心中的想法，要不就表明对方水平不高。其实心理医生也是人，他们没有什么特异功能，并不能窥见他人的内心世界，他们只是应用心理学的理论和方法，对咨访者提供的一定信息进行讨论和分析，并提出自己的意见和看法。因此，咨访者需详尽地提供有关情况，这有利于医患双方共同找到问题的症结，有利于心理医生做出正确的诊断并进行恰当的治疗。

三、心理咨询≠无所不能

许多咨访者将心理咨询神化，似乎心理医生无所不会、无所不能，就像一个“开锁匠”，什么样的锁都能一下打开，所以常常来诊一两次，没有达到所希望的“豁然开朗”的心境，就大失所望，再也不来了。实际上，心理咨询是一个连续的、艰难的改变过程。心理问题常与咨访者的个性及生活经历有关，就像一座冰山，尘封已久，没有强烈的寻求改变的动机，没有恒久的决心与之抗衡，是难以使冰雪消融的，所以咨访者要有打“持久战”的心理准备。

四、心理医生≠救世主

一些咨访者把心理医生当作“救世主”，将自己的所有心理困惑都丢给医生，以为医生应该有能力把它们一一解开，而自己无须思考、无须努力、无须承担责任。多年来传统的生物医学模式就是，病人看病，诊断、开药、治疗一切由医生说了算，要求病人绝对服从、配合，因此咨访者自然而然地把这种旧的生物医学模式带进心理咨询领域。然而，心理咨询与心理治疗是新的生物-心理-社会医学模式的产物，心理医生只能起到分析、引导、启发、支持以及促进咨访者人格成长的作用，而无权把自己的价值观和愿望强加给咨访者，更不能替咨访者做决定。咨访者必须认识到，“救世主”只有一个，那就是自己。只有认识自己、战胜自己，最终才能超越自我，达到理想目标。倘若把自己完全交给医生，消极被动、推卸责任，恐怕很难有好的疗效。

五、心理咨询≠思想工作

咨访者可能还有另一种极端的认识，即心理咨询没多大用处，无非是讲些道理，因而忽视或未意识到心理问题是需要治疗的。心理咨询作为医学中的一门学科，有着严谨的理论基础和诊疗程序，它与思想工作是有本质区别的。思想工作的目的是说服对方服从、遵循社会规范、道德标准及集体意志，而心理咨询则是运用专门的理论和技巧，寻找心理障碍的症结，予以诊断与治疗。

思政元素

儒家文化中的心理健康思想

心理健康的状态指的是在环境中心理、身体和社会适应方面协调一致，心理功能各方面良好，这种心理功能的良好状态其实就是一种精神境界上的良好状态。在儒家思想理论体系也有对精神境界良好状态的表达，儒家思想里认为“仁”是人的精神最高境界。冯友兰先生认为“仁”包含着两个层次：道德范畴的仁和诸德里的仁。道德范畴的仁，指在“五常”“四德”中处于首要位置的仁；诸德里的仁指的是所有各种美好品德的一种总和状态，是一种天地境界，也就是最高的精神境界。所有美好品德总和的这种状态理所当然也是心理健康的最高境界。一个具备所有美好品德的、具有仁德的人，心理状态不可能不处于良好的状态，处于这种良好的心理状态的人不仅能正确评价自己，还能善待他人拥有善良的心和良好的交际方式；能悦纳进取，适应生活。而儒家思想文化强调“仁者爱人”，孟子原文曰：“君子所以异于人者，以其存心也。君子以仁存心，以礼存心。仁者爱人，有礼者敬人。爱人者，人恒爱之；敬人者，人恒敬之。”意思就是说，一个人只有学会爱人，善待他人，包容理解他人，对他人有同理心，善于与人相处，那么会爱人的人也会被爱。“仁者”指的就是具有大智慧且拥有慈爱之心、充满爱意的善良之人，也是一种内心无比健康的人。这种“仁者爱人”的方式利己利他。可以看出，“仁”的确是心理健康的一种高境界。用“仁”的方式来调节，泰然处之，以“仁者爱人”的方式处理关系，孔子视之为“美德”。一个人要想成为仁人是不容易的，所以儒家文化思想提出“仁”之后也传授了一套为仁的方法。孔子通过其人本思想将仁这一思想作为最高的道德和精神境界，并提出了如何达到“仁”这一目标的方法，即主张中庸之道，并对心理进行调适，保持积极的精神状态，保护身体和心理上的健康。

（节选自周煜. 中国传统文化中的心理健康思想研究[D]. 西安工程大学，2019）

复习思考题

1. 请描述一个悬在心中的心理冲突或心理问题(可以是自己的,也可以是身边比较亲密的人的),越详细越好,并谈谈对解决这个心理问题已尝试过的方法和今后的考虑。

2. 一位同学说:"我的成绩真是太差了,怎么办呢?我实在讨厌自己。上天实在是太不公平了,怎么人家那么聪明,不用读书,成绩也那么好,而我则事事不如人,一无是处。"对于这位同学你该如何去帮助呢?

心灵阅读

一例大学生发言紧张的元认知心理技术干预

发言紧张是学校学生一个非常普遍的现象,虽然与学习成绩的关联性不高,但它却严重地影响到了学生的全面发展。成功学大师卡内基说过:一个人的成功15%靠专业技能,85%却靠口才演说能力和为人处世的能力。学生的发言紧张症状一般表现在课堂老师提问、上台发言、演讲、表演、竞选、面试等等情境下,具体情况因人而异,不一而足。下文是作者运用元认知心理干预技术对一名大学生发言紧张案例的干预过程。

1. 来访者基本情况

某女,某大学大一新生。该生性格内向,不善言谈,与他人交流时会脸红,不敢正视对方的眼睛。该生是蒙古族人,母语为蒙语,自认为汉语说得不是很好,所以不主动和人交谈。害怕上台演讲,每当快到自己演讲了或是老师突然叫自己名字时,心跳就加速,手不停颤抖,严重时尿急想上厕所。即使提前做好准备,但一到讲台上还是紧张,大脑一片空白。

某女在高中是品学兼优的学生,担任班长。高中时大部分时间用蒙语交流,说汉语也仅限在课堂上,那时的她能和老师、同学大方地交谈,组织班级工作也能落落大方,轻松自然。高二时,参加班级组织的汉语演讲比赛,同学们发挥得都很好,轮到她上台,开始很流利,但是快到结尾的时候,忽然跑调了,几句话的发音很不标准,自诉当时就像外国人说汉语一样,引起了全班同学的哄堂大笑,有个男生还大声说"班长是外国人呀",当时的她觉得脸很热,不敢抬头看同学们,拿讲稿的手在不停地颤抖,声音也发颤,站在台上很不自在,心想:同学都笑我,太丢人了。最后没有演讲完就跑下了讲台。此次演讲过后,她在上课用汉语回答问题时总是担心自己会跑调、说不好,一站起来回答问题或者发言的时候,就声音发颤,不敢看老师或同学,吱吱呜呜好一会儿才能说出来。当她坐下的时候就会想我怎么这么笨呢,连中国话都说不好,以后还怎么在同学面前组织班级工作呀,于是相当自责,觉得很丢人。到了大学在新的环境中,几乎所有的同学都说汉语,感到自己和同学交流困难,新生自我介绍时不敢大声说汉语,感到很痛苦,所以前来咨询。

2. 发言紧张的界定与表现

2.1　发言紧张及其表现

发言紧张是一个非常宽泛的概念,就字面意思来看,是在说话过程中不自在,存在紧张的现象。刘树宏曾对演讲怯场这样定义:在人多的场合发言、表演时,因紧张害怕而产生的神态举止不自然的现象，以及因此而产生的丧失自控能力的行为。发言紧张从担心、焦虑开始，而最终以一系列不适应的行为表现出来。如口干舌燥、喉头发紧、两颊涨红、表情尴尬、声音发颤、语无伦次、手足无措，抓耳挠腮；严重的还会手指和小腿颤抖起来，面肌抽搐，大汗淋漓，讲不出声，尿急等。

2.2　潜意识条件性情绪反应的形成

潜意识条件性情绪反应是指一种在条件反射形成和发生过程中，本人未曾意识到的或本人的意识不容易控制的情绪反应。其中的“条件性”是指通过后天条件建立起来的反射。依此原理，某女发言紧张问题是在高中汉语演讲比赛过程中形成的一种潜意识的条件性情绪反应，是由一次强刺激所导致的演讲紧张问题，进而泛化到发言和回答问题的情境中。

某女在高中时作为班干部经常组织班级工作，能很大方地和老师同学交谈。但在高二的一次汉语演讲比赛中快结束的时候（S：刺激情境），由于忽然跑调，引起同学的哄堂大笑，甚至是嘲笑。在此过程中，她伴随的情绪是紧张焦虑的（E：情绪）。在这种紧张和焦虑的情绪作用下，她不敢抬头看台下的同学，脸颊发烫，感到浑身不自在，手也在不停地颤抖（R：行为反应）。当出现这样一系列的行为反应后，她不自觉地冒出这样的想法：这么多同学都笑我，太丢人了（E：评价性情绪），又引起她的情绪更加紧张和焦虑。就这样，她的消极情绪就在汉语演讲过程中被不断地循环放大了。

演讲事件之后，某女无论是在上课发言或是被提问，还是和同学用汉语讲话时，都会伴随紧张和焦虑的情绪，这种紧张焦虑的情绪与发言建立了一种条件性情绪反应，从而产生在说话或演讲时不敢看老师和同学的眼睛，声音发颤，心跳加速等一系列消极反应。

3. 元认知心理干预过程

3.1　认知调整

首先向某女讲解元认知心理干预技术的相关原理，并应用潜意识条件性情绪反应原理解释她的问题形成原因。

某女经常在学校或家中说蒙语，导致她的汉语水平不高，加之在班级汉语演讲比赛中，因发音不标准引起全班的哄堂大笑和男生的嘲笑，她的紧张焦虑情绪就此产生，这种消极的情绪与演讲情境建立了一种消极的潜意识条件反射，即一到演讲或和同学用汉语交谈时就会引发焦虑紧张情绪，这种焦虑情绪不断循环放大，从而导致她的发言紧张行为。其次，让她明白之所以面对演讲出现发音不准的情况，是因为自己在日常生活中运用汉语的机会较母语少，是缺少锻炼的结果，发音不标准谁都会有，中国有很多方言，每一种发音和普通话比起来都不标准，这是很正常的。并向其介绍一些避免演讲紧张的经验和技巧，如出丑时或说错时打个圆场，开个玩笑，一笔带过，切忌自责，也可上台前深呼吸和积极暗示等。最后，给来访者讲一些克服发生紧张的小例子或成功人士的故事，让来访者树立信心。

3.2　临床放松训练

科学研究发现，人在暗示学习过程中，大脑会表现出超强的学习能力，人的知识经验结构也是高度可塑的，是平常学习效率的5～50倍。而放松训练就是利用这一原理对患者进行心理和行为经验重塑，即通过肌肉的渐进式放松，让来访者达到完全放松的状态，利用心理冥想，让患者想象自己曾经的成功经历或者实现未来理想时的场景，进而产生高兴、激动和兴奋的情绪体验，然后向其大脑输入一套在发言情景下的正确的反应模式，让这种反应模式与积极的情绪不断建立新的条件反射，直到新的反射能够覆盖旧的反射。也就是说，新的反应模式能够在发言情景下自动运行，逐渐形成习惯化的行为方式。这样，通过临床暗示学习技术，使存在于某女大脑中上台演讲紧张的旧模式被新输入的积极正确的新模式所取代并逐渐优势兴奋起来，从而阻止了原有条件性情绪反应的发生，打破之前的恶性循环。当某女想到或看到演讲的具体情境时或回答问题及和人交谈时，心情是平静的，甚至有点微微地愉悦，使其认知和行为也会向积极的方向转变。笔者共对某女进行了6次放松训练。第1、2次放松过程中加入了课堂老师提问以及主动发言情境的程序性知识，放松之后，她感觉很好，跃跃欲试地想在课堂上发言，并主动和日语老师说汉语；第3、4次加入了和同学落落大方的谈话情境的程序性知识，并简要巩固之前的程序性知识。最后两次，对她进行性格塑造和防复发指导，培养她在演讲、谈话、工作时自信、乐观、大方的优秀品质。

3.3 愈后防复发指导

让某女每次做咨询笔记，真正了解元认知心理干预技术的原理，会用原理解释自己及其他人的问题。告诉她遇到应激事件发言紧张的症状可能会反复，这时不要惊慌，只要她按照我们教授的方法认真去调整，就可以很好地控制情绪。这些方法包括肌肉放松、深呼吸以及积极的自我暗示等。让其明白前进的过程是螺旋上升的，开始阶段偶尔复发只是进步过程中的小插曲，总的趋势是向前发展。为她录制放松训练的录音，使其在咨询刚结束的一段时间内，继续坚持做放松训练以巩固效果。

4. 干预效果

经过咨询，某女的发言紧张情况得到了很好的改善，在为来访者设计的模拟演讲比赛中本人感觉轻松，觉得自己表现很好。后来几次回访，来访者反馈感觉很好，能主动和老师同学交谈，在上课被提问时心情也是轻松的，能够正确地认识到自己与他人在汉语上的差距，能够积极努力地学习汉语改变自己的现状。即使偶尔发音不标准同学笑了，也觉得没什么，就当自己给大家制造了一个免费的笑料，心情不受影响。交流恐惧自陈量表(PRCA-24)的测试结果，各分量表分数及总分下降明显，均达到正常水平；演讲者信心自评量表(PRCS)由前测26分下降至后测6分，减分率为77%，属于显效。

5. 讨论

本案例应用元认知心理干预技术，找到条件性情绪这个核心变量，使得问题产生的原因得到了很好的解释，从而快速找到了解决问题的杠杆解。同时利用了放松训练这种高效的暗示性学习方式，使得问题解决事半功倍。但是本案例中也有一些不足之处，在防复发的处理上，我们无法预测所有容易引起来访者发言紧张的场景，只能以点带面，希望来访者能够进行迁移，正确地处理以后可能遇到的问题。另外，心理活动的个体差异性很大，不能仅仅通过一个案例就说明元认知心理干预技术在治疗发言紧张方面的高效性，其外延性和说服力还不够，需要做更多的尝试，进一步去验证元认知心理干预技术在发言紧张潜能开发方面的高效性。

自我测试

症状自评量表(SCL-90)

第三章

人贵有自知之明
——大学生的自我意识与培养

学习目标

知识目标	了解自我意识的含义、结构和作用；掌握大学生自我意识发展特点以及常见的自我意识偏差；掌握健康自我意识的标准以及如何完善自我意识
能力目标	掌握健康自我意识的标准，促进自我意识的发展和完善
素质目标	通过奥运冠军谌利军的故事，帮助大学生塑造坚忍不拔、永不放弃的心理品质

主题导读

斯芬克斯的谜语

古希腊有个传说，传说在一个王国城堡的附近有个女魔，叫斯芬克斯。她整天守着那条过往行人必经的路，让人猜一个谜：“什么东西早上是4条腿，中午是2条腿，傍晚时3条腿。”如果行人不能猜对谜底，她就会把他吃掉；如果猜出来了，她自己就会死去。无数的人都不能猜出谜底，于是王国死去了许多的人，外面的人也不敢来这里了，王国内外充满了恐惧。终于有一天，一个叫俄狄浦斯的年轻人来到了斯芬克斯的面前，说出了这个神奇“东西”的谜底——“人”！因为“在生命的早晨，人是软弱无助的孩子，他用两手两脚爬行；在生命的当午，他成为壮年，用两脚走路；但到了晚年，生命迟暮，他需要扶持，因此拄着拐杖，作为第三只脚。”于是，斯芬克斯死了，而这个谜语流传了下来。

“人是什么?”这是一个古老而又永恒的命题，也是每一个人毕生都在探讨和不断获得不同答案的问题。斯芬克斯之谜、写在太阳神阿波罗神殿上的箴言“认识你自己”和中国熟知的那句“人贵有自知之明”，都表明人类在认识自然的同时，提出了认识人本身的要求。认识自我，是我们每个人自信的基础与依据。即使你处境不利，遇事不顺，但只要你赖以自信的巨大潜能和独特个性以及优势依然存在，你就可以坚信：我能行，我能成功。

人的自我意识常常受到社会评价的影响，尤其是自我意识发展中的大学生，自我意识正处在发展与成熟的关键时期，他们的自我意识的形成受到来自自身和社会的影响，心理也常常因为自我意识的状态的变化而发生着不同程度的变化，因此，帮助大学生形成正确的自我意识，对他们心理健康的发展有着尤为重要的意义。

第一节　自我意识概述

阿波罗神殿上写着一句箴言：认识你自己。我们也常说“人贵有自知之明”。人的兴趣、能力、性格、情感、意志和道德行为，无一不受自我意识的制约和影响。人们在照镜子的时候看到的是人的形象、表情，实际上，人心灵是什么模样却很少有人去探究。所以，本章我们就来探讨一下“自我意识”。

一、自我意识的含义

前面我们提到照镜子。对于“镜子中的你长得是否很漂亮?”这个问题，你会有自己的答案，你会说“我长得很漂亮”或者“我长得还可以”等。你的这个自我评价就是自我意识。

什么是自我意识? 自我意识是指一个人对自己各种身心状况以及自己和周围关系的一种认识，也是人认识自我和对待自我的统一。

二、自我意识的结构

从结构形式上来看，自我意识表现为自我认识、自我体验和自我控制。这三种心理成分相互联系、相互制约，统一于个体的自我意识之中。

(一)自我认识

自我认识是指一个人对自己各种身心状况的认识，包括自我感觉、自我观察、自我观念、自我分析和自我评价等。自我认识主要涉及“我是一个怎样的人”“我为什么是这样一个人”等问题。比如有人观察自己的形体，认为自己属于“健壮型”；分析自己为人处世的态度，认为自己是热情友善的；用批评的眼光审视自己时，觉得自己脾气暴躁、容易冲动等。

在客观的自我认识的基础上做出正确的自我评价，对于个人的心理活动、行为表现及个人在社会群体中人际关系的协调，都具有重大的影响作用。如果一个人在社会生活中把自己看得低人一等、没有价值，那么，他就会产生自卑感，做事缺乏胜任的信心，没有主动性和积极性，其结果是无论做什么事情都难以保证质量；相反，如果一个人只看到自己的长处，他就会产生盲目乐观的情绪，自我欣赏、自以为是，结果往往不能处理好人际关系，难以与人合作，或被他人所拒绝、被群体所孤立。可见，自我的客观认知和评价，对个人的健康发展着不可忽视的作用。

(二)自我体验

自我体验是通过认识和评价而表现出来的情绪上的感受，其中包括满意或不满意、自尊、自爱、责任感、义务感、优越感、羞怯、自卑等。自我体验主要涉及“我是否满意自己”“我能否悦纳自己”等。

自我体验的产生是由环境与个人内部心理因素相互作用的结果，它是由外在环境的变化引起的。而外在环境能引起一定的情绪状态，又是与情绪经验的积累与概括相联系的。如果学生把测试的优良成绩归因于自己的努力和能力，就能提高自我价值并增强自尊心；如果把考试的失败归因于自己的不努力和能力不如别人时，则会降低自我价值并挫伤自尊心。

（三）自我控制

自我控制是指不受外界诱惑因素的影响，能够自己调节和控制自己的情感冲动和行为，是一种意志力强的表现。它包括自主、自立、自强、自卫、自制、自律等。自我控制主要涉及"我怎样控制自己""如何使自己成为理想的那种人"等问题。

自我控制的实际意义在于根据个人能力水平确定任务和目标，实现计划时不受其他事件的引诱与干扰，防止改变决定。对各方面的条件估计越全面，接收的信息越多，越有利于实现自我控制。由于青年期思维与论证能力的发展，人有足够的理由从认识与信念的增强上克服自己的缺点，加强果断执行的意志力。

总之，自我意识是一种多维度、多层次的心理活动，这个心理活动表现为一个人对自己的思想认识、情感行为、个性特征以及人际关系各个方面的认识、情感和意志的统一。自我意识在发展人的个性中占有重要的地位，人的兴趣、能力、性格、情感、意志和道德行为无不受它的影响。

三、自我意识的作用

（一）目标导向作用

目标是个体发展的导航机制。一个人要想成就一番事业，就必须从自身的实际出发，制定明确的目标，只有如此才会调动自身的潜能，激发强大的动力。人通过正确的自我认识，确立较为合理的"理想自我"的内容，就为个人将来的发展确定了目标，对个人的认知、情感、意志、行动会产生很大影响，是个体活动的动力。自我意识健全的个体，在从事一项活动之前，活动的目的和结果就以观念的形式存在于头脑之中了，并以此做出计划，知道自己的活动，从而达到预期的目标。

（二）自我控制作用

一个人要获得发展，取得成就，光有目标是不行的，还必须具备自制的意识，对自己的情感、行动加以调节和控制。自我意识健全的个体，在对自我做出正确认识、合理规划的基础上，能够对自己的注意力、情感、行为等加以控制，以实现自己的目标。在成功的路上，很多人并不缺乏机会和才华，而是缺乏自控的意识和能力，故而与成功失之交臂。自我控制是自我意识发挥能动作用的一个重要方面，它是目标的守护神，是成功的卫士。缺乏自我控制意识的人，将是一个情绪化的人，缺乏毅力的人，终将一事无成。

（三）自我内省作用

自我意识健全的个体，不仅能够确立"理想自我"的内容，为自己将来的发展做出规划，而且能够通过自我控制来实现预期目标。此外，由于主客观条件的制约，"理想自我"的实现常常会遇到各种障碍，致使个体产生不同程度的挫折感。这时，自我意识就会对自己的认识、情感、意志、行为等进行反省，找到受挫的主客观原因，并重新调整认识，形成新的"理想自我"的内容，使其与"现实自我"趋于统一。内省可谓个体成长中所进行的自我监督和自我教育，每个人要想使自己的天赋和才能得到充分的开发和利用而成为自我实现的人，就需要有积极的自我意识，随时对自我的认识、情感、意识和行为加以反省和审察。

（四）自我激励作用

正确的自我意识，可以帮助个体形成准确的自我认知与评价，并在此基础上，建立自立、自主、自信的良好心理品质，激励个体去大胆尝试，最大限度地调动个体的潜能，激发思维活动功能，获得成就。在这一过程中，不断克服个体负性的自我意识，强化正性的自我意识，形成个体自我意识的良性循环。因此，往往是自我意识越健康、越积极的人，就越能获得成就，而不断取得的成就，又反过来进一步促使健康自我意识的形成。

第二节　大学生自我意识的发展

一、大学生自我意识发展特点

（一）大学生自我认识方面的主要特点

1. 自我认识的广度和深度大大提高

大学这一特殊的学习、生活环境，为大学生提供了一个博览群书、自由发展、自我实现的新天地。这个新天地为他们的自我认识向广度和深度发展提供了有利条件。大学生的视野更开阔了，关心的社会问题也多了，社会对他们的期望也比较高。这时，他们的自我认识不只涉及自己的气质、风度和性格等一般问题，而且还涉及自己的社会地位、社会责任、自我的价值等问题。通过对这些问题的分析和思考，大学生自我意识达到新的广度和深度。

2. 自我认识的自觉性和主动性明显提高

大学是大学生走向社会前的最后学校学习阶段。在学习期间，在他们面前摆着许多深刻的课题：我将来做个什么样的人，成就什么事业，我能为社会做些什么贡献等等。大学生在急切的思考这些问题，而这种思考比少年时期更主动、更自觉，具有较高的水平。

3. 自我评价能力提高

随着年龄的增长和阅历的增加，大学生的知识增加了，社会经验丰富了，大多数人对自己的分析、评价逐渐变得全面、客观和主动，对自己的优缺点有了较为正确的认识和评价，并能选择自己的长处进行发展。但是，大学生自我评价的能力有很大的个体差异。

（二）大学生自我控制方面的主要特点

1. 自我控制能力明显提高

在成年人的眼中，青年人易冲动、多变，这主要是青年人的自我控制能力比较差。处于低年级的大学生，冲动性比较明显；进入中年级，特别是进入高年级之后，随着知识的积累，生活阅历的增加，大学生的自我认识和自我评价水平增强，他们能够根据别人的评价和自己的行动结果进行反省，及时调整自己的行为和目标。这说明，大学生行为的自觉性和自我控制能力明显增强，而盲目性和冲动性则逐渐减少。

大学生的自我控制能力明显提高，还表现在他们的行为和目标能以社会期望和社会要求为转移。例如，当今社会对大学生的要求越来越高，不单看重文凭，更看重大学生的综合素质。面对社会的期望和要求，大学生能对自己的目标进行及时的调整，注重各方面能力的培养，以便更好地适应社会。当然，大学生自我控制水平还缺乏一定的稳定性，还需进一步完善和发展。

2. 独立意识和自信心增强

大学生在生理发育上已完全具备了成人的特点，心理成熟和社会成熟也已经达到了较高水平。通过对自我的认识、体验和控制、调节，他们的心目中已逐渐确立一个新的成人式的自我，成人感特别强烈。另外，大学生体力充沛、精力旺盛、思维灵活、记忆力强，"天之骄子""时代宠儿"的优越感比较明显。这充分体现了大学生的自信心是十分强烈的，他们不仅对自己的才华、学识充满自信，而且对自己的风度、能力也充满自信。但是由于知识、经验不足，他们易于产生过分的自信，而且容易因一时的挫折而降低自信。

3. 自我设计的愿望强烈

多数大学生对自己的未来充满了信心与希望，对未来美好的生活有自己的梦想，希望能过上一种自由自在、符合自己愿望的生活，因此，大学生都有设计自我、完善自我的强烈愿望。他们根据自我设计的"最佳自我形象"而不断充实自己的知识、培养自己的能力、形成自己良好的性格与品德，力图摆脱社会传统的束缚，按照自己的意愿行事。大学生的成就动机是最强的，他们都想干出一番事业，能对社会、对祖国有所贡献，实现自己的价值。

（三）大学生自我体验方面的主要特点

大学生自我认识和自我控制能力的迅速发展，使得他们自我体验的内容和形式发生了极大的变化。从自我体验的形式来看，显示出以下几个方面的特点：

1. 丰富性

大学生丰富多彩的学习生活为他们提供了丰富的自我体验。例如，意识到自己的成熟就产生了成人感；意识到自己的能力和品德的高低而产生了自豪、自尊或自卑、自惭等体验；意识到自己的社会角色和社会地位而产生了社会责任感和义务感；等等。一般来说，在自我体验方面，男生比女生更有自信心、更富于活力，但容易急躁；女生则更热情，内心舒畅感更明显，但容易多愁善感。大学生自我体验的情感基调是积极的、健康的。大学生要注意增强自我意志的指向能力，提高自我认识水平，这将有助于大学生自我体验的丰富性向健康方面发展。

2. 敏感性和波动性

由于大学生对自我的认识还在不断进行中，个性还不够成熟和稳定，也缺乏驾驭情感的意志力。因此，他们的情感体验表现出明显的敏感性和波动性。他们可能因一时的成功而产生积极的、愉快的情感体验，甚至骄傲自满、忘乎所以；也可能因一时的挫折、失败而低估自我或丧失自信心，甚至悲观失望。到了高年级，当大学生的自我认识和自我控制比较确定后，这种波动性才逐渐降低。

3. 深刻性

大学生的自我体验是深刻的。他们的自我体验不仅与自己的个性特点相联系，而且还与自己的生活信念和人格倾向相联系。当自我的生活信念和人格倾向为别人所悦纳，或客观事物符合自己的生活信念和人格倾向时，他们就产生愉快的情感体验，否则就产生消极、不愉快的体验。

二、自我意识的评价

自我意识从内容上，分为生理自我、社会自我和心理自我。我们从这三方面来评价自我，就能获得一个较全面的自我认识。

（一）生理自我的自我评价

生理自我是指我们对自己身体的认识，涉及我们对身高、体重、容貌、性别、身体状况等的认识和情绪体验。我们对自己身体的认识和满意度在很大程度影响了自信、自尊等自我体验的高低。

如果你感兴趣的话，可以试着完成以下自测题。回答无对错之分，请根据你的实际情况，在空格内填入相应的答案，或者圈选相应的选项。

（1）我有______ cm 高，我（很满意，比较满意，无所谓，比较不满意）我的身高。

（2）我有______ kg 重，我（很满意，比较满意，无所谓，比较不满意）我的体重。

（3）我是（男，女）性，我（完全认同，比较认同，无所谓，比较不认同，完全不认同）我的性别属性。

（4）相对于其他人，我长得（很漂亮，比较漂亮，一般，不太漂亮，根本不漂亮），我（很满意，比较满意，无所谓，比较不满意）我的容貌。

（5）我最满意的身体部位是（眼睛、鼻子、耳朵、嘴、眉毛、头发、皮肤、胸部、腹部、背部、臀部、手臂、掌、腿、足），或其他______。

（6）我的身体状况（非常好，良好，一般，有点不好，非常不好）。

（7）在一天的大多数时间里，我感到精力（很充沛，比较充沛，一般，有点不充沛，非常不充沛），思维（很清晰，比较清晰，一般，有点不清晰，非常不清晰）。

（8）我（曾经，现在，从未）患过重大疾病。如果有，是______，该病对我现在的生活影响（非常大，比较大，一般，轻微，没有）。

（9）我现在（患有，不患有）慢性病。如果有，是______，该病对我的生活影响（非常大，比较大，一般，轻微，没有）。

（10）生理“我”对我的学习和生活（有，没有）影响，如果有，该影响是（积极的，消极的），具体影响了______。

（二）社会自我的自我评价

社会自我是我们对自己在社会关系、人际关系中角色的认识，包括与父母、同伴和老师的关系以及自己在这些圈子里的地位。

同样通过以下试题，你可以增进对社会自我的认识。

（1）我生命中最重要的五个人依次是______、______、______、______、______，他们与我的关系是______、______、______、______、______。

（2）在父母眼中，我是____。

（3）在老师眼中，我是____。

（4）在好友眼中，我是____。

（5）与我交往的朋友中，同性朋友比异性朋友（更多，差不多，更少）。

（6）我（更，无所谓，不）喜欢与异性交往。

(7)我的亲戚、朋友(非常,一般,不)理解我。

(8)在人多的场合,我(能,一般,不能)自然地表达自己。

(9)在聚会上,我扮演的角色是(大家关注的中心,被人遗忘的人,被众人嘲笑、攻击的对象)。

(10)我(更喜欢、无所谓、害怕)一个人独处。

(三)心理自我的自我评价

心理自我是我们对自己心理特征的认识,它建立在生理自我与社会自我的基础上,包括对性格、气质、情绪、智力、态度和行为特点的认识。

感兴趣的朋友可以完成以下语句。

(1)____________________________是我做得最出色的,它们是我最大的长处。

(2)____________________________是在我经历中最与众不同的地方。运用它,我能做的与众不同的事是____________________________。

(3)____________________________能够点燃我内心激情的火焰,一想到它,我就分外激动向往,做它时感到乐趣无穷,永远不会累。

(4)我最明显的优势是____________________________________。

我最明显的缺陷在于____________________________________。

以上仅仅是对自我很初步的了解。心理学家们已经编制出很多优秀的自我意识的评定量表和问卷,感兴趣的朋友可以自己查找专业的书籍、网站,或去学校或医院的心理咨询中心进行测量。

第三节　大学生自我意识的偏差

一、大学生常见自我意识的偏差

(一)自我认识的偏差

1. 自我中心

自我中心的人,往往想问题和做事都从“我”出发,不能进行客观的思考和分析,盛气凌人,只注重自己的心理需要,不能设身处地为他人着想,甚至把自己的意志强加给他人。他们往往不能赢得别人的好感与信任,人际关系大多不和谐。

2. 从众

从众是一种普遍的心理现象,因为个体生活在群体中,会不知不觉地遵从群体压力,在知觉、判断、信仰以及行为上,放弃自己的主张,趋向于与群体中的多数人一致。通常所说的“随大流”就是一种较为普遍的从众行为。常见的从众现象有学习从众、消费从众、恋爱从众、作弊从众、择业从众等。从众心理人皆有之,但是从众心理过强,会导致独立性差,自我意识薄弱,有碍心理的发展。

(二)消极的自我体验

1. 孤独感

孤独感是由于主观我与客观我不一致,得不到他人思想上的理解与情感上的共鸣而产生的一种自我体验。大学生由于年龄的增长,同长辈之间的交流日益减少。而且由于思想的深化、个性的分化,他们已经不满足于同一般朋友交往,要求在更深层次上同知心的朋友互诉心声,情感共鸣,这时就往往产生知音难觅的孤独感。

2. 自卑

自卑是一种自我否定,表现为对自己缺乏信心,对自己不满和否定。拥有这种心理的人总以为自己存在不足与失误,因而遇事总会胆怯、心虚、逃避、退缩,缺乏独立主见。自卑的人担心被别人歧视,惧怕与人交往,但是在他们的内心深处往往有着强烈的交往与发展的愿望。奥地利心理学家阿德勒在《自卑与超越》一书中谈到,每个人都有程度不同的自卑,自卑可以超越。许多因身体缺陷引起自卑感的人,能以超出常人 10 倍的努力奋发图强。实际上,自卑感是在追求成功的过程中经常出现的,只要不过分纠缠于自己的不足和缺点,正视现实,超越自我,就会获得稳定的自豪感。

案例

升入大学,同时升起了自卑感

大学生在自我意识完善过程中,有时不能客观地认识和评价自我,出现自我认知偏差,甚至造成自我认知障碍。曾有专家进行了一项关于大学生自我意识状况的调查,所用方法是有名的“二十问法”,即要求学生用 7 分钟的时间,对“我是谁?”这个问题自问自答,自由书写 20 个答案。

有个学生是这样评价自己的:“我是一个有责任心的人;我是一个反应迟钝的人;我是一个不受欢迎的人;我是一个大学生;我是一个农民的孩子;我是一个幸运而又不幸运的人;我是一个有几个知心朋友的人;我是一个倔强的人;我是一个多愁善感的人;我是一个心理不太健康的人;我是一个前途渺茫的人;我是一个容易放弃的人;我是一个过于谨慎的人;我是一个没有自己思想的人;我是一个抑郁质的人;我是一个不会与人交往的人;我是一个幻想家;我是一个情绪不太稳定的人;我是一个安于现状,容易满足的人。”除少数肯定和中性评价外,这位学生对自己的评价大多是否定性的,显示出较为明显的自卑倾向。

3. 自负

自负与自卑总是紧密相连的,自负表现强烈的人往往也是极度自卑的人。自负是个体自以为是、自命不凡的一种情感体验和情绪表现。拥有这种心理的人,缺乏自知之明,往往以为自己对而别人错,把自己的意志强加在别人身上,不能与人和睦相处。具有独立思考能力、踌躇满志、对未来充满自信是时代赋予大学生的优秀品质,但有些同学自信过度,自我感觉太好,就容易变得自负。他们往往听不进师长的教诲,听不进同龄人的意见,一意孤行。

因为他们总是瞧不起别人，故难以建立良好的人际关系，难以与人合作，难以适应社会。而且自负者由于对自我缺乏理性认知，缺乏恰当的自我评价，一旦遭到重大失败，容易转向极度自卑。

案例

成长的烦恼

我是一个来自教师家庭的孩子，父母视我为“掌中宝”，我在父母关爱的目光中成长，我的心是自由而轻松的，重点小学、初中、高中就读的经历使我坚信我是属于全国一流大学的。然而，由于高考的失误，虽然我进入了全国重点大学读书，却不是我梦想的学校。在接到通知的一刻，我哭得天昏地暗，第一次遭此重创，我几乎站不起来，我怕听到中学同学到名牌大学读书的消息，我担心自己的失败成为同学的笑料。当9月明媚的阳光照在开心的大学新生脸上时，我却丝毫也高兴不起来。反正既来之则安之，而心中的结并没有解开。由于盲目自信，确信高考成绩超出其他同学八十分，完全有能力胜任大学的学习，学习没有了动力，生活没有了目标，正如大海上漂浮的小舟，完全失去了原来的方向，在茫然徘徊中迎来了期末考试，我意外地收获了不及格的结果。我并没有认真反思自己，而是将这一切归咎于我没有考取理想的大学，归咎于命运的不公平。第二学期，百无聊赖的我又在网上找到了久违的自信与上进心，我那个曾经不服输的心复苏了，但这次不是为学习而是为网络，我彻夜上网聊天、打游戏，在游戏中体验虚拟世界的成功。可想而知，第二学期五门功课同时亮起了红灯，学位没有了，连大学生的资格都将丢失，谁把我的青春弄丢了？我真的非常懊悔，第一次深深自责，作为我们家庭的第一位大学生，我辜负了家长的期望，作为重点高中的学生，我对不起培养我的老师，更重要的是我有负于自己的年华，此刻，我才发现大学的灯光是那么明亮，校园是那么美丽，而大学生活是如此让人难以割舍。

这是一位即将告别学校生活的大学生的内心独白，个体的人生不可复制，而自我发展的不可逆转要求每一位大学生都要认真审视自我，并为自我发展留下空间，因为青春属于人只有一次，而大学对年轻学子也只有一次，珍视自我，开掘心灵的宝库尤为重要。

（三）消极的自我控制

自我控制的强弱高低可以直接由情绪、行为表现出来。自制力强的人，常会克制自己的情绪，做事有计划性，自我发展方向明确。自制力弱的人，常会不顾场合宣泄一番，表情就是“晴雨表”，行为充满“情境性”。自制、自律、自觉等是积极的自我控制的描述，而自我放弃、逆反等则是消极的自我控制。

1. 自我放弃

大学生自我控制能力的自觉性和主动性明显提高，但在追求上进的同时，由于困难、挫折在所难免，因而不少大学生常常情绪波动，在困难面前望而生畏、自我放弃。还有一些大学生认为中小学寒窗苦读十余载，如今考上大学，总算解放了，再不愿意埋头苦读，只要求“60分万岁”，甚至面临数门功课不及格仍然无动于衷，消极懒惰。

2. 逆反

大学生随着自我控制独立性的增强，常表现出力图摆脱社会传统的约束，按照自己的意志行事。绝大多数大学生已度过 18 岁的成年期，他们自认为已达到法定的公民年龄，强烈要求像成年人那样独立自主地行事。独立意向是大学生自我意识发展中最显著的标志之一，然而大学生在摆脱依赖、走向独立的过程中，有时会矫枉过正，表现出过分的独立意向，导致产生逆反心理，其表现为不分正确与否，一概排斥，情绪成分很大，有时只是为了反抗而反抗。逆反的对象主要是家长、老师以及社会宣传的观念和典型人物等，其结果是阻碍了他们自己学习新的或正确的经验。

二、影响大学生自我意识发展的因素

自我意识作为意识的一部分，是在其发展的过程中逐步形成和发展起来的，是主客观因素相互作用的结果。大学生出现自我意识困扰的心理是多种多样的，产生这种心理的原因也是多种多样的，是生理、学校、社会和家庭等诸因素相互作用的结果。

（一）生理因素

生理因素主要指人的体格、体态、容貌等方面，这些方面对大学生自我意识的发展有较大的影响。比如有的学生觉得自己太胖，不愿意参加文体活动；有的学生觉得自己长得太丑，不愿与同学交往，这都是生理因素的作用。

大学生一般都处在 18～25 岁的年龄阶段上，男生特别重视自己的身高，女生更加注重自己的相貌。一位大二的学生曾经这样说过："在许多场合下，我都不想出头露面，因为我的个子矮，我总避免与高个子的同学在一起，以免衬托我更矮。"女生中有 28%不满意自己的长相，希望自己更漂亮一点。因此，生理因素是形成自我意识的最初因素，也是影响一生各个阶段的因素。

（二）学校因素

学校教育的影响可以说从幼儿园开始就有了，它更多地影响到社会自我的形成。到了大学阶段，学校教育也影响着大学生的自我发展。但是，由于大学生思想不成熟，总觉得学校严格的管理制度，校规、校纪与他们所追求的个性的张扬相矛盾，从而在内心产生了强烈的冲突。这种困扰使很多学生难以接受，严重的还可能出现伤害自己或者他人的行为。

（三）社会因素

当代社会发生的巨大的改变，新的社会刺激的冲击，使当代大学生的人生观、价值观等发生了重大变化，这直接影响到大学生对自我的认知。即使在同一社会中，由于每个人所处的社会地位不同，所从事的社会实践不同，具体的社会关系不同，因而对自我的认识、评价也会有所差异。另外，随着互联网的普遍应用，大学生受到互联网络交流信息的影响，并以一种前所未有的方式促进自我意识的发展。

（四）家庭影响

现代心理学研究表明，家庭环境对人的一生的发展会产生重要的影响。无论是积极或者消极的影响，一个人的早期经验对他的自我意识的形成有着非常重要的意义。家庭成员如父母对子女的教养方式、教养态度和家庭的经济地位直接影响了后来孩子的自我意识的发展。现在随着独生子女的增多，越来越多的过分溺爱的家庭教养类型出现，这些家长的过分保护、过分顺从，使孩子过分依赖，其自我意识的发展也容易发生混乱。

大学生自我意识的发展受到多种因素的影响，这些因素可能会促进大学生自我意识的发展，也可能成为大学生自我意识健康发展的绊脚石。因此，需要正确引导、调适，促进大学生自我的统一和完善。

第四节 大学生自我意识的完善

一、健康的自我意识的标准

在自我意识的发展和完善的过程中，当自我意识出现偏差时，个体的心理状态就会发生相应的变化。在心理健康与心理健康标准的研究中，几乎所有的研究者都把自我意识的健康程度作为其重要的内容之一。但是怎样知道一个人的自我意识是否健全，这是一件比较难的事情，正像什么是心理健康一样，他没有绝对的标准。以下几条标准可供参考：

（一）自知之明

具有健康自我意识的人应该是一个有自知之明的人，对现状和未来有明确的认识，既知道自己的优势，也知道自己的劣势，能正确评价自我和自我发展。

（二）积极而客观的自我评价

只有以积极的态度去认识和评价人和事，客观而理性地分析现象背后的原因，才能体验到愉悦的情绪，产生积极的人生态度和健康的观念。

（三）自尊与自信

自尊是大学生的成长性需要，只有自尊才能自信，只有自信才能不畏艰难，坦然面对困境，健康向上。

（四）自主并善于合作

能够独立地分析和思考问题，有明确的自我意识倾向，有独立的见地，不受他人的暗示，善于独立处理自己或者周围的问题，能够独立地支配自己的行为，并愿意与他人合作。

（五）自我同一性良好

能够实现生理自我、社会自我和心理自我三者的协调统一发展，使自我同一性处于良好的状态。相反，如果三者矛盾冲突，则自我同一性发展不良，容易导致各种心理问题的发生。

（六）有效的自我控制

二、大学生完善自我意识的途径

心理学中有个真理：自我不是发现出来的，而是我们创造出来的。认识自己并不容易。知人难，知己更难。但每个人又必须正确认识自己，否则，就无法很好地处理自己与他人、自己与现实之间的相互关系，不利于心理健康。因此，大学生要保持身心健康发展，就要不断地培养健康的自我意识。自我意识健全的人，应该是理想自我与现实自我统一的人，有积极的目标意识和内省意识，积极进取、永无止境。基于此，大学生自我意识的完善必须从以下几方面入手。

（一）正确地认识自我

古人曰："人贵有自知之明。""贵"字不仅表明一个人有自知之明是多么地难能可贵，而且意味着一个人要有自知之明也不是一件轻而易举的事。这不仅因为"当事者迷"，而且还因为人的确难以客观地观察和把握自己。衡量他人是比较容易的，我们可以毫不费力地如实评价，也许你可能当某人的面说一些言不由衷的吹捧话，但你的内心绝对知道此人的真正的瑕疵。而对于你自己你则不那么苛刻和严厉了，面对你自己的一言一行时，你过滤缺点的网便具有很大的网眼，你也许并不是有意为之，而是你的自尊心有意使然。一般而言，认识自我的途径通常有这样几个方面。

1. 通过与他人比较来认识自己

根据费斯汀格的"社会比较过程"理论，一个人对自己价值的认识，是通过与他人的能力和条件的比较获得的。在与他人的比较过程中，应注意比较的对象和出发点。比较的应该是行为的结果而不是行为前的条件，比较的标准应该是相对的标准而不是绝对的标准，比较的对象应该是与自己条件类似的人。

2. 通过与自己比较来认识自己

即把自己的现实自我与过去自我、理想自我进行比较。与理想自我进行比较可以明确努力的方向，进一步完善发展自我，但理想自我要符合实际要求；与过去自我进行比较，可以发现自己的成绩和进步，提高自尊和自信。

3. 从别人的评价中认识自己

古语说"以人为鉴，可以明得失"，一个人自己对自己的认识不一定完全准确，为了避免偏差，可以在与别人的交往中，通过别人对自己的态度和评价来认识自己。通常，别人会对我们的品质、能力、性格等给予清晰的反馈，从而增强我们对自己的了解。但是别人对自己的评价由于受多种因素的影响不一定完全准确，因此不能把别人的态度和评价作为唯一的衡量标准，最好能从多个不同的人、不同的时间、不同的场合去搜集各种评价信息，进行综合评价。

4. 通过心理测验认识自己

心理学上已有大量的测量人的各种心理品质的心理测验，科学性比较好，虽然测验的结果不是绝对正确的，但是大学生可以通过心理测验来辅助了解自己。

（二）客观地对待自我

客观地对待自我包括两个方面：积极悦纳自我和有效控制自我。

1. 悦纳自我是发展健康的自我体验的关键和核心

具体地说，积极悦纳自我就要：

（1）接受自己，喜欢自己，觉得自己独一无二，有价值感、自豪感、愉快感和满足感；

（2）平静而又理智地看待自己的长处与短处，冷静地对待自己的得与失；

（3）性情开朗，对生活乐观，对未来充满憧憬；

(4)树立远大的理想,并以此激励自己不断地克服消极情绪;

(5)既不以虚幻的自我补偿内心的空虚,也不以消极回避漠视自己的现实,更不以怨恨、自责以至厌恶来否定自己。

心理视窗 **珍妮的蝴蝶结**

珍妮是个总爱低着头、很忧郁的小女孩,因为她一直觉得自己长得不够漂亮。有一天,她到饰物店去买了只绿色蝴蝶结,店主不断赞美她戴上蝴蝶结很漂亮,珍妮虽不信,但是很高兴,不由昂起了头,急于让大家看看,出门与人撞了一下都不在意。珍妮走进教室,迎面碰上她的老师,“珍妮,你昂起头来真美!”老师爱抚地拍拍她的肩说。那一天,她得到了许多人的赞美。她心想一定是蝴蝶结的功劳。可是镜子前一照,头上根本就没有蝴蝶结,原来她在刚出饰物店时就被别人碰掉了。

在这个故事里,珍妮之所以得到了许多人的赞美,不是因为蝴蝶结,而是因为她昂起了头的自信。生活中,一个人无论是貌若天仙还是相貌平平,只要你能够坦然地接纳自己、喜欢自己,你就会因为自信而变得可爱和美丽,并获得别人的接纳和喜爱。

2. 有效控制自我是健全自我概念、完善自我的根本途径

一般说来,大学生要有效控制自我应做到以下几个方面:

(1)建立合乎自我实际情况的抱负水平,确立合适的理想自我,即面对现实,确定自己的具体奋斗目标,把远大的理想分解成一个个远近高低不同的子目标,由近及远、由低到高,循序渐进,逐步加以实现。关键是每个子目标都应适当、合理,经过努力可以达到,否则会丧失信心。

(2)增强自尊和自信,使自己有为实现理想自我而努力的更强大的动力,激励自己不断奋进。

自尊从心理学角度而言,它主要是指个人对自我价值和自我能力的情感体验,属于自我系统中的情感成分。自信就意味着我们对自己忠实并相信自己。自尊和自信能帮助我们更有效地行动。拥有自尊和自信的人,什么都可以做,什么都可以想,什么都能实现,自尊带给人以力量,让人彻底相信自己的能力。

心理词典 **学会肯定自己的方法**

方法1:列出自己已经取得的成绩。列出10～15项你现在或过去的学习、工作中取得的能常给你满足感的成绩。对每一项成果都要尽可能具体地描述,如果可能的话,最好将成果量化(比如本学期读了多少本好书,记住了多少英语单词等。)

方法2:勇敢地表现自己。如果班集体中有适当的活动,你就要借机积极地参加,让自己的能力表现出来,从而达到肯定自己的目的。

方法3:通过总结比较。通过对学习生活的总结和比较,会增强对自己的一些认识,列举你增强的能力如说服力、组织能力、创新能力等有哪些,分别用事实加以说明。

方法4:恰当地形容自己。比如目标远大,善于合作,具有团队精神,注重细节或感知敏锐等,分别用具体事实加以说明。

方法5:用镜子技巧。在镜子面前保持立正姿势,大声说出你想达到的目标,然后在镜面上写下表达愿望的关键词,接下来就是反复去做!

方法6:当你做了一件你认为有用的事情却被别人否定了时,特别需要你对自己行为的合理度有个清楚的认识和判断,你才不会在意别人怎么想、怎么看、怎么说,从而坚定不移地相信自己。

(三)关注自我,积极地改造自我

自我的发展需要不断地自我反思、自我监控,在一次次的反思与监控中发现自我成长。如果将成长作为一条线索贯穿于人的一生,整理自己成长的轨迹显得尤为重要。依照过去、现在、未来进行清理,深刻了解与把握自己。

关注自我,提高自我效能感是改造自我的第一步。自我效能感是个体在一定情境下对自我完成某项工作的期望与预期。当人们期望自己成功时,他必然会尽自己最大的努力并且当面临挑战性任务时,会表现出更强的坚持力,从而增加了成功的可能性,自我效能感高的人一般学业期望较高,也就是说,自我效能感与成就动机呈正相关性。

改造自我的另一条途径是克服自我障碍,一个渴望自我发展的人必须主动克服自我障碍,进行积极的自我提升与自我尝试。自我障碍体验是对自己能力程度的焦虑带来的不安全感。比如由于考试前过于担心考试结果,导致靠前焦虑,身体状况出现问题,所以在大考中没有取得好成绩。积极的改造自我就是要在尝试中克服自我障碍,发现自己的新的支点。

大学生不断改造自我的过程事实上是其自我概念走向同一的过程。大学生在面对社会发展需要,即将走入社会接受挑战的情况下,要既注重自我又不固守自我,要根据社会要求不断改造自我,在改造自我之前,应当先确定要改造的内容,主要看自己的缺点,并确定实现改造的程序与方法,找到方向后还需要善始善终。要保证自我改造的经常性,随时随地注意纠正自己的缺点,直到形成良好的习惯或将之内化为自己的价值标准;要注意不良习惯的反复,不良习惯的形成非一日可就,其改变也是一个漫长反复发作的过程,大学生必须充分调动自己的意志、情感,坚定不移地贯彻自己的决定才能达到自己想要的效果;大学生改造自我还需要克服外界环境的不良诱惑,大学校园随着社会的进步与物质、信息资源的不断丰富越来越走向开放与多元化,形形色色的价值观充斥其中,要想实现自己心中的理想自我,大学生必须克服许多不同观念的困扰,才能对自己实现正确而有效的改造,否则就会画虎不成反类犬,良好的习惯不仅没有形成反而增添了更多不良因素。事实上小至时下流行的减肥、健身,大至有关前途的专业学习、考研等都是个体自我不断改造,走向完善的过程,都需要个体发挥顽强的意志品质才能真正实现。

(四)走向完善的自我

大学生成为自己的过程,是其自我同一的过程,是其自我不断走向完善的过程,也是其从个人“小我”走向社会“大我”的过程,是既注重自我又不固守自我,而是根据社会要求不断改造自我;既注重自我价值的实现又不仅仅局限于追求个人自我价值的实现,而是把自我价值实现的过程与为祖国现代化建设做贡献的过程统一起来,在为他人和社会的服务中实现真正的自我价值的过程。

自我完善的过程包括三个环节:首先,要确立正确的理想自我。对于大学生来说,来自职业选择、人际关系、学业等各方面的困惑是人生的必经历程，个体必须正视这些问题并做出自己的选择，这种选择的过程也是大学生逐渐实现自我同一，走向理想自我的基础。正确的理想自我是在自我认识、自我认可的基础上，按社会需要和个人的特点来确立自我发展的目标。其次，要努力提高现实自我。大学生在确立了基于现实的理想自我的目标后还要为实现理想自我而做出实际的努力，这是一个长期而艰苦的自我改造和磨砺的过程，需要完善自我控制机制，包括制订计划、实施监督、自我协调等环节的具体实行；需要意志的努力、情感的激励和认识上的不断自我反思。最后，要努力实现现实自我和理想自我的和谐统一。在实现二者统一的过程中，要不断反复分析和确认“理想自我”的正确性和可行性，然后与现实自我相对照，最后有针对性地、有计划地解决二者之间的矛盾，缩小差距，在不断解决矛盾、自我提升的过程中实现自我价值与社会价值的统一，走向完善的自我。

思政元素

家境贫寒生活困窘，谌利军一举成名

迟到5年的奥运冠军头衔，在这一晚，还是稳稳地安放在了谌利军的身上。虽然哥伦比亚选手的成绩暂时领先，但谌利军没有给对手一丝机会，他直接挺举187公斤，以332公斤的总成绩逆转夺冠。同时，谌利军还创造了挺举和总成绩的奥运会纪录。

5年前的里约奥运会，男子举重62公斤级决赛中，谌利军在第一次抓举时出现了抽筋，简单处理后，试举仍然难以完成。突然的抽筋和痛苦，让谌利军眼睁睁看着实力更弱一些的对手登上了奥运冠军的宝座。

面对采访，谌利军哽咽哭泣，连说3个对不起：“难过肯定有，我对不起大家，对不起教练的期望，对不起国家对我的期望。这四年很不容易，我只能接受事实。四年之后，我还会再战。”

这一次，谌利军没有让金牌旁落，他用绝对实力完成了逆转，拿到了迟到5年的奥运冠军。在奥运赛场上，谌利军完成了逆袭。

1992年，谌利军出生在湖南益阳市安化的一个小村子，他的爸爸是远近闻名的大力士。11岁那年，益阳市体校举重教练蒋益龙找到了谌利军，发现了这个孩子的天赋。那时他只有不到1.3米的身高，体重30多公斤，但却已经可以一口气做50个俯卧撑了。

不幸的是，谌利军家境贫寒，生活困窘。不久以后，他爷爷生病去世，爸爸也身患重病，还有一个叔叔先天残疾，只能靠妈妈在砖厂做事勉强生活。因为交不起生活费，妈妈很多次去体校，想要把谌利军拉走退学。

幸运的是，蒋教练对谌利军视如己出。在蒋益龙的帮助下，谌利军真正开启了职业生涯。3年后，他成功进入省队。可是父亲和叔叔，后来也因病去世，只剩下他和妈妈相依为命。

绝境之中，谌利军没有一蹶不振，而是爆发出了强大的力量。2013年，他在全运会男子举重62公斤级比赛中夺冠，然后又拿到了世界举重锦标赛的冠军。2015年，他拿到了世界举重锦标赛男子举重62公斤级冠军，打破了世界纪录。紧接着，是2016年的突然抽筋。如

果是伤病，他还能够坚持，可这抽筋，让他无奈错失了近在咫尺的奥运金牌。这一次，2021年他终于成功了。

（资料来源：搜狐网，有删减）

复习思考题

1. 自我意识的含义和结构。
2. 大学生自我意识的特点。
3. 常见大学生的自我意识的偏差。
4. 举例谈一谈如何完善自我意识。

自我测试

自我意识测验表

第四章 领略和谐的魅力

——大学生人格发展与心理健康

学习目标

知识目标	了解人格的概念、特征、结构以及影响因素;了解大学生人格特征;掌握人格障碍的类型与评估;掌握塑造健康人格的途径
能力目标	掌握人格障碍的类型与评估方法,促进大学生健全人格的形成和发展
素质目标	通过"感动中国"2021年度人物江梦南的事迹,帮助大学生塑造积极向上的价值观

主题导读　教授的三个门生

一位老教授昔日培养的三个得意门生如今事业有成,一个在官场上春风得意,一个在商场上捷报频传,一个埋头做学问,如今也苦尽甘来,成了学术明星。于是有人问老教授:"您认为这三个人中哪个会更有出息?"老教授说:"现在还看不出来。人生的较量有三个层次,最低层次是技巧的较量,其次是智慧的较量,他们现在正处于这一层次,而最高层次的较量则是人格的较量。"

这个故事给我们什么启示呢?很显然,这个故事生动地向我们说明,在人的素质结构中,人格几乎起着决定性的作用。

第一节　人格概述

一、人格概念

"人格"一词是我们日常生活中使用的高频词。我们经常说"他具有高尚的人格""他出卖了自己的人格""我拿人格担保"等。这里的"人格"一词,是指个人的道德品质。在法律上,"人格"是指具备权利和义务的主体资格。人格一词涵盖了法律、道德、社会、哲学等领域。而人格(Personality)一词最初来源于古希腊语 Persona,是指演员的面具,面具会随着角色的变化而不断变化,后来此词被用作描述人的心理。

心理学上通常用“人格”描述一个人在生活、实践活动中经常表现出来的、比较稳定的、带有一定倾向性的个体行为反应、心理活动的特征和模式。它是一个人区别于其他人的独特的精神面貌和心理特征。

二、人格特征

(一)独特性

人格是在遗传、生理、环境、教育等先、后天环境交互作用下形成的,不同的遗传、生活及教育环境,形成了各自独特的心理特点,我们经常所说的“人心不同,各如其面”指的就是这个意思。如有的人开朗豪爽,有的人顽固自闭,有的人沉默寡言。

(二)稳定性

人格的稳定性是指那些经常表现出来的特点,是一贯的行为方式的总和。正如我们所说:“江山易改,禀性难移。”一个人的某种人格特质一旦养成,要改变是较为困难的事。这种稳定性还表现在人格特征在不同时空下的一致性。例如,一个性格外向的大学生,他不仅仅在家庭中非常活跃,而且在班级活动中也表现出积极主动的一面,在老师面前同样能自然地表现自己,不仅大学四年如此,即使毕业若干年后,这个特点依旧不变。有时,人格中的这种稳定性与环境的骤然变化产生强烈的冲突,也会形成适应性问题。

(三)统合性

人是极其复杂的,人的行为特点也是多层次的。在每个人的人格世界里,各种特征并非简单堆积,而是如同宇宙世界一样,依据一定的内容、秩序与规则有机组合在一起。人格的有机结构具有内在的一致性,受自我意识的调控。当人格结构的各方面彼此和谐一致时,人们就会呈现出健康的人格特征,否则就会出现各种心理冲突,导致“人格分裂”。

(四)功能性

人格是一个人喜怒哀乐、生活成败的根源。正如人们常说的“性格决定命运”。人格决定了一个人的生活方式,甚至有时会决定一个人的命运。人们常常使用人格特征解释某人的言行及事件的原因。面对挫折与失败,有志者认真总结经验教训,在失败的废墟上重建人生的辉煌;而怯懦的人会一蹶不振,失去奋斗的目标。当人格功能发挥正常时,表现为健康而有力,支配着人的生活与成败;当人格功能失调时,就会表现为懦弱、无力、失控甚至变态。

三、人格结构

人格是由不同成分构成的一个结构系统,包括气质、性格、能力、需要、认知风格、自我调控等方面,这些成分从不同方面反映着个体的差异。其中,气质和性格是人格中最重要的两个方面。

(一)气质

气质是指个人心理活动稳定的动力特征,是在心理活动的强度、速度、灵活性与指向性中体现出来的一种稳定的心理特征,相当于我们平时所说的脾气、秉性。生活中,有的人活泼好动，有的人安静稳重；有的人性情急躁，有的人不紧不慢；有的人热情开朗，有的人性情孤僻；有的人注意力维持时间很长，有的人根本就坐不住。个体在这些心理特征方面的差异，就是气质的差异。

古希腊的医生希波克里特认为人体内有四种体液：黏液、黄胆汁、黑胆汁和血液，这四种体液的配合比例不同，形成四种不同类型的人。约500年后，罗马医生盖伦进一步确定了气质类型，提出人的气质分为胆汁质、多血质、黏液质、抑郁质四种类型。

1. 胆汁质

这类人精力旺盛，直率、热情，行动敏捷，情绪易激动，心境变化剧烈。这类大学生有理想，有抱负，有独立见解；反应迅速，行为果断，表里如一；不愿受人指挥，而喜欢指挥别人；一旦认准目标，就希望尽快实现，遇到困难也不折不挠；学习和工作带有明显的周期性特点，能以极大的热情和旺盛的精力投入到学习和工作中，一旦精力消耗殆尽，便会失去信心，情绪顿时转为沮丧而心灰意冷。总之，胆汁质的人整个心理活动笼罩着迅速而突发的色彩，具有外倾性。

2. 多血质

这类人喜形于色，可塑性强。这类大学生容易适应环境的变化，性情活泼、热情，善于交际，在群体中精神愉快，相处自然，常能机智地摆脱困境；在学习和工作上肯动脑筋、主意多，表现出较强的工作能力和办事效率；对外界事物兴趣广泛，但比较浮躁，容易见异思迁。总之，多血质的人具有活泼好动、反应迅速、情绪发生快而多变、兴趣容易转移等特征，具有外倾性。

3. 黏液质

黏液质的人情绪兴奋性不强，心理变化缓慢，善于克制自己，情绪不易外露，注意力稳定难以转移，善于忍耐。这类大学生反应较为迟缓，无论环境如何变化，都能基本保持心理平衡；凡事深思熟虑，力求稳妥，一般不做无把握的事情，在各种情况下都能表现出较强的自我克制能力；外柔内刚，沉静多思，不愿流露内心的真情实感；与人交往时态度适度，不卑不亢，不爱抛头露面和做空泛的轻谈；学习、工作有板有眼，踏实肯干，严格遵守既定的生活秩序和制度。总之，黏液质的人以安静稳重、忍耐沉着、反应迟缓为特征，具有内倾性。

4. 抑郁质

抑郁质的人情感体验深刻，善于觉察细小事物，这类大学生难以忍受或大或小的神经紧张，厌恶那些强烈的刺激；他们的感情细腻而脆弱，常为区区小事引起情绪波动；心里有话宁愿自己品味，不愿向别人倾诉；喜欢独处，不愿与人交往，善于领会别人的意图，在团结友爱的集体中，很可能是一个容易相处的人；遇事三思而后行，求稳不求快，对力所能及的工作能认真负责地完成；在学习、工作一段时间后，常比别人更感疲倦；在困难面前常怯懦、自卑和优柔寡断。总之，抑郁质的人是以情感深刻稳定、细致敏感、缄默迟疑为特征，具有内倾性。

其实，气质本身无好坏之分，任何一种气质类型都有其积极和消极的方面，气质类型也不能决定一个人活动的价值和成就的高低，而且，更多人是多种气质类型的混合体，而非单一的某种类型。因此，我们要正确看待自己的气质类型，经常有意识地调控自己气质中的消极品质，发扬积极品质。

(二)性格

性格是指人对现实的稳定态度和与之相应的习惯化了的行为方式中所表现出来的个性心理特征,性格是人格的核心内容。每个人的性格都是经过日积月累,在社会生活中逐渐形成的。性格一经形成便比较稳定,它会在不同时间和情境下表现出来。同时,性格也具有可塑性,个人生活环境的重大变化,也会导致性格特征的显著变化。

性格有好坏之分,好的性格如坚强、乐观、宽容、自信、独立、进取等让人无论在顺境还是逆境都能积极坦然地面对,并且不懈努力,取得成功;而不好的性格如狭隘、自私、悲观、懒惰、贪婪、偏执等会导致人走弯路,甚至会造成悲剧性的结局。所以,有句话说得很好:"天赋很重要,机遇不可少,若要事业成,还需性格好。"年轻的大学生一定要了解自己的性格特点,发扬性格中的优点,改造性格中的弱点,不断塑造和完善自己的性格,从而选择一条适合自己的人生之路,最大限度地体现自我价值,并享受到人生的幸福快乐。

心理视窗　性格决定命运

法国作家让·吉罗杜说过这样的一段话:从我们的幼年开始,每个人身上就编织了一件无形的外衣,它渗透于我们吃饭、走路以及待人接物的方式之中。这件外衣就是我们的性格。

从前,在非洲,有一个一心想要发财致富的农场主。一天傍晚,一位珠宝商前来借宿。农场主对珠宝商提出了一个藏在他心里几十年的问题:"世界上什么东西最值钱?"珠宝商回答道:"钻石最值钱!"

农场主又问:"那么在什么地方能够找到钻石呢?"珠宝商说:"这就难说了。有可能在很远的地方,也有可能在你我的身边。我听说在非洲中部的丛林里蕴藏着钻石矿。"第二天,珠宝商离开了农场,四处去收购他的珠宝去了,而农场主却激动得一宿未合眼,并马上做出一个决定:将农场以最低廉的价格卖给一位年轻的农民,然后就匆匆上路,去寻找远方的宝藏。

第二年,那位珠宝商又路过这个农场。晚餐后,年轻的农场主和珠宝商在客厅里闲聊。突然,珠宝商望着书桌上的一块石头两眼发亮,并郑重其事地问年轻的农场主这块石头是在哪里发现的。年轻的农场主说,就在农场的小溪边发现的,有什么不对吗?珠宝商非常惊奇地说,这不是一块普通的石头,这是一块天然钻石!随后,他们在同样的地方又发现了一些天然钻石。后来经勘测发现,整个农场的地下蕴藏着一个巨大的钻石矿。而那位去远方寻找宝藏的老农场主却一去不返,听说他后来成了一名乞丐,抑郁而终。

这个故事告诉我们:真正的钻石不在远方,就在你身边。而我们每个人身上都蕴藏着一个可以让自己享用一生的钻石矿脉,那就是我们的性格。

一个人的性格是一个最大的宝藏,它将决定着一个人的交际关系、婚姻选择、生活状态、职业选择以及创业成败等,从而决定一个人的命运。如果将一个人比作一栋大厦,那么性格就是这座大厦的钢筋骨架,而知识和学问等则是充斥于骨架中的混凝土。钢筋骨架决定着一座建筑物能建成高耸入云的摩天大楼还是低矮的简易楼房,而性格决定着你的一生是平庸还是散发光彩。

四、人格影响因素

(一)生物遗传因素

人既是一个生物个体,又是一个社会个体。人在胚胎状态时,环境因素的影响就已经开始了,这种影响会在人的一生中持续下去。根据现有的研究,对遗传的作用有以下看法:

(1)遗传是人格不可缺少的影响因素。

(2)遗传因素对人格的作用程度随人格特质的不同而异。

通常在智力、气质这些与生物因素相关较大的特质上,遗传因素的作用较重要;而在价值观、信念、性格等与社会因素关系紧密的特质上,后天环境的作用可能更重要。

(3)人格的发展是遗传与环境两种因素交互作用的结果。

心理词典　　双生子的人格研究

许多心理学家认为,双生子研究是研究人格遗传因素的最好方法。20 世纪 80 年代,明尼苏达大学对成年双生子的人格进行了比较研究。有些双生子是一起长大的,有些双生子是分开抚养的,平均分开的时间是 30 年。结果是,同卵双生子的相关比异卵双生子高很多,分开抚养的与未分开抚养的同卵双生子具有同样高的相关。这说明遗传在人格特质的形成中起重要作用。

(二)社会文化因素

每个人都处在特定的社会文化环境中,文化对人格的影响是极为重要的。社会文化塑造了社会成员的人格特征,使其成员的人格结构朝着相似性的方向发展,这种相似性具有维系社会稳定的功能,又使得每个人能稳固地“嵌入”在整个文化形态里。

心理词典　　社会文化与人格发展

米德等人研究了新几内亚的三个民族的人格特征,这三个民族居住在不同自然环境中,有着不同的社会文化背景。他们在民族性格上的差异,说明了社会文化环境和自然环境对人格形成的影响。研究显示,居住在山丘地带的阿拉比修族,崇尚男女平等的生活原则,成员之间互助友爱、团结协作,没有恃强凌弱和争强好胜,人与人之间一派亲和景象。居住在河川地带的孟都古姆族,生活以狩猎为主,男女间有权力与地位之争,对孩子处罚严厉。这个民族的成员表现出攻击性强、冷酷无情、嫉妒心强、妄自尊大、争强好胜等人格特征。居住在湖泊地带的张布里族,男女角色差异明显,女性是这个社会的主体,她们每天劳动,掌握着经济实权。而男性属于从属地位,主要从事艺术、工艺与祭祀活动,并承担孩子的养育责任。这种社会分工使女人表现出刚毅、支配、自主与快活的性格,而男人则有明显的自卑感。

(三)家庭环境因素

家庭是社会的细胞,家庭成员之间不仅有其自然的遗传因素,也有其社会的“遗传”因素。这种社会遗传因素主要表现为家庭对子女的教育作用。父母按照自己的意愿和方式教育孩子，使他们逐渐形成某些人格特质。

一般的研究者把家庭的教养方式分为三类，不同的教养方式对孩子的人格特征有不同的影响。第一类是权威型教养方式，采用这种方式的父母在子女的教育中，表现得过于支配，孩子的一切都由父母来控制。在这种环境下长大的孩子容易形成消极、被动、依赖、服从、懦弱，做事缺乏主动性，甚至会形成不诚实的人格特征。第二类是放纵型教养方式，采用这种方式的父母，对孩子过于溺爱，让孩子随心所欲，父母对孩子的教育有时达到失控的状态。在这种家庭环境下成长的孩子多表现为任性、幼稚、自私、野蛮、无礼、独立性差、唯我独尊、蛮横无理、胡闹等。第三类是民主型教养方式，父母与孩子在家庭中处于一种平等和谐的氛围中，父母尊重孩子，给孩子一定的自主权和积极正确的指导。父母的这种教育方式使孩子能形成一些积极的人格品质，如活泼、快乐、直爽、自立、彬彬有礼、善于交往、富于合作、思想活跃等。由此可见，家庭确实是“人类性格的工厂”，它塑造了人们不同的品质。

心理词典　　**XYZ 型教养方式**

心理学家依据家庭中两代人之间的“独立—依赖”关系，归纳出了三种典型的家庭教养方式：

X 型：家庭中父母与子女在物质与情感上的关系都是相互依赖的，亲子关系的取向是顺从。如韩国和日本的母亲总是热心于保持与孩子的交互作用，母亲千方百计要把自己与孩子“焊接”起来，她们认为母子的亲密关系是儿童健康发展的重要条件。在家庭教养中，母亲总是力图创造出一种“关系上的协调”，但是她们却难以培养孩子的独立性。

Z 型：家庭中两代人之间在物质和情感上都是相互独立的，亲子关系的取向是独立。如美国和加拿大的母亲认为母子之间的分离与个体化是孩子人格健康发展的条件。所以，母亲尽力把自己与孩子分离开，以培养孩子的独立自主性，母亲在家庭关系中创设的是一种“个体上的协调”。但是，这也会带给双方情感上的孤独与失落。

Y 型：将上述两种教养方式综合在一起，强调在物质上的独立，在情感上的相互依赖。中国与土耳其的家庭近似这种教养方式。如土耳其的研究发现，土耳其青年既忠于家庭，又注重本人才能的自我实现。

(四)早期童年经验

“三岁看大，七岁看老”，人生早期发生的事情对人格的形成具有重要作用。研究发现，在儿童早期，父母的忽视和虐待对子女的心理有明显的不良影响；弃子会使儿童产生心理疾病，孩子会形成攻击、反叛的人格。总之，幸福的童年有利于儿童发展健康的人格，不幸的童年也会使儿童形成不良人格。但是二者并不是一一对应的关系，溺爱也可能使孩子形成不良人格特点，逆境也能磨练出孩子的坚强的性格。早期童年经验不能单独对人格起决定作用，它与其他因素共同决定着人格的形成与发展。

(五)学校教育因素

学校是有目的、有计划地向学生施加影响的教育场所。教师、班集体、同学与同伴等都是学校教育的元素。

教师对学生人格的发展具有指导定向作用。教师的人格特征、行为模式与思维方式对学生会产生巨大影响。每个教师都有自己独特的风格，这种风格为学生设定了一个“气氛区”，在教师的不同气氛区中，学生表现出不同的行为。例如，研究发现在性情冷酷、刻板、专横的老师所管辖的班集体中，学生的欺骗行为增多；在友好、民主的教师气氛区中，学生欺骗减少。同伴群体对学生人格具有重要影响。来自同辈群体的拒绝容易造成青少年的焦虑与不安。班集体的特点、要求、舆论和评价对于学生人格的发展具有“弃恶扬善”的作用。

总之，学校是人格社会化的主要场所。教师对学生人格发展具有导向作用，同伴群体对人格发展具有“弃恶扬善”作用。

(六)自然物理因素

生态环境、气候条件、空间拥挤程度等这些自然物理因素都会影响人格的形成和发展。对爱斯基摩人和特姆尼人的跨文化比较研究说明了生态环境对人格的影响作用。另外，气温也会导致人的某些人格特征的显现频率提高，如热天会使人烦躁不安。值得注意的是，自然环境对人格不起决定性作用，更多表现为一时性影响，并且多体现在行为层面上。

(七)自我调控因素

人格的自我调控系统是人格发展的内部因素。人格调控系统以自我意识为核心，通过对人格的各个成分进行调控，保证人格的完整、统一、和谐。自我意识是通过自我认知、自我体验和自我控制三个方面来对个体进行调控的，是个体心理的各个方面和谐统一，使人格达到统合与完善。准确地认识自我，实事求是地评价自己，是自我调节和人格完善的重要途径之一。自我体验可以将自我认识转化为信念，进而指导其言行；并能够伴随自我评价激励积极向上的行为或抑制不良行为。自我控制包括自我监控、自我激励、自我教育等成分，是自我意识在行为上的表现，是实现自我意识调节作用的最终环节。

综上所述，在人格的培养过程中，各种因素对人格的形成与发展起到了不同的作用。遗传决定了人格发展的可能性，环境决定了人格发展的现实性。

第二节 大学生的人格特征

一、大学生常见人格特征

大学生群体在智力、生活环境、生活内容等方面与其他群体之间存在差异，而这种差异可能导致大学生作为一个群体表现出独特的人格特点。

(一)完善的自我认知

自我认知是指对自己的洞察和理解，包括自我观察和自我评价。大学生具有较为完善的自我认知，他们能够正确认识到自己的优缺点，在反思的基础上对自我进行客观评价。能够结合实际，确立奋斗目标，制订有效的计划，并为实现目标做出积极的努力。虽然仍然与青春期一样在意他人对自己的态度与看法，但是此时独立意识进一步增强，随着人生目标的明确，自控能力显著增强。

(二)良好的社会适应

大学生大多面对陌生的学习和生活环境，需要他们调整以往的学习方式、适应新的生活和人际环境。有调查显示，我国大学生在生活中谨慎、有责任心、能够忍耐，在人际交往中谦让、克己。在面对压力时能采取积极的应对方式，学业怠倦水平较低，主观幸福感水平较高。

（三）积极、丰富的情感

大学生生活丰富多彩，面对种种多彩的生活必然产生多样的情感。但是，大学生情绪还不够成熟，容易产生波动。研究表明，我国大学生热爱祖国，热爱家乡，关爱家人，表现出情感的丰富性。此外，他们还能够树立正确的人生观和价值观，积极进取，体现出积极向上的生活态度。

（四）较强的事业心

当代大学生在学习和生活中普遍具有创造性和竞争意识。他们能把事业看成生活的重要组成部分，在事业上有较强的进取心和责任感；具有竞争意识，思想观念开放性强，保守思想较少；喜欢创造，勇于创新，独立性比较强。

综上所述，大学生人格发展基本良好，他们在认知、情感和行为层面都有较为明显的优点，但是同样也存在不良的群体性人格特征。

二、大学生常见的人格缺陷

大学生正处于青春后期和成年早期，他们的身心还未成熟，呈现出的人格缺陷会影响生活的多个方面。

（一）自我中心

自我中心指将自己作为思考问题的出发点和处理问题的中心，凡事都只希望满足自己的欲望，要求人人为我，却置别人的需求于度外，不愿意为他人做出牺牲，不关心他人痛痒，表现为自私自利。部分大学生在家里被过分娇宠，形成自我中心人格缺陷，在大学里仍然要求同学和老师以他的需要为出发点，按照自己的意愿作息，容易和周围同学发生冲突，产生挫折感。

（二）嫉妒

嫉妒指人们对处于同一竞争领域相应的幸运者或者潜在的幸运者怀有一种冷漠、贬低、排斥，甚至是敌视的心理状态。

大学生由于心理发展尚未成熟，并且来自不同的地区和家庭，在外貌、经济条件、社交能力甚至于语言发音等方面都可能出现嫉妒心理。大学生将自己与别人的优势做比较，产生了焦虑、恐惧甚至愤怒的情绪，不愿意通过自身的努力来改善自己的不足，而是采用贬低、诋毁甚至于诽谤破坏的方式，干扰他人的成功来试图缩小与对方的差距，获得内心片刻的满足。嫉妒就像一把刀子，嫉妒越厉害，刀子插得越深，对自己伤害越大。

心理视窗　　**贪婪的愿望**

有一个人遇见上帝。

上帝说：“现在我可以满足你任何一个愿望，但前提是你的邻居会得到双倍的报酬。”

那个人高兴不已。

但是他细心一想，如果我得到一份田产，我邻居就会得到两份田产；如果我要一箱金子，那邻居就会得到两箱金子……

他想来想去总不知道提出什么要求好，他实在不甘心被邻居白占便宜。最后，他一咬牙说："唉，你挖我一只眼珠吧。"

（三）拖延

拖延指不及时地完成工作，经常将事情拖后的现象。拖延的人一般工作效率不高，或者在最后期限来临时仓促完成，难以保证所完成工作任务的质量。拖延会影响到个体的生活和工作，可能使个体丢失很多机遇，甚至于影响到个体的诚信。当个体将任务拖到最后一个完成时，工作的压力和工作时的焦虑以及内疚感会影响到个体的心理健康。

大学生中拖延现象较为常见，总喜欢把自己的学习计划及老师的作业一拖再拖。造成拖延的原因很多，如惰性、对事物没有明确的目标或者试图逃避困难或者厌烦的事。大学生应学会管理时间，减少拖延现象的产生。

（四）羞怯

羞怯在大学生中尤其是大学新生中非常普遍，他们面对新的同学和老师时会出现羞怯。此后的大学生涯中，在面对新环境中的社交活动时会表现出诸如害羞、拘谨、胆怯等不自然的表现。随着不断成长，他们在新环境中的锻炼和心智的成熟降低了羞怯的程度。但是，仍然有部分大学生在社交活动中过分约束自己的言行，不敢充分表达自己的愿望和情感，与人沟通困难，从而妨碍了良好人际关系的建立。

（五）虚荣

大学阶段是个体自尊心成熟的关键时期，大学生重视自己的声誉，希望被他人肯定和重视，为了树立和维护自己的良好形象，他们极力通过从衣着打扮、言行举止等各方面去完善自己，有时甚至于不切实际地追求荣誉、名声、地位，因而在不能把握尺度的情况下由自尊转化成虚荣。

第三节 人格障碍的类型与评估

一、人格障碍类型

（一）偏执型人格障碍

偏执型人格障碍的患者毫无根据地怀疑别人，总认为别人要害他。其显著特点是猜疑和偏执。障碍始于成年早期，患者中男性多于女性。有这种障碍的人心理上高度敏感，他们通常倾向于从环境中寻找蛛丝马迹来证明自己受到了不公正的待遇，喜欢寻根问底，容易从别人无害的行为中找到隐藏的动机和特殊的意义。他们常常是紧张的，无幽默感的，有攻击性，好夸大。偏执型人格障碍患者倾向于把过失归罪于他人，自己不能为失败承担责任。

案例

“偏执”是名40岁的建筑工人，觉得同事不喜欢自己，并且担心有人想使他从脚手架上摔下去，在工作中受伤。而他后来在吃午饭的时候，又感到一个坐在前面的同事在恶意地议论他。他开始注意到，他的新“敌人”与别人开怀大笑，怀疑自己成为他们的笑料。他想去和他们对质，但是害怕这样做会给自己带来更多的麻烦，就决定只是把这件事情留在心里。

“偏执”在接受治疗的时候，没有主动提供什么个人情况，紧张地坐在椅子上，睁大眼睛仔细地关注着房间里的一切事物。他不断地搜寻面谈者的言外之意，感到对方在批评自己，想象对方是站在自己的“敌人”一边的。他说自己来接受心理治疗的目的只是得到安眠药。

“偏执”在童年的时候非常孤独，觉得受到其他孩子的排斥，别人对他很不友好。他的学习成绩很差，但是他认为这是老师喜欢女孩子和女孩子气的男孩子所致。他辍学后，做了一名工人，既勤劳又有效率。他和老板、同事的关系很糟糕，不会和别人开玩笑，喜欢独自一个人。他因为觉得自己受到虐待，已经换了很多份工作。

这个病人与其他家庭成员的关系疏远，而且很刻薄。他的孩子称呼他“先生”并且总是远远地躲着他。他在家里总是无法安静地坐着，总是在做家务。他不希望别人到自己的家里来，妻子不在家的时候，他就会坐立不安，担心妻子会不忠。

（二）分裂型人格障碍

在生活中，你也许遇见过这样的人，他们总是有一些奇怪的想法、奇怪的语言，甚至奇怪的装束，他们没有什么亲密的朋友，和他们交谈很困难，因为他们语言贫乏而且奇怪，这样的人很有可能罹患分裂型人格障碍。分裂型人格障碍患者常常有一些古怪的挂念，沉迷于“不可思议的想法”中，比如，他们相信自己能够透视，有心灵感应。此外，他们还会报告一些不寻常的感知经验，如错觉。分裂型人格障碍患者会倾向于怀疑和妄想，常常喃喃自语；他们几乎不能表达情感，着装和行为也与众不同，如果你发现这样的患者在夏天也会穿很多衣服，不用惊奇，这只是他们的行为习惯而已。

案例

“分裂”是位32岁的妇女，未婚，没有工作，依靠福利救济生活，她说自己感到“空虚”。她觉得自己每天都有很多时间似乎在看着自己从生活中经过，她周围的世界都是不真实的。她的这种陌生感在照镜子的时候特别强烈。很多年她都觉得能够通过“一种自己也不能理解的透视力”知道他人的想法，说他家中的几个人都具有这种能力。她强烈地感到自己负有某种特殊的使命，但是不清楚具体是什么。她在社交中很腼腆，常常认为他人对自己很注意，有时候觉得街对面的陌生人在有意地躲避她。她没有朋友，感到孤独，每天花大量的时间做白日梦和看肥皂剧。

病人说话时含糊不清、抽象，总是离题，没有重点。她看上去害羞、充满疑虑，担心自己遭到批评。在现实性测验中她的成绩不是很差，没有严重的幻觉。她没有就情感问题进行治疗。只找过一份短时间的工作，很快就因为没有兴趣而放弃了。

（三）回避型人格障碍

这类人格障碍的患者最大的特点是回避人际交往和人际关系，主要是因为自身有强烈的、无法克服的社交焦虑以及对拒绝的恐惧才背离社会。这类人群往往自尊很低，他们最大的恐惧是被人拒绝，所以在社交场合会极度被动，甚至拒绝社交。患者不仅回避陌生人，对熟悉的人也回避。

案例

“回避”是名35岁的图书管理员，过着相当孤独的生活，没有什么朋友。从童年开始，她就非常害羞，并尽量避免和别人的亲密关系，以免受到伤害和批评。在她开始接受治疗的两年以前，有一次和一个在图书馆结识的人去参加一个聚会，在聚会中“回避”感到极度不安，觉得自己的服装不得体，就匆匆离开了，并且从此拒绝见那个人。在两年以后，她仍然对此事念念不忘，所以决定接受治疗，尽管她非常害怕遭到治疗师的评判。

治疗的开始阶段，她在大部分时间里总是沉默地坐着，感到很难谈论自己的问题。在几次会面之后，她开始相信治疗师，并且会想起在童年时，令人讨厌的酒鬼父亲很多次在很多公开场合让她难堪。虽然她试图使学校里的朋友不知道自己的家庭问题，但是已经不太可能。她就以减少与人接触来避免感到不安或者遭到议论。

（四）依赖型人格障碍

患有依赖型人格障碍的人对于自立以及承担责任有着不可克服的焦虑。在生活中，他们会求助于他人来承担自己生活中的绝大部分责任。例如，生活场所、工作类型以及如何交友等，都依赖于情侣、父母和朋友的决定。为了不被抛弃，这种人往往在生理上和心理上都承受着巨大侮辱，他所依赖的人的需要就是他的需要，因为他认为说出自己的要求会破坏这种依赖关系。同样，如果自己一个人哪怕独自待一会儿，都会感到很不舒服和无助。因此，他们往往需要大量的陪伴。他们往往很不自信，认为自己愚蠢和无助。国外研究发现，依赖型人格障碍比起其他人格障碍更常见，约占总人口的7%，女性比男性更容易患依赖型人格障碍。凌辉等(2008)报告，在中国大学生群体中回避型人格障碍的阳性检出率为6.9%，女性稍高于男性。

案例

“依赖”是名45岁的已婚妇女，由于惊恐反应的问题，在医生的建议下，来接受心理治疗。在进行症状评估的时候，她表现得闷闷不乐、敏感和天真。她很容易受到情绪的控制，经常小题大做，而且总是自责。例如，当被问到她与别人相处是否融洽的时候，她莫名其妙地认为别人觉得自己沉默和行为不当。她说自己因为"太沉默"所以不喜欢学校，觉得自己一无是处。

"依赖"描述自己维持了10年的第一次婚姻"像地狱一样糟糕"。她的前夫与很多女子有染，经常对她进行侮辱谩骂。她曾经多次试图离开他，但是都在他不断的请求下让步了。她最后还是离了婚，随后遇到并嫁给了现在的丈夫。"依赖"认为现任丈夫体贴、关心、鼓励自己。她说自己愿意让别人做重要的决定，这样可以避免面对内心的冲突。她担心会没有人来照顾自己，如果没有他人的承诺就会感到非常的失落。她的感情很容易受到伤害，所以她努力地工作，避免做任何可能受到责备的事情。

(五)强迫型人格障碍

强迫型人格障碍的特点就是必须按照某种规则把事情做到"恰到好处"。特征是过分的谨小慎微、严格要求、完美主义及内心有不安全感。过高的标准使得患者对自己和别人都要求完美，虽然成绩已经很优秀了，但是很少对自己满意。而且，因为很难达到自己的预期要求，患者往往把事情放到最后，致使完成重要任务的时间所剩无几。当需要别人来对自己的工作和成果做出评价时，他们往往会过分拘泥于条条框框。他们在生活中的很多领域都很难做出决定，同时，也尽量避免对使人不愉快的事情做决定。因此，患有这种障碍的人很难表达自己的感情，而且，在别人的眼中，他们往往是一本正经的、严肃的、过于谨慎的和守礼的。据估计，强迫型人格障碍的患者大约占总人口的1%。这种障碍的患者比其他人格障碍的患者更有可能求诊，因此在临床上更多见。凌辉等(2008)报告，在中国大学生群体中回避型人格障碍的阳性检出率为19.2%，男性稍高于女性。

案例

"强迫"似乎对其火车发报员的工作很称职。他认真负责，要求完美，对事情周到入微，但是和同事的关系不但不亲密，而且还很"疏远"。即使日常事务中些微的变动，也会使他非常不安。例如，如果同事没有严格按照他详尽的日程安排或计划去做，他就会紧张和急躁；如果他因交通堵塞被困在路上，就会敲打方向盘并诅咒其他挡路的司机。

总之，"强迫"的生活缺少乐趣，并总是为小事闷闷不乐。他严格的日程安排根本不可能实行，他经常因此而出现紧张性头痛或胃痛的症状。由于他不断抱怨身体不舒服并且凡事要求完美，医生建议他接受心理评估和治疗。他担心接受心理治疗会耽误工作时间，所以没有采纳这个建议。

(六)表演型人格障碍

表演型人格障碍的核心特点是无时无刻不想着如何当好"台上的演员"，最明显的特质就是夸张。在舞台上的人无论是台词还是行为举止都比现实生活要夸大。具有表演型人格障碍的患者总是以夸张的方式表达自己的感情，例如，对刚刚认识的人就表现得非常热情，看到树叶落下就难以自控地大哭。他们这样做往往是为了成为众人瞩目的焦点。如果不是焦点就感到不舒服。为此，他们也会表现得爱慕虚荣和以自我为中心，总是花很多精力、很多钱来打扮自己。虽然该种人格障碍的患者非常在意他人的注意或者赞美，但是对于实际经历的人际关系或者情感关系，他们的体验往往非常夸张而肤浅。如果问他们："你印象最深刻的一次约会是什么样的?"他们只会回答"酷毙了""非常棒"等类似的感叹词，而更深刻的细节却一点都说不出来。

案例

"表演"于13年前，开始逐渐表现出爱模仿戏装演员的动作，身着戏装或其姐姐的红毛衣，抹口红，打扮自己，行为举止女性化。同时开始爱发脾气，自己的愿望如不能得到满足，就烦躁，甚至打人。变得非常自私，把家里电视机和洗衣机搬至自己的房间，不许别人使用，房间也禁止他人进入。爱听表扬的话，与人谈话时，总想让别人谈及自己如何有能力，亲戚如何有地位，自己外貌如何出众等，如果别人谈及别的话题，"表演"常常千方百计地将话题转向自己，而对别人的讲话内容则心不在焉。因此病人常与家庭地位、经济情况、个人外貌等不如他的人交往，而对强于他的人常常无端诋毁。"表演"常常感情用事，对别人善意的批评，也不能虚心接受，不但不领情，还仇视别人，迫使别人不得不远离他，因此许多人说他不知好歹。与别人争论问题时，总要占上风，即使自己理亏，也要编造谎言，设法说服别人。近几年来，与人发生纠纷次数有所增加，给家庭带来许多麻烦。

(七)自恋型人格障碍

自恋型人格障碍患者经常表现出两个特点：不合逻辑地夸大自己的重要性，以及缺乏对其他人的敏感和同情。患者的生活中心是自己，最欣赏的也是自己，只有受到别人的钦佩，他们才感到舒畅。如果他们在一个团队里工作，往往会觉得自己的能力高出队友很多，同时常常认为自己的能力没有得到充分发挥，因而表现得愤世嫉俗，甚至认为是队友或者家人拖累了自己。他们需要并期待许多特殊的注意——他们需要餐馆中最好的桌子，在电影院周围不合理的停车地点。自恋型人格障碍患者在思维和情感方面都是指向自己，他们花了太多精力关注自己，对他人毫不在意，他们总是使用或剥削他人来获得私利，却很少表现出同情心。但是面对其他的成功者，他们变得非常嫉妒和骄傲。正是因为他们永远不能实现自己的预期，他们经常会表现得抑郁。

案例

"自恋"是名25岁的男性患者，单身，博士研究生。他说自己难以完成博士学业，还说自己对异性非常感兴趣。他认为自己的论文课题会极大地提高该专业领域的学术水平，并使自己出名，但是他难以完成论文的第三章。他的导师似乎对于他的见解不重视，这使他很生气，但也感到羞愧和缺少自信。他认为导师应该为他没有取得进展负责任，自己应该得到更多的帮助，他的导师应该替他做部分研究工作。他吹嘘自己的创造力，认为其他人都“嫉妒”自己的高超见解。他认为其他同事都是“呆头呆脑的蠢货和拍马屁的家伙”，而自己在课堂上的表现非常优秀，并梦想有一天会成为一位伟大的教授。

他对每一个新接触的女性都会一见钟情。但是在几次接触之后，就会开始感到失望，认为对方寡言少语、难缠和讨厌。他有很多“朋友”，但那些朋友很快和他反目了，没有一个关系能够持久，因为他的自吹自擂和自私非常使人讨厌。

（八）边缘型人格障碍

“混乱而不稳定”是边缘型人格障碍患者的最大特点。他们情绪不稳定，行为模式混乱、难以预测，自我意象不稳定，人际关系特别是性关系混乱不定。“乱”是他们生活的主题。

案例

“边缘”已经40多岁了，她是一个边缘型人格障碍患者，她的生活常常是不安和游移不定的。她身边的朋友总会在她心情不好或生活有压力后发现她的头发被剪得参差不齐，她常穿的那件长袖衫里藏着她自己划的疤痕和伤口。

“边缘”7岁的时候父母离异，双方都不肯要她，随后不久她就学会了吸烟。她在学校过得很糟糕，自尊也很低。她常说自己笨、丑陋，但是她显然不是这样的。

上中学后，朋友们都渐渐疏远了她，因为她的脾气实在是太阴晴不定了。有时因为一点小事她就对同学大声呵斥：“你这个笨猪，这都不会！”“你走快一点会死吗？”有时候又拼命缠着同学们。她常常处于一种空虚的状态，觉得什么都没有意思。

“边缘”结了两次婚，两次都充满热情，但两次都由于她的疾病把夫妻关系弄得很糟。在她极其愤怒的时候，她竟试图刺杀第一任丈夫。

我们来细细分析一下“边缘”的生活状态。她的情绪不稳定，常常在很短的时间内就从愤怒变为极度抑郁，情绪不稳的直接后果是冲动，这表现在她的吸烟行为和自残行为上。空虚的感受也是普遍存在的，这些人常常被描述处于一种长期的无聊状态。

“边缘”的自我意象也不稳定，当她愤怒的时候，她觉得自己是被世人辜负的可怜虫，所以她会摆出一副趾高气扬的样子；当她抑郁的时候，她觉得自己是一无是处的失败者，怪不得会被所有人抛弃。

在“边缘”的故事中我们发现无论是婚姻还是朋友，她都很难与他人保持长久而稳定的关系。

（九）反社会型人格障碍

反社会型人格常具有攻击性，由着自己的性子做事，毫不顾及他人的利益。除了暴力之外，撒谎和欺骗是他们的另一个特点，他们常常为了个人的利益而编织种种谎言，而他们自己不能辨别这些事实和谎言，对自己行为的破坏作用也毫不后悔。

反社会型人格障碍患者有三大类特质：动机不足的反社会行为，缺乏道德感以及对他人的责任感，情感贫乏。

首先，动机不足的反社会行为。在人类社会中，大多数人犯罪都是有理由的，为钱、为仇、为情等，但是反社会型人格障碍罪犯的行为通常看起来是无目的、随机的以及冲动的。

其次，缺乏道德感以及对他人的责任感。患者在犯罪之后对罪行缺乏耻辱、后悔或者任何羞辱的感受。他们缺乏关心他人的深层能力。

最后，情感贫乏。在情感体验的深度方面，反社会型人格障碍患者缺乏持续的爱、憎、悲、喜或者绝望的能力。在犯罪的过程中，没有任何的情绪波动。

和其他人格障碍一样，反社会型人格障碍起源于童年，只不过在18岁之前，出现儿童品行障碍，以逃学、反复撒谎、偷窃和破坏他人财产等为特点，类似行为会延续到成年，并以攻击他人为主要表现形式。男性比女性更常见，并常见于贫困、不稳定的家庭中长大的个体。

案例

××是一名杀人犯，这名35岁的男性有着长期侵犯行为的历史，并且，在身体和性方面多次侵犯妻子。犯罪前一周发生了一系列事件。他的妻子(15年婚姻中重复家庭暴力的受害者)告诉他，她打算离开他并与一个朋友一起生活。三天后，她不顾丈夫的阻止接走了儿子。第二周，当事人刮了脸和胡子，购买了一支来福步枪。他来到妻子工作的杂货商店，对妻子开枪，导致妻子死亡。当事人有长期的反社会行为，当前证据足以确认他有反社会型人格障碍。而且，根据现场收集的证据和目击者的证言以及犯罪现场的录像也证明了这些观察。面对审讯，罪犯用一种很淡漠的神情和语调来叙述自己的所作所为，听起来就像“在谈论自己的车或者某种工作”。

(十)分裂样人格障碍

分裂样人格障碍的特点用两个字来形容就是“冷”和“怪”。怪，包括观念、行为和外貌装饰奇特，与众不同。冷则表现为对人、对己情感冷漠，明显缺乏人际关系。患者常常缺乏必要的人际关系，他们既没有欲望，也没有技能去与人交往，包括恋人或者性伴侣，对于他人的表扬和批评更是完全不在乎。该类患者即使有朋友，亲密的朋友也很少，他们是退缩的、沉默的、与世隔绝的。与分裂障碍患者不同，该类患者通常是极度内向的，并且很享受与世界脱离的状态。

案例

患者，男，25岁，未婚，高中文化，8岁上小学，19岁高中毕业，学习成绩一般。毕业当年进手表厂，工作能力一般。小学时曾患肾盂肾炎，母亲曾患神经症。患者从小个性孤僻，很少与人交谈。对家里的事不关心，对家人缺乏感情，生活被动，衣服不知换洗，需要有人监督，甚至夏天洗澡也需要家人催促。及至年长，无兴趣爱好，对自己的婚姻恋爱毫不关心，家人给他介绍对象表现冷淡，毫无反应。所穿衣服需家人购买，自己从不张罗，缺少知心朋友。工作之余，不找朋友玩，而是独自睡觉。精神检查发现，其意识清晰，表情淡然，反应迟钝，接触被动，未检出知觉及思维障碍，日常生活系由父母照顾，对家人令其读报纸或换洗衣服感到厌烦。平时也无特殊爱好，看电视从不更换频道挑选节目，智能正常。

二、人格障碍的评估

(一)临床会谈

结构化的临床会谈是比较有效的诊断评估工具。然而这种方法需要治疗师或医生与病人面对面的会谈,工作量大,需时较长,这就限制了被试的数目。其中比较好的临床会谈,其提问内容大多数是以诊断标准和临床描述为依据,探测被试是否符合某类人格障碍的标准。

(二)人格量表

比较好的测试人格的自陈量表有明尼苏达多相人格问卷(MMPI)、Million 临床多轴量表(MCMI)、艾森克人格问卷(EPQ)和 16 项人格因素问卷(16PF)。

明尼苏达多相人格问卷是应用最广泛的客观性人格评估工具,适用于人格鉴定、心理疾病的诊断、治疗、心理咨询以及人类学、心理学、医学的研究工作。MMPI 如果仅用于精神病临床辅助诊断时,一般采用 399 道题,题目内容包括身体各方面的情况、心身症状、性问题还有各种神经症和精神病的行为表现,如强迫观念和强迫行为、焦虑、幻觉、妄想等。

Million 临床多轴量表比明尼苏达多相人格问卷更为简要,仅 175 道题,费时少,易于完成。适用于 17 岁以上的成人。比较科学有效的测试人格的量表。

艾森克人格问卷项目较少,简便,内容适合我国国情。包括 4 个分量表:E 量表一反映性格的内外倾向性、N 量表一反映情绪的稳定性、P 量表一精神病质量表和 L 量表一测定被试者的掩饰程度。

16 项人格因素问卷主要目的是确定和测量正常人群基本人格特征,并进一步评估某些次级人格因素,适用于 16 岁以上的成年人。

(三)临床评定

临床评定即由熟知病人情况的医生对某些症状有无做出判断。这种评估方法比临床会谈省时,比人格量表客观,但是实施的条件是病人必须是长期住院的患者或多次在某一心理治疗师处就诊,治疗师或医生才可能对该病人的情况有足够的了解,以完成对于病人情况的临床评定。

第四节　大学生健全人格的塑造

一、树立正确的人生观与价值观

弗洛姆说:“人生的主要使命是自我成长,成为与潜能相符的人。人生奋斗最主要的成果就是自得人格。”个体如能树立正确的人生观与价值观,就能对人生持有正确的看法与认识,就能形成积极的生活态度,并采取相应的行为方式。个体对客观事物的科学分析,冷静稳妥态度的形成,抗挫折和击打能力的提升,平和宽广心态的培育,都离不开正确的人生观与价值观。

二、加强人文素质修养

荣格曾经说过："文化的最后成果是人格。"培根也有名言："读史使人明智，读诗使人灵秀，数学使人周密，科学使人深刻，伦理学使人庄重，逻辑修辞学使人善辩，凡有所学，皆成性格。"人格整合的过程也是科学文化知识逐步积淀的过程。个体的知识愈多愈深、愈宽愈广，人格的优化就愈有坚实的基础。很多人的人格缺陷往往是知识匮乏的结果，例如，无知无识容易使人鲁莽、粗俗、空虚、自卑，而深厚的知识则相对使人理智、谦和、充实、自信。大学生应不断加强人文素质修养，为健康人格的塑造打造深厚的知识底蕴。

三、发展良好的人际关系

人格塑造的过程是个体实现社会化的过程，是个体与他人、集体、社会相互作用的过程。只有通过人与人之间的交往，个体的人格品质才能充分地表现出来。他人是了解自我的一面镜子，在人际互动中，某些人格品质或许得到赞赏、嘉许，或许受到批评、排斥，个体就会根据他人的反馈做出有针对性的调整。另外，个体还可以从他人那里获得改善自身人格的力量，具有优良人格品质的人通常具有辐射作用，他们往往成为个体学习的最直接榜样。塑造健康的人格，必须发展良好的人际关系，消除自我中心，学会关心他人的需要。

四、参加实践活动

实践是人格发展的必由之路。无论是认知的形成、能力的培养，还是意志的磨炼，都离不开个体的实践活动，诸如勤奋、坚韧、乐观、细致等人格特征都是个体在长期的实践过程中锻炼的结果。个体的行为举止是其人格的外化，反过来，个体日常言行积淀为习惯的过程就是人格形成的过程。人格的健康体现在个体一生的追求和发展过程当中，大学生要积极参加各种有益身心健康的实践活动，从身边的小事做起，积沙成塔，最终构筑健康人格的优质大厦。

心理词典 健全人格的23要素

1. 诚实——诚实的人拥有真自由；不诚实的人，牺牲明日的信用，滥用于今日。
2. 可靠——说到做到，不论他是汽车工人或公车司机。
3. 公正——抛开私利，远离偏见，对每一个人一视同仁。
4. 慈悲——慈悲是指照顾别人；但教人依赖别人，一点也不能算是慈悲。
5. 勇气——勇气不靠力气，更不分年龄与性别。
6. 谦逊——不吹嘘，不骄傲，不牺牲他人成就自己。
7. 理性——理性使勇气免于鲁莽。
8. 自律——掌握小事，处理大事。
9. 乐观——是的，我们能做！
10. 投入——设定方向，全心投入，达成目标。
11. 主动——去除借口，愿意尝试，不怕别人嘲笑。

12. 工作——每一个工作都是一种喜乐和尊严。
13. 坚毅——成功属于坚持到底的人。
14. 负责——勇于承担责任，并对自己的选择和行为负责。
15. 合作——懂得和谐有效的互助合作，就能成就大事。
16. 管理——“善用”时间、资源和天赋才能，也意味着“好好管理自己”。
17. 鼓励——鼓励必须实际。在他人努力的地方帮助他们，支持他们，就是鼓励。
18. 宽恕——接受自己与他人的不完美，“宽恕就是遗忘”。
19. 服务——爱的果实是服务，每一天每一刻，都有许多机会为他人服务。
20. 捐献——捐款不在于数目的大小，而在于施予者心量的大小。
21. 机会——每个人都能改变，只要他能把握机会。
22. 教育——教孩子分辨善与恶。
23. 友爱——尊敬每一个人的自由与权利，无论种族、肤色、语言或宗教。

思政元素

“感动中国”2021年度人物
江梦南——双耳失聪的清华博士

半岁时，江梦南双耳失聪，对于她来说，人生的每一步仿佛都是“困难模式”，但她却凭借着惊人的努力一路逆袭。从小几乎完全丧失听力的她，在父母的帮助下，通过读唇语学会了“听”和“说”，不仅没有失学，成绩还名列前茅。2011年，她考入了吉林大学药学院；2018年，考上清华大学博士。她成为家乡小镇上近年来唯一考上重点大学、最终到清华念博士的学生。据清华大学医学院博士生导师介绍，江梦南做的模型已经达到了世界级水准。江梦南的目标始终是明确的，那就是解决生命健康的难题。这个90后女孩“盛开”在无声的世界里。

“感动中国”颁奖现场，专属于江梦南的颁奖辞是：“你觉得，你和我们一样，我们觉得，是的，但你又那么不同寻常。从无声里突围，你心中有嘹亮的号角。新时代里，你有更坚定的方向。先飞的鸟，一定想飞得更远。迟开的你，也鲜花般怒放。”

（资料来源：清华大学官网，有删减）

复习思考题

1. 什么是人格？人格的特征有哪些？
2. 举例说明人格的影响因素。
3. 小组讨论常见的人格障碍有哪些？大学生应该如何塑造健康的人格？

心灵阅读

个体心理学之父：阿德勒超越自卑的一生

个体心理学之父，奥地利著名心理学家阿德勒的一生可以说是不断超越自卑、走向成功的一生。

他儿时身体虚弱，因患有先天性软骨病而导致背有点驼，这和他相貌英俊、身材挺拔的哥哥形成鲜明的对比，但是身体的缺陷却激发了他的上进心。虽然 5 岁时得过一场大病，受到死亡的威胁，但他坚强地活了下来，而且活得乐观而自信。

等到上学以后，又因数学差而受到老师的歧视，但阿德勒凭借顽强的意志和刻苦的努力成为优等生，改变了别人对他的看法。

就在他的心理学研究崭露头角的时候，他又遭到了同行的压制与排斥，但他不惧权威，勇敢地走上自己渴望的道路。

他自己的事业开始不久，就赶上第一次世界大战爆发，他不得不中断研究，到军中服役，救死扶伤。战争结束了，他的思想发生了重大的变化，但他昔日的追随者和伙伴却因观点不合舍他而去，几乎动摇了他在学术界的地位。但阿德勒没有贪恋小圈子的声誉，把研究的热情倾注到百姓的平凡生活中去，反而给他带来了更大的成功。

1932 年由他撰写并出版的《超越自卑》一书，可以说是世界心理学史上的经典之作。阿德勒认为，人在生活中时刻都能产生自卑感，比如先天的缺陷、生理上的缺陷、出生后在家庭中的地位、走上社会后人与人之间的利害冲突等都可以让个人产生不完满、不得志、比别人差的情绪。在阿德勒看来，自卑感并非病态，也不可耻。相反，它可以激发人的创造力量，成为奋发向上、拼搏进取的巨大动力。

有人认为，《超越自卑》起到了《圣经》起不到的作用——因为它能唤起人超越自卑、追求卓越的勇气，让人重新确立对生活的自信，找到坚定的信仰和健康、乐观的人生哲学。世界上已有无数读者从阿德勒的《超越自卑》中看到了自己生活的意义，成功地跨越了自卑感的局限。可以说，阿德勒为自己确定的生活目标终于实现了。

自我测试

菲尔人格测试

第五章

“适”时务者为俊杰

——新生入学适应教育

学习目标

知识目标	了解适应的概念;认识大学生常见的适应问题;掌握提高社会适应能力的途径
能力目标	认识适应的重要性,掌握提高适应能力的方法,提升大学生自身的适应能力
素质目标	通过2013年5月4日习近平在同各界优秀青年代表座谈时的讲话,帮助学生树立远大目标和理想

主题导读

适应和健康

有这样一种比喻:健康是“1”,学业、事业、金钱、地位、名誉、爱情等都是“0”。有了健康这个“1”,后面的“0”才有意义;如果没有健康这个“1”,后面的“0”再多也没有意义。可见,在人的众多的财富中,健康是一个人最宝贵的财富。

什么是健康?“健康,不但没有身体缺陷和疾病,还要有完整的生理、心理状态和社会适应能力。”就是说,健康至少包括三个方面——身体健康、心理健康和社会适应能力。达尔文的进化论告诉我们“适者生存”,这说明“适应”是多么的重要。大学生带着美好的憧憬来到大学就读,能否很快地适应大学的生活,能否搞好身心的自我调节,将直接影响着每个大学生的学习效率、生活质量和身心健康。

适应是心理健康的重要标志。适应大学生活是大学生社会适应的前奏曲。每一个大学新生当他们真正开始大学生活时,由于生活环境、生活方式、学习内容以及人际关系等的种种改变,使他们每个人都会经历一个时间长短不一的适应的阶段,从不适应到适应,这些改变以一定的方式不同程度地影响着每一个学生的心理。如何缩短适应期,如何克服适应阶段出现的种种心理问题,是每一位大学新生都要面临的重要问题。学会积极适应,维护心理健康,是我们每一个大学生顺利成长的必要前提。人生重要的不是所站的位置,而是所朝的方向,而适应是迈向成长的必经之路!希望通过本章内容的学习,使每一位大学生能够学会积极适应生活、适应学习、适应人际交往、适应身体变化,达到会生活、会学习、会交往、会做人,成为适应良好,心理健康的人。

第一节 适应概述

一、适应的概念

心理阅读 **青蛙实验**

19世纪末，美国康奈尔大学的生物学教授做过一次著名的青蛙实验。生物学家把一锅冷水架在酒精炉上烧开，然后把一只青蛙冷不丁地扔进去。这只青蛙突然受到热水的刺激，在千钧一发之际，竟奇迹般跳出水面，成功地死里逃生。生物学家又把这只青蛙放进一个同样的锅里，只是这次锅里装满了冷水。然后，开始慢慢加热。刚开始青蛙悠然自得地享受温水，惬意地游来游去。随着温度逐渐升高，青蛙渐渐有些不适应了，但还是没有想到要逃离这个危险的地方。等温水热到它熬不住的时候，它却无力逃生，只能瘫软地漂浮在水面上。

适应是来源于生物学的一个名词，用来表示能增加有机体生存机会的那些身体和行为上的改变。“优胜劣汰，物竞天择，适者生存”。通常所说的“暗适应”和“明适应”及“如芝兰之室，久而不闻其香，如鲍鱼之室，久而不闻其臭”。心理学上的适应是用来表示人对环境变化做出的反应。它也是指个人同环境之间的一种和谐、协调、相宜、相适的状态，这是一种相对平衡的状态。心理学家艾夫考认为，适应是个人与环境的互动关系，个体在于环境相互作用过程中，通过不断调整自我身心状态，使身心与现实环境保持和谐一致，从而达到认识环境、改善环境、发展自我的目的。

心理学领域对适应概念的理解和运用存在三种不同的层次。

（一）生理适应

生理适应，即生物学意义上的适应，指在有机体的机能和感知觉水平上，个体对声、光、味等刺激物的适应。在此层次上，适应至少可以分为两种类型：一是长期性适应过程，指个体或群体为了求得生存和发展，在生理机能或心理结构上产生改变，以适合于自身生存的环境的历程。二是即时性适应过程，指有机体感官随着刺激在时间上的延续，感受性水平发生变化的现象，如感官适应、个体学习等。

（二）心理上的适应

心理上的适应，通常指个体遭受挫折后借助心理防御机制来使人减轻压力、恢复平衡的自我调节过程，这是一种狭义的适应概念。

（三）对社会生活环境的适应

对社会生活环境的适应，包括为了生存而使自己的行为符合社会要求的适应和努力改变环境以使自己能够获得更好发展的适应，这是社会适应层次上的概念。

综合以上观点可以看出，适应这一心理现象具有以下性质和特点：1. 适应是主体对环境变化所做出的一种反应，适应现象伴随环境的变化而产生、变化，没有环境的变化就无所谓适应或不适应；2.适应的目的是达到或恢复主客体之间的平衡，因此，适应就是主体不断建立平衡的动态变化过程；3.适应是在主体自我意识作用下的自我调节过程。

适应是现实生活环境中维持一种良好的有效的生存状态和发展状态的过程，也是心理健康的标志之一。人们对环境的适应，从适应的方向上看大体上有两种：

一种是消极的适应。消极适应是人与环境的消极互动过程。在这一过程中，个体认同、顺应了环境中的消极因素，逆来顺受，“打掉牙往肚里咽”，压抑了自身的积极因素，即自身的潜能，违背了人的心理发展方向。其结果是环境改造了人，而人未发挥自己对于环境的能动作用。消极的适应是一种不健康的适应，会导致心理冲突或停滞不前，是被动意义上的适应(如忍受、克制、屈从、迎合、顺从等)，它会造成心理不健康和不良人格。例如，人在遭受了挫折的环境下，采取的消极的悲观态度等。这些人都是以压抑自己的潜能，牺牲个人心理机能和品质的发展为代价，这种对环境的适应是退化，而不是发展。

另一种是积极的适应。积极的心理适应是个体在客观环境中积极主动地调整自己与环境的不适应行为，增强个体在环境中的主动性、积极性，使自身得到发展。任何环境中都存在着有利于个人成长的积极因素和不利于个人成长的消极因素。积极的适应是要正确地分析自身的特点及环境的特点，从对这二者的分析中找到自己的生长点。积极的适应是一种健康的适应，它有两层含义，一是改变自己，顺应环境或顺应环境中的某些变革；二是不断地抗争和选择，以积极的态度提高自己各方面的能力，从一个目标走向另一个目标。没有人愿意自找倒霉，但危机一旦降临，躲是躲不过的，我们别无选择，只有去积极适应。将环境中的有利因素和个性中的积极因素统一在自己能动地实践活动中，人就获得了一种积极的适应。发展是人对环境的积极适应，我们所提倡的正是这种积极的适应，是主动意义上的适应(如改善、调整、克服、战胜等)，它能增进心理健康，养成健全的人格。

对于刚刚跨进大学校门的大学新生来说，现代社会和陌生校园对每位新生的适应能力都提出了很高的要求，面对纷繁复杂、扑朔迷离的各种矛盾，面对来自学习、生活和人际关系等方面的挑战，大学新生只有学会积极的适应，提高了自己的生活自理能力和环境适应能力，获得心理上的成熟与成长，才能更好地适应未来外在环境和自身内在环境的千变万化，健康成长。

第二节　大学新生常见的适应问题

在现实生活中，一个大学新生离开家乡，离开父母和家庭，步入大学后，面对环境的巨大变化，大学新生既感动新鲜有趣，也会或多或少出现对环境的不适应，存在一些消极的心理体验，会出现各种不良的生理反应，睡眠不佳，食欲不振，体重下降，躯体疼痛，免疫力下降，等等，还会有一些消极的行为表现，例如，学习效率降低，注意力和记忆力下降，违反学校纪律(旷课、迟到、早退)，人际关系难处(冲突、退缩、孤僻)，生活懒散无规律，通信过度或网络依赖等，这些消极的身心及行为反应大学新生出现了适应不良的问题。一般来说，大学新生的适应问题主要表现在环境适应、生活适应、自我适应、学习适应、交往适应五个方面。

一、环境适应不良

案例

她为何心烦?

某女生,大一学生,因心烦、注意力不集中、学习效率下降来咨询。两个月前她进入大学,此后,非常不适应集体生活,心情很烦。她的宿舍住了4个人,比较拥挤,上铺的同学经常晚上看书,有的同学睡前没完没了地聊天,使她经常很难入睡,和她们说也没有效果,前几天还忍不住和上铺争吵,现在两人也不太说话。晚上既睡得晚,又没睡好,白天就觉得有点累,看书的时候走神,效率不高,有些科目就没考好。现在晚上有时会失眠,多梦,白天上课还会打瞌睡,影响了学习,自己心里很着急,怕这样下去会神经衰弱。小范是独生女,父母都是教师,家庭条件不错,从小受父母宠爱,从未离开过父母,父母要求她专心学习,取得好成绩,从不让她做家务。小范在家里时自己住一个房间,她喜欢安静,性格比较内向,不善交往,很少和同学一起玩耍,但她又是自尊心很强的人,学习刻苦,成绩一直很好。来到大学宿舍这样拥挤的环境觉得很难适应。

对于刚踏进大学校门的大学新生来说,陌生的校园,陌生的脸孔,全新的语言环境,崭新的校园内外文化生活,怎样适应新的生活,新的环境,这是大学新生进入校园后首先就要面临的问题。新生刚入校面临的第一个重大的变化就是环境的变化。其他方面的适应问题都与环境的变化有关。环境包括自然环境和社会环境。大学新生必须使自己尽快地适应这种自然环境的变化。包括尽快地了解和熟悉校园内的环境;了解学校周围环境;了解整个城市的环境;适应新的语言环境。在这个过程中,有的新生能够通过不断调适自己的心理环境而很快融入新环境,从而顺利地度过适应期;也有的学生在入学前,对大学的生活,大学的环境都充满了渴望,然而理想与现实之间总是会有很大的差距,因未能根据所处环境的变化来相应调整自己的认识与观念,就很容易导致各种心理落差和心理失衡,出现适应不良,明显感受到来自环境的心理压力。

二、生活适应不良

案例

一位机电专业的同学在一次心理咨询中说道:开学没过多少天,刚进校门的那种喜悦之情和对专业的好奇感已经没有了,我只感到疲惫不堪,压力很大,学习就像脱节了一般。自己以前的强项课程开得不多,像物理、化学就没开,开的尽是一些学不懂的课程,上课好像听天书一样。老师要求严格,好朋友分离四散,和新同学相处出现许多不和谐,一切都很陌生,我真真切切地感到,实在难以适应这儿的学习生活。

进入大学,即进入了一个全新的生活空间,生活环境、管理模式等发生了显著变化。生活状态上,从家庭生活变为集体生活,有的学生一时在生活上不能自理,感到手足无措,因为他们缺乏现实的生活实践磨炼，生活自理能力较弱，自我服务意识淡薄，对他人的依赖过大，习惯接受他人服务；生活范围上，有的学生面对丰富多彩的大学校园文化感到无所适从或不同程度的胆怯；生活习惯上，一些异地求学的学生，远离家乡，离开熟悉的饮食、气候、语言环境，对新环境容易产生强烈的陌生感、排异感和不适感。新的生活环境带来新颖感和自由感的同时，也伴随产生了一些负面的消极情绪。部分新大学生离开了父母，觉得得到了许多自由，有一种终于从中学那种压抑、紧张的气氛中解脱出来的感觉，于是开始放任自己，上网、玩游戏、看小说，自己喜欢干什么就干什么，生活节奏紊乱，甚至把父母给的生活费提前花完，等等。由此可能产生各种烦恼，出现焦虑、抑郁、敌对、低落的情绪，严重者会影响心理健康。

（一）不适应气候、饮食等的变化

中国地域辽阔，南北气候、饮食、风土人情等差异很大，大学新生跟随自己的志愿，背井离乡来大学校园求学，所面临的崭新的生活环境与原居住地相比发生了较大变化。人的机体暂时不能适应气候、水质、饮食等生活环境的突然改变，就会产生一系列不适应的症状，“水土不服”。如南方学生到北方求学或北方学生到南方求学，适应气候和饮食习惯都需要一个渐进的过程。

（二）不适应课余时间的自主安排

在大学里，学生们几乎有三分之二的课余时间可供自己安排。有选择玩乐的，有选择学习的，还有选择打工做兼职的……如何安排课余时间，能展现出大学生以怎样的态度对待生活。尤其是大学新生由高考前的那种高压力、高强度的学习方式转变到大学这种宽松自由的氛围过程中，在身体及思想的各个方面都会产生一系列重大变化，而这些变化都会集中体现在课余时间的活动之中，恰恰正是这些变化，会对大学生今后的成长发展及人生观、价值观的形成有着重要影响。大学校园里的课余活动多彩缤纷，除了日常的教学活动之外，还有各种各样的讲座、讨论会、学术报告、文体活动、社团活动等等。这些活动对于大学新生来说，的确令人眼花缭乱，对于如何安排课余时间，更是不知所措，如果安排不当，会影响到自身正常学习、生活。

（三）不适应高校的管理模式

中学阶段的管理模式通常是老师告诉学生们“必须做什么”和“不能做什么”。而在大学里，老师或辅导员一般会告诉学生们“应该做什么”，“可以做什么”。就是说，中学侧重于“堵”，大学侧重于“疏”和“导”。中学基于高考升学的压力，各中学都把学生的学习时间安排得满满的，除了保证学生的睡眠时间外，通常不会让学生有自己支配的时间，从早自习到晚自习，再到回宿舍睡觉，几乎已经不用学生再给自己安排作息时间了，因为除了读书，就是吃饭和睡觉，容不得学生再去想其他事情，慢慢地学生就习惯了这种“定势”的管理模式。到了大学完全相反，教室不是固定的，时间很充裕，老师除了上课，其他时候不会围着你转，也不会等着你问问题。大学的班导师、辅导员，也不会像中学的班主任那样天天出现在学生面前，每周只见几次面，什么事情都是通过电话、短信或微信联系，班干部很大时候都是在替班导师行使班级管理的职责，这时有的学生会有一种“无人管反而不习惯”的感觉。此外，高等学校一般都强调大学生们的“自我管理，自我教育，自我服务”。这种学生管理的模式，部分大学新生感觉到不适应，在有的情况下由于个别同学的不理解、不配合、不服从，会导致高年级学生与新生之间的矛盾和冲突。

(四)不适应个人的自主消费

进入大学后的大学新生,更多的拥有选择消费的自主权,相当多的大学新生不太适应个人消费的完全自主,自己不会理财,缺乏对钱财的管理经验,甚至出现非理性消费,如无计划消费、攀比消费、超消费现象严重,享受性消费(休闲娱乐消费和人际交往消费)的费用偏高,而,生存性消费(基本生活消费)、发展性消费(学习充电消费)的费用偏低,导致消费结构不合理。因此,在大学如何做到合理的消费,需要大学新生去尽快适应。

三、自我适应不良

案例

生活上,小张刚入校时,常与舍友“卧谈”到深夜,感到十分兴奋。但随着时间的推移,她就很不习惯了。她在中学时就养成了晚上10:30熄灯睡觉的习惯,而大学的宿舍晚上不熄灯,由学生自己控制作息时间。习惯于早睡的她想早点入睡,但却不知道如何让舍友们早点安静,感觉特别累,十分苦恼。工作上也是烦恼不断,在中学阶段,小张一直是老师的得力助手,同学们的好班干。可进入大学后,她却没有进入班干部名单,去各个社团应聘也屡受挫折,自认为组织能力特别突出的她感到特委屈、特受挫,自己也不知道从什么时候开始经常变得满腹牢骚,常生闷气,别人似乎都不愿意接近自己了。这也让她特别怀念中学时光,想念中学好友……

处于青春期的大学新生自我意识逐渐增强,表现出自我形象多元化,心理体验深刻、敏感、细腻,自控能力增强的特点,但在自我意识分化和统一的过程中,又表现出许多冲突和不适应。在进入大学之前,他们普遍对社会以及大学生活了解甚少,仅凭想象把大学生活描绘的过于理想化,抱有许多不切实际的幻想和过高的期望,无数次设计自己美好的未来。当他们进入大学后发现现实生活中有许多不完善、不尽人意的地方,与他们的期望形成强烈的反差,自己理想的未来往往在现实的种种障碍下无法实现时,理想与现实的冲突给他们带来了极大的痛苦和烦恼。他们只能接受自己理想中“完美”的自我,不能容忍自己的“不完美”,不肯迁就现实中的平凡、有缺点的自我,从而使他们感到困惑、迷茫,产生失望感,导致情绪消极低落。

四、学习适应不良

案例

我的大学怎么了?

来自北方的大一女孩小李如愿以偿地考入了南方的一所大学。起初,除了饮食不是很习惯外,她对未来充满期待,希望在大学好好奋斗、好好学习、好好生活。可不久就觉得有些吃力了,眼前的现实似乎离她想象中的大学生活越来越远……学习上,小李发现即便是她抓紧一切时间来学习,可还是跟不上老师的进度——“老师一次课就讲了几十页，照我的阅读速度远远跟不上啊！我的数学基础本来就差，高数习题大部分都不怎么会做，作业都按时交不了，这在我十几年的学习生涯中是从未有过的事情啊！”

目前大学新生的学习适应不良问题主要表现以下几方面：学习兴趣不足、学习目标不明确，学习动机弱化的不良心理倾向；不适应大学的教学管理模式；不适应大学教师的讲授方式，如课程进度较快，重点不明确；学习方法不当，难以自主选择学习内容和方法，如不知道之间该学些什么及该怎样学；缺乏学习自主评价能力，如没有了日常测验，不知道之间究竟学到了什么。凡此种种，导致大学新生对大学学习产生了多种不良心理反应。

（一）学习目的不明确

经过十余年的埋头苦读，以及高考的残酷选拔之后，进入了大学校园接受高等教育的新生们，突然从高度紧张的状态松懈了下来，一时间感到无所适从。高考前的学习目的自然是针对千军万马过独木桥的升学考试，这是社会、学校、家庭，包括考生自己都再明白不过的。一旦通过了招生录取，进入了大学阶段，学生们就像长期被施加了高度压力的弹簧那样，一下子彻底地失去了升学的压力，那种放松的状态就有过之而无不及了。当前，大学新生学习目标不明确的问题非常突出。

（二）不适应大学的教学管理模式

首先不适应大学的学分制管理。大学可以不受学年限制，根据自己的实际情况，可以跨系、跨专业、跨学科选修，只要修满学分就可以提前毕业。大学不同于中学，大学阶段每个学期学习的课程都不相同，一、二年级主要是学习公共课程和部分专业基础课程，三年级主要学习专业核心课程和部分选修课，四年级重点进行专业实习、完成毕业论文。由此可见，大学的课程设置明显比中学复杂，学习任务也远比中学繁重的多。

其次，不适应大学的考试方式。在考试这一环节上，中学会在考试前留出足够的复习时间，且给学生们划一些考试范围和重点难点等。而在大学里，考试一般没有这样的环节，最多在课程结束后，老师留出两节课左右的时间让同学们提出问题并答疑，很多大学新生在大学的头两个学期，面对期末考试感到无法适应。

（三）不适应大学的教法

中学与大学教师的教学方式有着很大的差异，现行的中学教学方法通常是以老师为主导，而在大学的教学中，通常课程进度较快，信息量大，教学内容密集，一个学期就要把一门课程学完，而一门课程在一个学期内也只有几十个学时，教师往往只做粗线条的讲解，讲授方式也不尽相同，有的老师可能会在黑板上写一些讲课内容，有的老师只讲不写，有的老师只是启发式的讲解，即少讲不写。这就要求学生上课思想高度集中，认真听课，课后更多地要靠学生自己去学习。要求学生变被动的听讲为主动研究，变机械练习为积极思考、探索规律。加之，有的老师每次上完课就离开了，很少给学生布置作业或对学生进行课后辅导。这对于习惯了中学教学模式的学生来讲，无疑是一件令人头疼的事，从而导致新大学生入学后很长一段时间不能适应大学的教学，有的新大学生上课不知怎样记笔记，不知如何处理课堂内外的关系，不知如何利用图书资料，不知如何选择参考书和辅导书进行自学等等，从而延误了学习。

(四)自身学习方法不适应

从旧的学习方法向新的学习方法过渡,这是每个大学新生都必须经历的过程。大学的学习环境、学习观念和学习模式与中学阶段相比都有了很大变化,外部环境和条件的变化,引起了一系列的学习适应问题。尽快适应新的学习方法,可以少走弯路,减轻心理压力,促进学业成绩的提高。中学生在学习上,已经习惯了以教材为基础、大量的习题练习为辅的学习方法和习惯。大学的学习方式完全不同于中学,大学提倡学生自主学习,勤于思考,大胆创新。在大学不再是老师追着学生,而是要学生主动求教老师;大量的时间需要自己去安排,而不是被老师占有;要学会研究性学习,善于发现和提出问题等等。大学的学习是变被动为主动,学习自主性与自觉性都大大增强,课堂讲授相对减少,学生需自己安排自习、阅读、钻研的时间,学习也不再一味要求精确记忆,而是要学会独立思考与融会贯通。不少学生由于没有掌握正确的学习方法,仍采用中学应试教育的题海战术,结果投入大而效率低,甚至出现不及格,造成很大的精神压力。所以大学新生们必须尽快地适应和掌握大学正确的学习方法。另外,大学新生的学习缺乏自觉性和主动性,大量的课余时间再不知不觉中被荒废了。由此,学习方面的变化带来的新生活适应不良的现象比较常见。

五、交往适应不良

人际适应问题是大学新生入学适应困难的重要表现之一。大学新生入学后,作为一个独立的个体进入准社会交往圈,由中学时期单一的学习型人际关系转向多元型的人际关系,其年龄特征和心理特点决定了他们具有渴望在新群体中获得尊重、容纳和承认的心理需要,他们热切希望被新同学认同并相互建立友谊,在这一过渡时期出现的暂时的人际空缺,对于有着强烈的自我意识而心理素质比较脆弱的大学新生来说,会产生了不同程度的困惑和迷茫,如缺乏自信,不敢主动与他人交往,极少或根本不参加集体活动,人际交往缺乏主动性尤其是在与异性交往的主动性严重缺乏,半数新生很少或从不主动与人打招呼,人际交往方式存在不同程度的不适应。人际关系不良,会给大学生带来很多烦恼、焦虑和不安,进而可能产生许多心理问题,这是大学新生最大的心理问题。

(一)与同学交往的不适应

当代90后大学生独生子女较多,他们在为人处世方面,凡事都以自我为中心,以自身的角度和立场去看到待问题,去应付各种关系,很少懂得相互体谅和彼此谦让。大学生活是以集体生活为主要特征的,来自不同家庭、不同社会背景、不同生活习惯、成长背景的人共同生活,难免出现摩擦和冲突。很大学生从小就是所在家庭的绝对中心,因此自我意识很强,特别在离开父母以后,突出的认为自己已经长大了,不需要学校的规范管理,自己能够照顾好自己。由于他们对大学生活了解甚少和过于理想化,以及不切实际的幻想,与现实的不尽如人意形成强烈的反差,尤其对管理制度和管理方式的不解产生抵触情绪,从而感到失落、迷茫、困惑,在班级、宿舍生活中,不时产生摩擦,造成同学关系紧张。其实,大学中的人际关系比中学时更为复杂。大学同学分别来自全国各地的不同地域和不同家庭,在思想观念、价值标准、风俗习惯、语言交流、性格爱好等方面不尽相同,所以有的新生刚到学校时不愿与人交往,不愿参加集体活动,以至于自我封闭。还有的新生因为评优选先,担任干部和同学竞争,造成与同学关系紧张等,目前大学新生普遍反映人际关系难处。

(二)与老师交往的不适应

当代大学生普遍缺乏应有的对社会、国家、集体的感恩之心,不懂得珍惜拥有,而总是指望着那些没有得到的东西。尊师重教的优良传统和美德,在他们身上也很难体现,不再像以往的学生那样,对老师的礼貌和尊重是发自内心的,而现在更多的是敷衍和漠然。有的学生看见老师绕着走,不愿意与老师打招呼等,这自然而然的会导致与老师交往的不适应。

(三)与异性交往的不适应

刚刚入学的部分大学新生,不知道如何处理与异性的关系。有的新生受习惯心理的影响,对男女交往过分敏感,从而使正常的异性交往不能自然地进行,甚至相互隔离。“中学时代,禁止恋爱”,而大学生活没有那么多约束,看着学长们出双入对,受其影响,有着与异性交往的强烈愿望。有的新生为寻求一种安慰,摆脱空虚和寂寞,或者为了虚荣心,过快地将同学关系发展为恋爱关系,过早地沉溺于“两人世界”中,往往很难把握学习、友谊、爱情的关系和分寸,很容易在此彼此的伤害,严重时已经影响到双方正常的学习和生活。也有的则陷入单相思而不能自拔,由此而产生情感上的冲突。

六、其他方面适应不良

大学校园里人才济济,这使得大学生在文艺、体育以及知识面、交往能力、经济条件等方面的差异更加突出,势必会引起攀比、嫉妒、自卑等心理。特别是大学生中的贫困生,会由于家庭贫寒造成的生活困难以及与富裕同学相比差距很大,而使他们经常体验到由于经济上的相对贫困而导致的自卑和心理失衡,甚至出现某种程度的心理困扰,如果不能及时进行调适,就会使其消极的认知和情感体验被泛化到生活的其他方面,使他们感觉到自己在经济基础、风度仪表、人格魅力等方面处处不如别人,产生强烈的自卑感,在这种心态的长期影响下,就会形成消极、冷漠、孤僻、退缩等心理和行为特征。

心理视窗 **鹰的一生,最久可以活到七十岁!**

鹰的寿命与其他鸟类相比可谓最长,它可以活到七十岁。而要维持如此长的寿命,它就必须在四十岁时为自己的生命做出一个重要的决定。这个决定是无比痛苦的,却可以让它的生命获得新生。原来,在高空飞翔、在荒野中抓捕猎物的鹰到四十岁左右时,生理机能开始老化,它那尖利的双爪便开始老化,不能再像以前那样伸展自如地抓捕猎物;它的喙上也已经结上一层又长又弯的茧,一动便可碰到胸膛,对进食阻碍很大;最让它痛心的是,双翅上的羽毛也厚厚地堆积在一起,使它不能再像以往一样在天空中轻盈地飞翔。

这时候,它面临着一个艰难的选择:要么等死,要么经过一个非常痛苦的过程,让生命获得新生。

鹰都会选择让生命新生。重生的过程是痛苦的,鲜血淋漓!鹰必须奋展沉重双翼,飞到一个除自己之外,任何鸟兽都上不去的陡峭悬崖,然后用 150 天左右的时间让自己获得新生。飞行,以前轻而易举的事,此时已难如上青天,不停地飞,不能停息,一停息就意味着前功尽弃,就意味着屈服于命运,就意味着死亡!

寻到栖身之所,鹰开始了痛彻心扉的炼化。首先,它抬起那又长又弯的喙,不停地敲打岩石，直到那喙连皮带肉地完全脱落，然后忍着剧痛静静地等待新喙从模糊的血痂中长出来。

新喙终于长了出来，它立刻进行第二道工序，用新喙把双爪上的老趾甲一个个拔掉。那同样又是一次血淋淋的更新。不久，新的趾甲长出来了，它紧接着进行第三道工序，用新的趾甲把旧的羽毛扯掉，再等五个月，新的羽毛又长出来了。这是一场意志与痛苦的斗争，惨烈，悲壮！只有经过这一系列残酷的更新，鹰便完成了炼狱般的重生，可以再次在蓝天上飞翔，笑傲苍穹，重获三十年的生命！

如果想法改变，态度就会改变；
如果态度改变，行动就会改变；
如果行动改变，习惯就会改变；
如果习惯改变，人格就会改变；
如果人格改变，命运就会改变；
如果命运改变，人生就会改变！

人生总不会一帆风顺。在我们的生命中，总有面对艰难选择，需要做出艰难的决定的时刻，只要我们愿意把不良的习惯和传统的陈旧思想彻底抛弃，愿意学习新的技能，来突破自己的瓶颈问题，实现自我超越，开始一个更新的过程，才能有所创新，有所进步，用自己的智慧去创造出属于自己的美好未来！人的一生与老鹰相比起来，又算得了什么呢？磨难原本就是生命旅途中不可或缺的风景。当我们从人生的制高点跌入低谷，或是处于“十字路口”迷茫困顿的时候，请在拐弯处蜕变—重生！纵使必须经历一段重头来过的艰辛，我们需要的是自我改革的勇气和再生的决心！相信我们一定能发挥我们的潜能，挑战人生，展翅上腾，重新飞翔。活出另一个自己！创造新的未来。

第三节　大学生社会适应能力的培养

心理学家们把一只小猫先放进背景全是竖线条的生活空间里，让它自由自在的生活了一段时间，然后又将它放进一间全是横线条的生活的空间里，结果猫东倒西歪，站都站不稳。你知道这是为什么吗？原来，小猫对新的环境产生了不适应心理，出现了感觉零乱，行为反常。其实我们人和动物一样，当我们到达一个新的环境，我们都会感到不适应，有压力。我们如果不能及时调整自己的心态就会产生不适应心理，轻如者感到心慌、焦虑，重者身体出现严重不适，会产生许多生理上的反应，如头痛、呕吐、出冷汗。

强者改变环境，智者利用环境，庸者适应环境，愚者抱怨环境。那么，我们如何来适应我们现在的大学生活呢？对于自己的大学四年，你准备在哪些方面改变自己，使得自己的大学生活更加精彩，让自己更好地利用环境获得更好的发展。

要适应大学生活，大学新生首先要学会自我管理，养成自觉、主动、勤劳的好习惯，克服懒惰和摆脱依赖心理，以积极的心态去适应当地的饮食、气候和风俗习惯等等。在与同学相处方面，要学会宽容，相互谦让，多为别人着想，学会换位思考，以乐观的心态去对待每一件事，与同学发生矛盾时，学会自我克制，正所谓“退一步海阔天空”。在与同学交往方面，要讲究技巧，要尊重他人，理解他人，同时要不断提高自身修养，这样才会有更多的同学愿意亲近自己。同时，还要学会自我理财，一是要考虑自己家庭的经济承受能力，以及父母平时对你的消费建议；二是要考虑哪些开支是必要的，哪些开支是非必要的。然后再进行统筹安排，制定理性的消费计划。切忌冲动消费，要体谅父母挣钱的不易。

一、学会积极适应

某地区有一条河，两岸都有鹿群活动，但人们发现，北岸的鹿强壮，并且奔跑及生殖能力都很强，而南岸的鹿则远远比不上。同一个品种，差别为何如此大呢？后来，经过人们考察分析才得知，原来河北岸有狼而南岸没有。没有鹿希望与狼共处，而客观的事实却是狼的存在保证了鹿的强壮，正是环境中的危险因素焕发了它们的斗志。

也许你正在抱怨环境如何不好，也许你正面临危机而焦虑不安，看了这则故事是不是有所启发？心理应激理论认为，危机是一种催化剂，可以打破原有的定式或习惯，寻求新的解决问题的方法。只要你积极去适应，就会增强抗挫折的能力，提高适应环境的能力。

适应也有多种方式，消极的适应是一种不健康的适应，它以牺牲发展为代价，逆来顺受，“打掉牙往肚里咽”，久而久之，会导致精神疾病。而积极的适应是一种健康的适应，它有两层含义，一是改变自己，顺应环境或顺应环境中的某些变革；二是不断地抗争和选择，以积极的态度提高自己各方面的能力，从一个目标走向另一个目标。没有人愿意自找倒霉，但危机一旦降临，躲是躲不过的，我们别无选择，只有去积极适应。

积极的适应要求大学新生树立危机意识。心理学家曾做过的青蛙实验告诉我们，越是在“悠闲”的环境中，越要有危机意识。转换视角，我们对于自己最大的才能总不能认识，只有生命中的大变故或大危难的磨炼，才能把它催唤出来。对于生活的磨炼，有人认为是不幸，有人则把它看作是发展的机会。曾有记者采访球王贝利，问他的儿子将来是否会跟他一样有名，他说：“不可能，因为我的父亲是一个穷人，而他的父亲不是。”

主动出击。我们的一生，都可能在与各种挫折做斗争，这不是你愿意不愿意的事情，你无路可退，只有勇往直前。不要让生活去挑战你，你要去挑战生活。会骑自行车吗？你肯定知道，骑得快，车子反而稳，骑慢了就会晃，停下来，车子就会倒。积极适应也是如此，以积极的态度提高自己各方面的能力，还有什么风浪过不来呢？

二、培养环境适应能力

大学新生要充分熟悉各种环境，接受了这个环境就在适应的路上迈出了一大步，例如每一间食堂都去试试，找出最好吃的一家；每家超市都去转转，比出哪家更物美价廉……人的恐惧感经常是因为陌生而导致的，环境其实也像人与人的相处一样，熟了就好了。不要忘了身边的同学，别人也正在经历跟你相同的问题，看看别人是怎么做的，有样学样，别人能做好的，你肯定也能做好！

（一）适应环境的能力

大学新生第一次离家远行的入学旅程，是大学生独立处理事情的开始。入校后能否迅速地了解和熟悉校园环境，将决定新生能否在新的环境中自如的生活与学习。

首先要尽快熟悉校园的“地形”。例如入校后亲身到校园的各处熟悉情况，教室、图书馆、食堂及商店的位置，其都在什么时间段上班，学校有几个门等等，在短时间内了解清楚。不要担心迷路，倘若迷路了也要勇于向他人寻求帮助。

其次，要多向学长和同乡请教，这是熟悉校园环境最快捷的方法，多数学长和同乡都比较愿意把经验传授给新同学，以帮助他们尽快适应校园生活，尽量少走弯路。

最后，在班级中担任一定的工作，也能帮助你尽快适应校园生活。对环境适应快的大学新生，很快就能成为班级中的核心人物，并担任一定的班级工作。这样与老师、同学接触得越多，与院系等单位联系较多，掌握的信息越多，锻炼的机会也越多，能力提高很快，自信心也就逐渐建立起来了。

（二）适应人际关系的能力

心理视窗 **商人的风度**

一位商人看到一个衣衫褴褛的摆地摊卖旧书的年轻人，顿生怜悯，他不假思索地把10元塞到年轻人手里，然后头也不回地走开了。没走多远，商人忽然觉得这样做不妥，于是连忙折回来，从地摊上捡了两本旧书，抱歉地说自己忘了拿书，希望年轻人不要介意。最后，他郑重其事地说：“你和我一样，都是商人。”几年之后，商人出席一个商贾云集的宴会，一个西装革履、风度翩翩的年轻书商迎了上来，紧紧握着商人的手十分感激地说：“先生，您可能忘记我了，但我永远不会忘记您。我一直以为，我这一生就是摆地摊乞讨的命，直到您亲口对我说，我和您一样都是商人。”

在新生的人际关系中，问题最突出的还是同学之间的关系。由于班级和宿舍里的同学分别来自不同的地域和不同的家庭，在思想观念、价值标准、生活方式、生活习惯上都存在着明显的差异，在遇到实际问题时往往容易发生分歧，甚至产生矛盾。差异是客观存在的，我们必须面对它并接受它。

首先要学会承认各人有各人的生活习惯和价值体系。如果别人的生活方式有碍于你的生活，你就需要委婉地提出意见，并适当地进行自我调整。

其次要想处理好同学之间的关系，还要做到对人宽，对己严，切忌以自我为中心。在平时的生活中，做到三主动：即主动与同学打招呼，主动和同学讲话，主动帮助别人。在帮助别人的时候，不要计较能否回报你。

此外，要主动去做一些公共的工作，以增加同学们对你的好感，同学间的关系也就会融洽了。在给同学提意见时，必须动脑筋，讲究方法和技巧。需要注意的是，给别人提意见一定不能当着众人的面，以免使对方难堪、丢面子。

（三）适应语言环境的能力

在大学应尽量使用普通话。大多数同学由中小城市或乡镇农村走来，入学时普通话水平不高，这样不仅会影响到人际交往的质量，也会由于交往的不顺对自尊心和自信心产生负面的影响，进而影响到生活的各个方面。因此，大学新生对语言环境的适应问题是不可忽视的。

语言环境的适应并不难。新生在平时的生活和学习中，应多向字典学习，向普通话好的同学学习，尽量掌握标准的发音。在发音准确的基础上，进行不懈的练习，发现错误及时纠正，不断提高交流的质量。

除此之外，掌握一些必要的地方方言也有助于适应环境。在与当地人打交道时，可避免发生“欺生”现象。尽快适应语言环境，有利于自身角色的转变。

（四）增强社会适应能力

大学新生要做的适应社会，首先要主动接触这个社会环境。把自己关在大学校园里面闷头读书，对外面的社会不闻不问，是永远也不会适应社会环境的。勇敢地走出“象牙塔”，到校园外面的世界看一看，不逃避现实也不做无根据的幻想，有目的地进行一些有益有利的社会实践活动，从而认清楚自己在这个社会环境中的实际位置。其次，要积极调整，选择恰当的对策。大学新生在接触社会的过程中，要从主观上采取积极态度，而不是消极地等待；在调和社会环境和自身之间的矛盾时，要审时度势，有条件地选择改造环境的条件，无条件地选择改造自身的办法，这样才能既不想入非非，又不自暴自弃，找到最佳的方案。

三、提高生活适应能力

（一）培养生活自理能力

学生上大学以后许多事情需要独自处理，一切都要从头学起。从某种意义上说，这是一种真正的生活独立性的训练。首先在思想上要独立。不要再妄想父母或他人的帮助，清楚明白地告诉自己要学会独立，自己的事自己做。应学会日常生活的打理。要学会准时起床、就餐、运动，学会自己料理床铺，收拾房间，学会自己洗衣服，学会自己照料自己……在学习的过程中，如果能够和同学进行交流就更好了，因为同学间的互相影响和互相学习能够在一定程度上促进生活自理能力的提高。不要嫌学校的条件不好或不够好，不要嫌家务事太麻烦，这些都是一个人生存在世的基本能力要求，而且这些事你是为自己做的，没什么可抱怨的。

独立生活的另外一个重要方面是对钱财的管理。大学新生要学会一种“理财”的观念，要注意考虑：在生活中，哪些开支是必须的，哪些开支是完全不必要的，哪些是可有可无的。钱要花在刀刃上，要避免完全不必要的消费，可花可不花的尽量少花。此外，还要根据父母的经济能力和自己“勤工俭学”的能力来进行日常消费。有了这些基本情况的分析，再确定自己每个月的“消费计划”，使之切实可行。并且要尽量按照计划执行，多余的钱可以存入银行，以备急需时使用。入学几个月或半年之后，大学新生对自理的生活就会逐渐适应了。

（二）培养良好的生活习惯

生活习惯代表着个人的生活方式。良好的生活习惯不仅能促进个人的身心健康，而且对人的未来发展有间接的影响作用。大学生精力旺盛，又处于长身体、长知识的阶段，良好的生活习惯是确保顺利、成功度过大学阶段的一个重要基础。为了达到身心健康的目的，从一进大学起，就该切实重视这个问题，培养良好的生活习惯，并防止不良生活习惯的形成。

第一，合理地安排作息时间，形成良好的作息规律。因为有规律的生活能使大脑和神经系统的兴奋和抑制交替进行，天长日久，能在大脑皮层上形成动力定型，这对促进身心健康是非常有利的。养成早睡早起和适当午睡的习惯,保证每一天精力都充沛。

第二,进行适当的体育锻炼和文娱活动。“文武之道,一张一弛。”学习之余的文体活动,不但可以强健体魄、缓解刻板紧张的生活,还可以放松心情、增加生活乐趣,反而有助于提高学习效率。听音乐、跑步、踢足球等等都有助于增强体质,提高对疾病的抵抗力,这是一种积极的休息。

第三,保证合理的营养供应,养成良好的饮食习惯。切忌饮食不规律。大学生“饮食不良”现象主要表现在两个方面:一是饮食不规律,很多人早晨起床较晚,来不及吃早饭便去上课,有的索性取消了早饭,有的则在课间饿的时候随便吃些零食。二是暴饮暴食。学生们主要在食堂就餐,但食堂的就餐时间比较固定,常有学生由于学习或其他原因错过了开饭时间,于是就吃点饼干、方便面来对付,等下一顿吃饭时再吃双份。营养学家们的研究证明:早餐吃饱、吃好,对维持血糖水平是很必要的;用餐时不能挑食偏食,要加强全面营养,还要多吃水果和蔬菜。千万别忘记了早餐。加强全面营养,多吃水果和蔬菜。

第四,要改正或防止吸烟、酗酒、沉溺于电子游戏等不良的生活习惯。

(三)主动适应新的生活方式

由于大学独特的教育制度和教学活动特点,大学生的学习、日常生活、闲暇娱乐、社会交往等都具有其独特的方式。以寝室为单位的集体是个特殊的家庭。成员之间能否和谐相处是一个新型的课题。因此,大一新生要认清大学生活方式的特点,分清主次和轻重,提高自觉性、增强自制力,学会理智地驾驭生活、争做生活的主人,努力创造条件形成有张有弛并且有节奏有规律的生活方式,以达到学习、生活、休息的和谐统一,从而使自己健康的成长。

(四)学会学习

首先要探索适应大学的学习方法,除了向有经验的高年级同学请教,接受任课教师的指导与辅导员的帮助外,大学新生自身要正确认识大学学习的特点,克服过去依赖老师的习惯;要从个人实际出发,逐步摸索与自己水平、基础相适应的学习方法;要注重自学能力的培养,学会管理支配时间,安排学习计划,学会利用各种有限资源,逐步走出困境。其次,应做到上课认真听讲,认真做笔记,按时按质完成老师布置的作业。此外,要有计划、有系统地阅读课外专业书,学会创造性地学习,提出自己的观点和主张,学会撰写论文,甚至在高年级形成一定的研究方向。一分付出一分收获,想要不劳而获在知识学习上是行不通的。专业课可能很难、很枯燥,但是既然选择了这个专业,就要有一份热爱这个专业的精神,并为此付出努力。混日子的生活方式可能在一段时间里轻松愉快,但你在自己的大学生涯里将一无所获。

(五)学会合理安排课余时间

大学校园的课余生活丰富多彩。大学新生对于如何安排课余时间,常常心中没谱。如果完全按照兴趣,随意性太大,很难有效地利用高校的有利环境和资源。

要合理地安排课余时间,首先认识自己。以不断增长特长、最大化弥补缺点为原则。对自己要明确要达到哪些目标有一个理智的分析,看看自己近期内要明确达到哪些目标,长远目标是什么,自己最迫切需要的是什么,各种活动对自己发展的意义又有多大等等。然后做出最好的时间安排,并且在执行计划中不断地修正和完善。

其次,最好能专门制订一份休闲计划,对一些较重大的节假日和休闲项目做出妥当的安排,比如"五一"、"十一"小长假,请本地同学做向导,结队去周边景点游玩等,这样能使你的休闲和学习有条不紊地交叉进行,使身心得到有效的放松和调适。而且,你一旦制订出了既愉快又切实可行的休闲计划,那么在这一时间尚未到来之前,你的心情会是愉快而充实的,能精神振奋地投入学习和工作之中。

再次、要留出足够的时间来进行体育锻炼,务必拥有一个健康强壮的身体,因为身体好一切才有可能,身体是从事一切活动的"本钱",也是一个人心理健康的物质基础。最好能根据自己的身体状况和客观条件制订出一个体育锻炼计划。大学新生要善于利用课余时间,开展一些有益的文娱活动,培养多种积极的兴趣爱好。若能够拥有一项或多项自己感兴趣而又擅长的活动,这无疑会给他们的人生增添无穷的乐趣。在条件允许的情况下,可适当地做些勤工俭学的工作。建议在大一时可以从发传单做起,由此锻炼胆识,并为以后做智力技术类的兼职工作做铺垫,有利于大学新生建立自信心,增强社会适应能力。

此外,还可以利用课余时间阅读一些自己喜欢的书籍报刊。以读书为乐事,既可以排遣烦忧,愉悦性情,又可以获取知识,增长智慧,对大学新生身心的健康发展非常有利。

四、培养人际交往能力

案例

有一天中午在食堂,小王排队打饭,当他打好饭时,端起快餐盘转身时,不小心将菜汤溢出快餐盘,一部分倒到了小张的衬衫上。小王想:这下可糟了,他会不会以为我是故意的呢?正不知怎么办时,小张和气地说:"没关系,你又不是故意的,回家以后我自己洗一洗就行了。"小王忙问:"如果洗不掉怎么办呢?"小张爽朗而幽默地说:"不要紧,就当衬衫上又添上几朵印花,不知底细的,还以为是什么新花色呢!"

多一份理解、多一份包容、多一份幽默,使交往变得更轻松!

法国作家罗曼·罗兰说过:"有了朋友,生命才显示出它全部的价值。智慧、友爱,这是照亮我们黑夜的唯一光亮。"可见友谊在人生中的分量。大学同学来自五湖四海,地区的差异使他们在思想观念、价值标准、生活方式和生活习惯方面存在着明显的差别。如何与周围的同学友好相处,建立和谐的人际关系,是大学生面临的一个重要课题。同中学阶段相比,大学生对人际关系问题的关注程度超过了学习,也成为大学生心理困扰的主要来源之一。要想建立良好的人际关系,就应在与人交往的过程中,保持诚实、宽容和谅解,同时要学会人际交往的技巧,与其他人建立互帮互助、和谐融洽的人际关系,尽快适应全新的大学生活。

新生对环境的适应主要是对人际关系的适应,良好的人际关系首先来自交往双方的真诚、相互尊重、相互理解、相互信任。此外还要把握交往的时机,学会沟通技巧,主动交往。

第一,要学会承认各人有各人的生活习惯和价值体系,要处理好与室友之间的关系。你与室友生活在一起,你就应该连同他们的生活方式一起接受。如果感觉室友的生活方式有碍于你,可以与其进行沟通,委婉地提出,并适当地进行自我的调整。心理学研究表明:人都希望得到别人的赞扬同时害怕别人的指责。所以,交往中不要总是批评、指责别人,而应真诚地赞扬和欣赏别人。如果一定要批评人，也应先表扬后批评或者巧妙地暗示对方注意自己的错误。经常参加集体活动，尤其是选择一些个性开朗、乐观的人做朋友。面对来自各地性格习惯各异的同学，应本着求大同，存“小异”的原则，善于发现别人的优点，包容别人的缺点，设身处地地为他人着想，多理解别人。中国人向来有“缘分”一说，大家由天南海北聚到这个小小的宿舍，是一种难得的缘分，还要一起度过人生极其宝贵的四年时光，有太多的理由让我们应该好好珍惜这份缘，用心用爱去相处，你会多几个兄弟或姐妹。

第二，要想处理好同学之间的关系，还要做到对人宽，对己严，切忌以我为中心。在平时的生活中，做到三主动：即主动与同学打招呼，主动和同学讲话，主动帮助别人。在帮助别人的时候，不要过于计较别人能不能、会不会报答你。

第三，要主动与老师交往。大学的教师被形容为“来也匆匆，去也匆匆”，一些不善于与老师交往的同学，由于不主动与老师联系，感到大学老师缺乏亲切感，在学习上有问题也不敢向老师请教。由于大学教育的特殊性，任课教师除了上课外，很少有机会和同学一起交流，同学们应主动与老师交往，一方面请教学习中的问题，另一方面可以解决生活中的困惑。此外，要主动去做一些公共的工作，以增加同学们对你的好感，同学间的关系也就会融洽了。

第四，大学生还应把握交往的度。人际交往上的“度”是指保持良好人际关系所需要把握的方向、深度、广度等。俗话说：近朱者赤，近墨者黑。大学生交友一定要有原则，谁该深交，谁该浅交，谁该拒交，要做到心中有数。大学生交友的广度也应适当。圈子太窄，疏远了可交的益友，有碍正常交往；范围太大，必将分散自己的精力，影响学习。

最后，要学会与学校内各部门工作人员交往。大学是浓缩的社会，在这个社会中有各种机构，有各种不同身份的工作人员，对大学生而言他们都是应被尊重的人。在人际交往中，最重要的是对人的尊重，只有做到对人的尊重，自然也会被他人尊重和信任。

五、提高心理适应能力

社会的不断发展对每一位大学生的心理素质提出了更高的标准，要求大学生应该具有与时代发展相一致的现代意识和良好的心理素质，如开拓进取的精神，勇于承担责任，敢冒风险，顽强的毅力，自信乐观，能够承受挫折和失败；但另一方面现实生活中适应困难，情绪失态，行为失常的比例逐年增加，由此而形成了强烈的反差。因此，对于大学生来说，如果不下大力气有意识地去培养自我的心理适应能力，必然会影响大学生今后的发展。

为了尽快适应全新的大学环境，大学新生应积极进行全方位的自我调整，对自己要有一个再认识。不因生活环境不适应而产生失望感；不因人际关系不适应而产生孤独感；不因在中学时的优势消失而产生失落感；不因对学校管理制度不适应而产生压抑感。调整的过程就是从中学到大学的转变过程，调整意识的强弱和速度的快慢决定了适应周期的长短。起步越早，调整得越快，转变得也就越好，在高一层次的竞争中就越占有优势。大学生只有具备良好的心理适应能力，才能承受并克服困难和挫折、成功和失败造成的不良心理影响，才能从容地应对各种挫折环境，减轻和排除精神压力，有效地防止心理失调，才能在环境剧烈变化时胸怀坦荡，荣辱不惊，在激烈的社会环境中镇定自若，游刃有余。适应转变的关键在于以轻松自然、积极健康的心态面对新的生活。

（一）正确认识自我

心理视窗　　美与丑

曾经有一位闻名遐迩的美容医生，善于做面部整形手术。他创造了不少奇迹，使很多丑陋的人改变了容颜。但是他们仍旧抱怨自己不够漂亮，说手术没成效。于是，医生悟出一个道理：美与丑的关键不在于一个人的本来面目如何，而在于他是如何看待自己的。一个充满自信的人，善于发现自己的美，更懂得充分展示自己的美。

学校是人生中最为关键的阶段，从入学的第一天起，你就应该对自己有个正确的认识和规划。进入大学后，随着独立生活的开始，大学生们进入了“自我发现”的新时期，急于想认识自己，评价自己。这种认识和评价不仅仅针对仪表容貌，更多的是对自己的能力、性格、品德、人生价值等深层次问题的探讨，自我认识的内容追求全面和深刻。

“人贵有自知之明”。良好适应的一个重要特征就是能够充分地，正确地认识自我。由于人的心理活动的复杂性，一个人要认识自己并不容易，加之大学生认识能力还不成熟，因而大学生在认识、评价自我时还缺乏必要的客观性和正确性，对自我的理解和判断也流于肤浅，常常会“一叶障目，不见泰山”，出现自我认识的片面性。一个人如果只看到自己比别人好的地方，认为别人都比不上自己，觉得“天生我材必有用”“天将降大任于斯人也”，就会盲目乐观，妄自尊大；如果只看到自己不如人的地方，哀叹“我是一只小小鸟，想要飞怎么也飞不高”，便会自卑，没有自信。能正确认识评价自我的人，不因挫折失败而全盘否定自己，也不因取得成绩或成就忘乎所以。能正视自己的不足，也能在胜利和成就面前保持清醒，“不以物喜，不以己悲”。相信自己，相信自己的能力，不因别人的褒贬而改变对自己的看法，正确评价自己，不夸大，亦不妄自菲薄，给自己制定的目标符合现实，充分发挥自己的长处，克服不足，使理想的自我与现实的自我保持一致。因而，正确地认识和发展自我，解决自我认同、自我确立的危机，是每个大学生不容回避的主要课题。健全的自我意识，是大学生塑造健康人格、培养良好情绪的基础，也是大学生全面发展的重要条件。

（二）有效的自我评价

案例

小王即将到北京一所重点大学求学了，他在中学里一直勤奋学习，把分数看得很重，因为他除了学习成绩优秀以外，就没有别的特长了。他担心，在大学这个高手云集的新环境中，他找不到属于自己的位置。每当他想到将要投入全新的大学生活时就有点发怵。从某种意义上说，能考上大学的同学在中学时都是学习上的佼佼者。在大学几乎每个人都有着辉煌的过去，如果重新排定座次，就只能有少数人保持原来的位置。大多数学生将从中心角色向普通角色转变，自我评价可能会受到不同程度的冲击。

自我评价是心理学中自我意识的一个方面，是指人对自身条件、素质、才能等各方面情况的一种判断。大学新生对自我的评价得当与否，将直接影响到大学生活中的学习效能、职业选择和事业奋斗中的自信心。

正确地进行自我评价一般可以通过两种渠道:直接的自我评价和间接的自我评价。进行直接的自我评价,首先要认识到自己的自然条件,包括健康情况、心理状态、情感特点、兴趣倾向、知识水准、专业特长、智力情况、能力特点,还可以测定一下自己的生物节律周期、智商指数、气质类型、性格类型等作为参考。其次,是用自己在不同领域的实践中(如对各个科目的学习)取得的不同成绩相比较,以发现自己的长处,确定奋斗的目标。间接的自我评价法,是指通过与他人行为的对照及情况的对比,发现自我认识的错位。“不识庐山真面目,只缘身在此山中”,这是一些人不能对自己做出正确的自我评价的原因之一。当事者迷,那么就不妨用与他人相比较的方法及用自己在不同领域中取得的不同成果相比较的方法鉴别一下。对女大学生来说,她们在自我评价的问题上常常会具有两重性,一方面好幻想,把个人的境遇、发展、前途勾画得绚烂多彩;另一方面又常常低估自己的才智和工作能力,自我评价常常是过谦的甚至是比较自卑的。“天生我材必有用”“尺有所短,寸有所长”,每个人都有自己的长处和短处。有的人可能不辨音律,但却有高超的组织才能;有的人也许不解数字之谜,但却心灵手巧,长于工艺;有的人可能不会琴棋书画,但酷爱大自然,精于园艺;有的人或许记不住许多外语单词,但有一副动人的歌喉,擅长文艺。

在“高手如云”的大学新班集体中,由于学习方法、计分方式或其他原因,原来的佼佼者可能会掉队。那么,许多以前以学习成绩优秀而建立起自信心的同学,便会沉重地丧失自尊心和自信心,严重者会导致神经衰弱和抑郁症。然而,这好比省运动队的第一名,进了国家队可能变成第三、第四名,但是能进国家队,本身就足以说明他是一名优秀的运动员了。因此,适当降低对自己的期望值,接受“不完美”的自己,放松捆绑自己精神的绳索,你就会以开朗的心情投入大学生活,从而获得丰富多彩的人生感受。另外,在大学,评价人的标准并非是单一的学习成绩,综合能力更是实际中衡量一个人素质水平的重要因素,并且后者有愈来愈重要的倾向。比如一个大学生知识面很宽,或者社会交往能力很强,或者能歌善舞,或者有体育专长,这些都有助于大学生找到自己在角色转变后的位置。

正确的自我评价是帮助我们做出正确的奋斗方向的前提。在实践的鉴别中,在与他人的比较中,要使思维方法尽可能地全面些、辩证些、灵活些。其实,“金无足赤,人无完人”,每个人都有自己的长处和短处,要学会对自己做出公正的全面的评价,不要死盯着自己的短处,善于挖掘和发展自己的优势,也可以补偿自己的不足。人的知识、才能通常是处于离散、朦胧状态的,需要人们不断地挖掘、发现和开发。从个人兴趣爱好、思维方式的特点、毅力的恒久性、已有的知识结构、献身精神与果敢魅力等多方面进行全面的考察和测试,将为你做出科学的自我评价提供有益的帮助。

(三)克服自卑,建立自信

自卑心理是指由于不适当得自我评价和自我认识所引起的自我否定,自我拒绝的心理状态。自卑,并不是指客观上看来自己不如别人,而是人主观上认为自己不如别人,认为自己不够好,自己不值得别人对自己好,自己一文不值。是不是有人经常叹息自己不够好,别人都比自己好;上课的时候,不敢举手发表自己的意见,因为害怕自己的回答不够好;很多事情想做,但是又害怕去做,因为害怕自己做不好;一件衣服,穿在别人身上很好看,但是穿在自己身上即使很合身,也不如别人穿着好看;做任何事情都会小心翼翼,因为害怕别人说自己不够好。这就是自卑心理在大学生身上的表现。

自信乐观是后天锻炼培养的结果。努力接近自信的人，观察他们的言行，在实际生活中不断给自己积极的心理暗示，说“我能行”，“我可以”；要明白世界上没有完美的东西，只有不完美的才是真实的，不要去苛求完美。自信是成功的心理动力。在走路时让我们保持昂首挺胸的姿势。在反思自己的成功时多给予积极评价，不断地进行自我激励。对于计划制定可以完成的目标，多向富有积极倾向的人学习。

大学新生在学习和生活中，如何建立自信克服自卑？

(1)制定目标和计划的时候符合自己的实际情况，不要一下子就想吞掉一个大鱼，要一步一步地来。目标越细致、越好操作越好。

(2)和自己做比较，不和别人做比较。当自己有进步的时候，及时的鼓励自己，不要拿自己和别人比，永远都会存在比自己强的人。

(3)成功的时候，分析自己成功的原因，再接再厉；如果失败，则分析失败的原因，以后改进和完善。

(4)做行动的巨人，行动是自信的必要条件，没有行动获得的不是自信，而是自负。

外表训练——通过外表和行为的一些练习，可以让我们从外在上给别人一种自信的感觉，进而增加自信。

方法一：行走时抬头、挺胸，步子迈得有弹性。心理学家告诉我们，懒惰的姿势和缓慢步伐，能滋长人的消极思想；而改变走路的姿势和速度可以改变心态。平时你从未意识到这一点吧？从现在你就试试看！

方法二：抬起双眼，目视前方，眼神要正视别人。心理学家告诉我们：不正视别人，意味着自卑；正视别人则表露出的是诚实和自信。同时，与人讲话看着别人的眼睛也是一种礼貌的表现。

方法三：当众发言。卡耐基说：当众发言是克服羞怯心理、增强人的自信心、提升热忱的有效突破口。想一想，你的自卑心理是否多次发生在这样的情况下？你应明白：当众讲话，谁都会害怕，只是程度不同而已。所以你不要放过每次当众发言的机会。

方法四：众人面前显显眼。心理学家告诉我们：有关成功的一切都是显眼的。试着在你乘坐地铁或公共汽车时，在较空的车厢里来回走走，或是当步入会场时有意从前排穿过。并选前排的座位座下，以此来锻炼自己。从现在开始告诉自己——我一定行！

(四)确立新的目标

心理视窗 目标的重要性

1952年7月4日，一个名叫弗罗伦丝·查德威克的34岁的妇女，她要游过英吉利海峡。那天雾很大，她连护送她的船几乎都看不见，海水温度很低，冻得她身体发抖，时间一小时一小时过去了，千千万万人在电视机前注视着她，她游了十五个小时，全身发抖麻木，她叫人拉她上船，她母亲和教练在另一条船上对她喊：海岸很近了，但她朝海岸望去，什么也看不见。55分钟后她终于上了船。她对记者说：“我不是为自己找借口，如果当时能看见陆地，也许我能坚持下来。”两个月后，在一个没雾的天气里，她成功地游过了英吉利海峡。

《礼记·中庸》中云：“凡事预则立，不预则废。”进入大学后重新为自己确立奋斗目标，是大学生活成败的关键。在中学阶段，学生的学习目标很清楚，那就是考大学，并希望能考上理想的大学，当这个目标实现以后，跨入了向往已久的大学，新的目标又在哪里呢？作为迈入新环境的大新学生，不论你的过去如何，只能代表过去，现在同处在新的起跑线上。

为什么进入同一所大学的学生，水平相差无几，但经过一段时间后，有的能拿奖学金，顺利通过英语四、六级，考取各种证书；而有的连学期考试都过不去，连连补考，这些学生在中学时学习成绩还出类拔萃，补考的原因显然不在于智力因素。从某种程度上说，大学是一条泾渭分明的分界线很有道理。其实，成功与否的差距只是在于：成功的人在成功之前就确立了自己的奋斗目标，他们的成功只不过是长期地、不间断地向着自己的目标努力的结果。美国成功学家拿破仑·希尔说：“你过去或现在的情况并不重要，你将来想要获得什么成就才最重要。除非你对未来没有理想，否则做不出什么大事来。……有了目标，内心的力量才会找到方向。茫无目标的飘荡终归会迷路，而你心中那一座无价的金矿，也会因不开采而与平凡的尘土无异。”所以大学新生首先要客观准确地给自己一个定位。人各有所长，各有所短，既要看到自己的长处，又要看到自己的短处，在大学这个人才济济的地方，以“平常心”面对新的环境，在学习与生活中，能够扬长避短，充分发挥自己的优势，树立正确的人生观、价值观，明白“自己要成为一个什么样的人”“自己所追求的是什么”“自己的社会责任何在”“进入大学后什么对自己来说是最重要的”，然后给自己制定一个能够实现自己人生价值的切实可行的新的追求目标，给自己的未来做一个职业生涯规划，如对政治上的要求，对学业成绩、考研、出国留学等等的规划，然后以自己的实际行动努力去实现。

随着就业形势的日益严峻，当前的大学生大都能清醒地认清形势，目前的“考证热”就说明了这一点，拥有资格证书是为自己就业增加一个有力砝码。许多人在回顾大学生活时，都会说：“曾经有一段美好的时光放在我面前，我没有在意。如果能够重新开始的话，我会选择：踏踏实实度过大一、大二的每一天。”早知如此，何必当初啊！人生的道路虽然漫长，但关键处却往往只有几步，一旦错失良机，就悔之晚矣。“天下大事必做于细，天下难事必始于易”，大学新生应把握好自己，制定明确的目标规划，激励自己一步一个脚印地走下去，这样才会不断有成就感，才会对生活始终保持旺盛的激情。

拥有目标，就会拥有了美好明天，正如一首歌中所唱：给自己一个目标，让生命为它燃烧，这世界会因我们的飞翔，而变得更加美好。大学新生，树立自己的目标吧，小到英语四、六级，大到明天的“留学梦”，一切都有可能，关键看你今天的付出！

（五）不断超越自我

心理视窗　　超越自我

健全自我、塑造自我的修养过程，亦是一个超越自我的修养过程。坐在轮椅上的加拿大残疾青年里克·汉森，靠一双手，“走”遍了全世界，跨越了四大洲，穿越了 34 个国家，行程 40073 公里。面朝黄土背朝天的农民周克芹，在艰辛穷困的条件下写出小说《许茂和他的女儿们》，获得茅盾文学奖。聋、哑、盲的海伦·凯勒学会了四种语言，写出了风靡世界的著作，她对语言的掌握，被称为“教育史上最伟大的成就”……

对自我的超越，需要意志的力量作为保障。“自知者胜，自胜者强”，“惟志坚者始能遂其志”。为此，大学新生应在实践中发展自己的耐力和自制力，增强对挫折的承受力，加强自我控制的自觉性和主动性，朝着既定的目标，努力克服困难，战胜干扰，胜不骄，败不馁，最终实现自己的理想。

对自我的超越，需要发展健康的独立感。独立感是指个体摆脱监督、支配和管教的一种自我意识倾向。大学生的独立感十分强烈，但有时会出现过分的现象，发生盲目的反抗。如为了显示自己的独立性而打扮得奇形怪状，为显示自己的成人感而学抽烟喝酒，甚至做一些有违校规校纪的事情，从中体验虚假的伪"强大"和"成熟"等等。健康的独立感应该是有自己的思想和头脑，不人云亦云，不随波逐流，能独立控制自己的言行举止，既有批判精神也能虚心听取别人的建议，能在任何情况下坚持符合社会规范的做人标准，做到"慎独"。

对自我的超越，需要增强竞争意识。竞争已成为当今社会的主要基调，大学的竞争比中学的竞争更为激烈。如果说中学的竞争是为了考上大学的话，大学的竞争则是为了抓住有利于自己成功的一切机会。大学新生只有一开始就认识到这一点，才能立于不败之地，成为命运的主宰。

对自我的超越，需要修养个性品质。中学生由于成长经历、生活阅历、受教育的条件等原因，形成了比较特殊单一的个性品质和人格特征，比如爱学习、好动脑筋、有朝气等。但是也有其不足的一面，比如视野不开阔、看问题片面偏激、情绪容易冲动，有的甚至极端自私和以自我为中心等。这些中学生的人格弱点，成为阻碍一个人成长进步的大忌。大学新生应该努力克服中学带来的弱点，修养良好的个性品质，塑造完美的大学生形象。

每一个成功者都是不断进行自我超越的典范。超越自我，就是要把昨日的成就当作今天的起跑点，用今日之我战胜昨日之我，使明日之我比今日之我更进步

（六）保持积极的心态

当我们面对生活时，以积极的心态对待现实，就是指以"一分为二"的态度看待现实。现实生活总是善与恶同在，光明与黑暗并存，顺境与逆境交错。如果人们只能接受那些美好的、顺心的、看得惯的事物，而对那些丑恶的、不顺心的、不喜欢的人或事一概采取拒绝和排斥的话，那么，个人将很难同环境保持良好的适应关系，也很难使自己的心态保持平衡。有些同学上大学前把大学想象成实现个人美好理想的乐园，入学后面对现实，感到处处不如人意，幻想破灭，希望落空，接受不了眼前的现实，感到无比痛苦，有的人甚至因此而悲观失望，导致悲剧。所以，要适应现实，就要对现实进行分析并区别对待。就像有人说，任何选择终究是后悔。这句话也可以换种说法，任何选择都是一种幸运。事物永远有着两面，所以，有那么多后悔的时间，不如用来享受同时带来的那份幸运吧！比如说：对学校严格管理制度不适应的同学可以对自己说，正是学校的约束可以让我用更多的时间学习，至少这四年会让我过得更有意义……

思政元素

习近平总书记在同各界优秀青年代表座谈时的讲话摘录
（2013年5月4日）

学习是成长进步的阶梯，实践是提高本领的途径。青年的素质和本领直接影响着实现

中国梦的进程。古人说:“学如弓弩,才如箭镞。”说的是学问的根基好比弓弩,才能好比箭头,只要依靠厚实的见识来引导,就可以让才能很好发挥作用。青年人正处于学习的黄金时期,应该把学习作为首要任务,作为一种责任、一种精神追求、一种生活方式,树立梦想从学习开始、事业靠本领成就的观念,让勤奋学习成为青春远航的动力,让增长本领成为青春搏击的能量。

广大青年要坚持面向现代化、面向世界、面向未来,增强知识更新的紧迫感,如饥似渴学习,既扎实打牢基础知识又及时更新知识,既刻苦钻研理论又积极掌握技能,不断提高与时代发展和事业要求相适应的素质和能力。要坚持学以致用,深入基层、深入群众,在改革开放和社会主义现代化建设的大熔炉中,在社会的大学校里,掌握真才实学,增益其所不能,努力成为可堪大用、能担重任的栋梁之材。

(资料来源:人民网——人民日报海外版,2019-04-30)

复习思考题

1. 如何理解适应的概念?
2. 你认为自己有哪些心理困惑或适应不良问题?
3. 大学生活发生了哪些变化?
4. 如何增强个人的适应能力?

心灵阅读

适应自己的六个步骤

如今,所有人在踏入社会以后,都被告知这样一句话,“不是社会适应你,而是你去适应这个社会”。然而,人们在学习适应的过程中,总是无法找到合适的答案,却往往迷失了自己。

其实,你要适应的不是社会,而是你自己。

你了解自己吗?你在行动时往往依靠自己的直觉,那么自己的直觉来自怎样的规则?你明白自己的价值观和心理机制吗?你想把对自己的深入了解全部抛弃,仅仅钻研那些按部就班的社会规则吗?前者的困难与后者的容易形成反差,你在逃避自己的过程中,是否已感受到内心强烈的不满和冲突了呢?

那么,怎样做才叫适应自己呢?面对适应自我的挑战,你只需做六件事。

1. 着眼整体,把握全局

你总是沉溺于具体事务,却忽略你自身的整体感受;你总是纠结于当下的成败得失,却从未思考过对于你的整段人生意味着什么。

如果你不能在具体事务与宏观全局之间进退自如,如果不能每日每时反思琐碎的忧虑对自身造成的破坏,就会不知不觉地变成固定思维的“囚徒”。如果你仅仅满足于具体琐事,就难以及时了解与跟踪你的整个生活,更别提创造与改变了。

2. 确定自己要适应什么

你要相信自己有能力适应自己,因为你是最了解自己的人。可以通过以下三个方面对自己进行深入诊断。

首先，听取你内心的想法和忧虑，尤其以你的情绪为依据，当你感到痛苦或难受时，不要压抑它，听听内心在呼喊什么。其次，将内心的冲突视为一种线索，深入追问自己，找到潜在的根本性冲突，这往往会是你价值观与现实之间的冲突。最后，进行反思，认识到自己在对内适应的过程中所产生的阻抗。

3. 调整痛苦情绪

内心与外界的较量，不需要妥协，而需要改变。在你已经意识到改变的必要性后，仍然会产生痛苦，因为你必须让自己在“感受到改变的必要性”与“被不改变的痛苦压垮”之间找到微妙的平衡，这是一门学问，也是一种艺术。在此种心态下，建议你寻求三种措施，来激励自己，避免丧失好不容易反思产生的主动性。

首先，尽量为自己创造出一种“支持性环境”，寻求能够理解你或支持你改变的亲人、朋友，与他探讨、辩论，帮助你弄清自己脑海中相互冲突的观点和价值观背后的假设。其次，可以为自己寻求专业人士的指导，比如心理咨询师、有经验的长辈等，不要奢望一次性改变可以解决所有问题，发现关键问题进行突破，有规划地控制改变的节奏以自我保护，并不断发现自我的内在矛盾，把解决矛盾作为学习和改变的东西。最后，你要深刻理解改变的痛苦，接受自己因重大调整而产生的恐惧。勇敢，不是鲁莽，而是“你很怕，可是你还要去做”。你要慢慢培养自己具备容忍不确定性、挫折和痛苦的能力，展示出自我成长的信心，相信自己能够并值得拥有更好的人生。

4. 敢于正视问题

如果一个人不能对各种冲突的观点保持开放的态度，就学不到任何新东西。大多数人之所以无法处理内心的冲突，是因为不愿意去处理，他们频繁回避那些令自己心烦的问题，通过各种精巧的“逃避式策略”来迅速恢复表面的平和。而一个真正愿意自我成长的人，必须让自己直面价值观、欲望、外界规则、传统束缚等各方面的艰难选择。

你要学会倾听自己的想法，让自己的矛盾和痛苦暴露出来，作为成长的动力源泉。通过不断对自我发问，把问题分解为若干部分并深入分析，不让观点的冲突保持在极端化和表面化的程度，从而探讨出可能的解决方法。

5. 承担起自己的责任

这是你的人生，未来的酸甜苦辣，没人能够替你承担。逃避越久，带来的痛苦越大、越持久，内心就会越有依赖心理。学会让自己承担更大的责任并不容易。很多人都乐于按照父母、上司等外界标准的指令工作，他人更习惯把对方当作只需通过按钮来进行控制的机器。要想让自己主动提出问题并解决问题，你需要学会承担责任。你必须培养自己的自信心，自信心不是天生就有，即使最自信的人也会有崩溃的时候，自信源于成功、经验和环境。每次微小的改变，都将以一种切身的体验带给你信心。你也必须敢于承担风险和责任，自由平庸的人生不用付出代价，同时不因犯了错误而裹足不前。

6. 倾听内心的声音

让内心有发言权，是愿意展开尝试和改变的基础。但事实上，我们内在的声音，在现实中不仅仅会遭到他人的打击和压制，连自己都会压抑与忽视，这就会造成内心的失衡。

恢复平衡的方法就是观察。观察自己的想法，观察他人的动机，挖掘和思考内在的逻辑性。只有时刻反思，才不会被他人的逻辑带着跑；只有常常学习、认识更大的世界，才能够拥有更多样的价值观供自己参考。

自我测试

大学生心理适应能力自测表

第六章

逆水行舟用力撑

——大学生学习心理

学习目标

知识目标	理解学习的含义和意义；了解大学生的学习特点和心理机制；认识大学生常见的学习障碍以及调试方法；掌握提高学习能力的方法
能力目标	认识学习的重要性，掌握科学的学习方法，提升大学生的学习能力
素质目标	通过介绍习近平中国特色社会主义思想关于读书的相关论述，让学生了解学习的重要性，树立端正的学习态度

主题导读

国王与臣子的故事

一位古代国君，政绩不平，学问也不错，但总觉得自己所掌握的知识非常有限。在70岁的时候，他依然还希望多读点书，多长点知识。可是70岁的人再去学习，困难是很多的，国君对自己的想法有些不自信，于是他去询问他的一位贤明臣子。国君叹气说："有很多东西我还不知道，可我现在已70多岁，再想学也太迟了吧！"这位臣子笑着答道："那您就赶紧点蜡烛啊。"国君有些不理解。臣子回答说："我听说，人在少年时代好学，就如同获得了早晨温暖的阳光一样，那太阳越照越亮，时间也长久；人在壮年的时候好学，就好比获得了中午明亮的阳光一样，虽然中午的太阳已走了一半了，可它的力量很强，时间也还有许多；人到老年的时候好学，虽然已日暮，没有了阳光，可他还可以借助蜡烛啊，蜡烛的光亮虽然不怎么明亮，可是只要获得了这点烛光，尽管有限，也总比在黑暗中摸索要好多了吧。"国君恍然大悟，高兴地说："你说得太好了，的确如此！我有信心了。"

是啊，如果人不爱学习，即使大白天睁着眼，也只能两眼一抹黑；只有经常学习，不论年少年长，学问越多心里越亮堂，才不至于盲目处事、糊涂做人。随着现代信息技术的发展，世界科技日新月异，不仅知识总量极其庞大，而且知识更新速度特别迅速。据资料显示：人类知识在19世纪每10年增加一倍，20世纪70年代每5年增加一倍，而目前已经达到每10年增加一倍的速度。一个大学生在校学习的知识只占工作所需的10%，90%的知识需要在工作期间重新学习。毋庸置疑，在丰富多彩的大学生活中，学习是我们的主旋律。为了更好地适应现代社会，作为大学生不仅需要努力学习，更重要的是学会学习。面临“谁在学”“学什么”“怎样学”等问题，我们都需要进行思考和诠释。

第一节 大学生学习特点

对大学生来讲，学习是再熟悉不过的事情。不过，我们要讨论的学习与平常所说的学习有所不同，它是指学习者因经验而引起的行为、能力及心理倾向等比较持久的变化。当代心理学的发展，使人们对学习机制有了更加深入的了解，也给学生带来许多启示。

一、学习概述

（一）学习的含义

学习一词，我国古代文献中早就有之。孔子说：“学而时习之，不亦乐乎？”又说“学而不思则罔，思而不学则殆。”孔子的这一观点，在一定程度上揭示了学习与练习、学习与情感、学习与思维的关系。但长期以来，人们对学习仍无一个统一的概念。

许多心理学家、教育学家和哲学家从不同的观点角度提出了学习的定义和解释。我国学者认为，学习的概念有广义与狭义之分。从广义上讲，学习是人和动物在生活过程中通过实践训练而获得的由经验引起的相对持久的适应性的心理变化，即有机体以经验方式引起的对环境相对持久的适应性的心理变化。在这个定义中，体现了四个论点：一是学习是动物和人共有的心理现象，虽然人的学习是相当复杂的，与动物的学习有本质区别，但不能否认动物也是有学习的；二是学习不是本能活动，而是后天习得的；三是任何水平的学习都将引起适应性的行为变化，不仅是外显行为的变化（有时并不显著），也有内隐行为或内部过程的变化，即个体内部经验的改组和重建，这种变化不是短暂的而是长久的；四是不能把个体的一切变化都归为学习，只有通过学习活动产生的变化才是学习（如由于疲劳、生长、机体损伤以及其他生理变化所产生的变化都不是学习）。

由此观之，有些同学只带着耳朵来听课，这是学习吗？很显然，不是，因为他左耳朵进，右耳朵出，没有产生行为的持久变化。

（二）学会学习的意义

“未来的文盲不再是不识字的人，而是没有学会学习的人。”这是国际21世纪教育委员会的雅克.德洛尔的一段话。他指出：“学会学习、转变学习方式是作为现代人必备的素质”。

对于人的一生的发展来说：“渔”比“鱼”更重要，提高“学习能力”是你大学学习的第一要务。有了这样的能力，你才可以跟上时代发展的脚步。

学会学习至少包括：1. 学会质疑。质疑是打开科学殿堂的钥匙。“学起于思，思源于疑”。所谓智者去发现问题，平者在等待问题，庸者看不出问题；2. 学会思维。“思路决定出路”，思维方法对解决问题起决定性的作用；3. 学会享受。当你深切地感受到“学习的过程”带来的欢乐时，会进一步激发你对学习的热情。

二、大学生学习特点和心理机制

在大学阶段，学习仍是大学生生活的主要任务。与中学阶段不同，大学学习有着很强的目的性、自主性与选择性，它不单纯是为了学习而学习，而是为了兴趣而学习，是为了未来而学习，为了成长而学习。更为重要的是，大学时期是每位学子们记忆力、动作反应速度最佳的黄金时期。学习，不仅是大学生未来事业的基础，更是其成长历程的关键。

（一）了解大学学习与中学学习的不同

1. 课程和知识的不同

从课程来讲，大学一般门数多，每学期的科目可多达 7 门到 10 门，经常涉及边缘学科和高新技术；其次是内容多，概括性强，知识的量比中学要多得多；第三是知识内容深，理解较为困难。中学多是描述性的知识，而大学主要是半定量甚至是定量的公式（理科）或是诸多问题的内在联系（文科），揭示问题更本质甚至还有不少是尚无明确结论的东西，要求从不同角度去分析。第四是大学都设有多门选修和第二学位课，学生可以根据自己的兴趣和学习能力做出选择。这四点决定了大学学习的困难程度要比中学高得多。

2. 教学模式的不同

中学教学讲究 45 分钟堂堂清，小班上课当面提问，或许还有板书，每章有小结课，期中有复习，期末还有总复习，一步一步都有教师领着走，几乎是天天见老师，有了问题找老师很方便，甚至还有老师找学生问问题检查学习，晚自习有老师巡视或在办公室答疑，这些由中学生的年龄特征和学科知识水平所决定。然而进入大学课堂，多是老师滔滔不绝，两节课讲下来，可以有数十页的教案，中间没有提问，没有答疑，学生既要听讲，还要抽空做笔记，上课时的紧张程度与中学不可同日而语。同时还不存在什么晚自习教师巡视或办公室答疑，这是因为大学教师除教学外，还有科研任务，而大学的学习更多要求学生自己去探究。这样一来，教师仅在每周确定有一次答疑，而其他时间是难找老师的。至于每章的复习，也主要是靠学生自己来完成。

3. 学习方式的不同

中学每节课和自习都是单班上课，而大学则可能是大班上课，中学较少要求同学看参考书，即使学生手头有几本，也主要是对教材的剖析或提供练习题，而在大学由于涉及的知识广且深，教师往往在课本之外介绍一些参考书甚至期刊，购买这些参考书或期刊是不现实的，主要是到学校图书馆借阅，当然也可向家长甚至老师借阅。因此学习还应包括到图书馆去查阅资料。中学生的课后学习，是统一上自习。而大学生是个人选择自己认为合适的地点，或是图书馆，或是教室，还可以是宿舍。至于课后的学习时间和具体安排，大学生也有充分的自由支配权。

4. 考试方式和要求的不同

中学由于有平时练习、单元检测，所以期末考试学生较易适应。其次是期末考试成绩不及格仍可继续跟班学，可以在学习新课的同时补上所落下的旧课。大学则不同，平时练习作业是否自己独立完成全靠自觉，教师很难干预；不存在单元检测和章节复习。考前的复习主要由学生自己完成，而且考试不及格必须进行重修或补考（现在多数高校已取消补考）；不但要额外交费，而且耗时。而且不及格科目达到几门，则在毕业时失去学位。因此，大学的学期考试比中学的要严峻得多。

（二）大学学习的特点

案例

上大学后，不知道该怎样学习了

小王是某大学大一新生，大学生活让他新奇而兴奋。但最近他却陷入“不会学习”的苦恼之中。在上百人的合班课上，老师讲课没有给出明确的重点、难点，习题不会做也没有人来辅导，自修时间很充裕，却整天见不到老师，这让他很不适应。上大学后不知道该怎样学习了。

在进入大学之后，无论学习内容还是学习方式，都发生了很大的变化。高中阶段的学习方式显然与大学时期的不相一致，大学生的学习特点主要有以下几点。

1. 专业性

大学是专业教育阶段。大学学习的课程和内容是围绕某一类高级专门人才的培养目标设置的，其学习的职业定向性比较明确，即大学生的学习是为将来走上工作岗位，适应社会需要所进行的学习活动。因此要求大学生围绕专业方向打好基础，并紧跟专业发展前沿，建构合理的知识和能力结构。如果学习目标不明确，或对所学专业不感兴趣，学习目标分散，兴趣过于广泛，知识基础不扎实，会导致大学生学业不佳，甚至影响整个大学学习质量。专业性是大学生学习与中学生学习的明显不同之处。

2. 自主性

自主性是指在学习过程中，大学生主观能动作用的增强，改变了中学时代学生对教师的依从观念，大学生学习才能完成从被动学习向主动学习的逐步转化，当然只有在教师正确指导下，这一过程才能顺利地完成。

无论在学习内容、学习时间还是学习方式上，都应强调个体在学习活动中承担的角色。中、小学时期的学习，以教师组织教学为主，但大学学习是以教师为主导、学生为主体进行的。因此，大学生的学习应带有一定的创造性，即学生不仅要懂得举一反三，还要能提出自己的独到见解，能灵活应用所学的知识。

3. 实践性

大学阶段是学生走上社会实践的前夕。大学课程中，实践性教学环节占很大比重，实践性教学占有重要地位。如实验课、现场教学、实习和毕业设计、计算机操作训练、科研活动，社会调查等，都是培养独立工作、独立思考、独立解决问题的能力和提高动手实践能力，激发创造智慧的重要途径。这一特点显著区别于重理论轻实践、重考试分数轻实际能力的中学学习，不及早认清这一特点，不迅速转变观念，会导致学习的失败，产生严重的心理问题。

4. 多元性

大学生学习的途径很多，课堂教学虽然仍是主要的学习途径，但已不像中学那样几乎是唯一的途径。除课堂教学以外，大学生可以通过多种渠道开展多方面的学习。例如，参加专题性讨论、社会调查、参观考察、查阅文献资料等，丰富多彩的教学和教辅活动为拓宽大学生知识面提供了良好的条件。

5. 探索性

大学的学习具有研究和探索的性质。大学的课堂教学已从阐述既定结论，逐步转变为介绍各学派理论的争论、最新学术动态等。学生的学习和思维慢慢从死记硬背、正确再现教学内容逐渐向汇集众家之长、确立个人见解的方向转变，其中高年级学生学习活动的探索性特点更为突出。

知识的学习与能力、素质的培养同等重要。无知必然无能，因长期受应试教育的影响而忽视学生创造能力的培养、只重视书本知识学习的教学方式，必须摒弃。

6. 阶段性

大学不同阶段的学习重心是不同的。大一，培养新的读书方法，培养良好的学习习惯（预习、认真上课听讲、主动提问、认真讨论、资料收集）；大二，以专业学习为核心进一步完善学习策略，提高思维水平；大三、大四，考研还是就业的选择，根据选择制定相应的学习规划。

（三）大学生学习的心理机制

1. 学习过程

学习是一个过程。对人来说，学习是一个很复杂的过程。由于它的复杂性，人们曾从多方面进行过分析。学习是如何发生的，它的结构是什么，历来人们从不同的观点和角度对它进行分析。

儒家思想曾把学习划分为若干个阶段。孔子把学习过程分为七个阶段：立志、博学、审问、慎思、明辨、时习、笃行。

19 世纪，德国心理学家和教育学家赫尔巴特把学习划分为连续进行的四个步骤：明了、联想、系统和方法。实际上，这就是学习的四个阶段。这几个步骤后来被美国赫尔巴特派发展为五个步骤：准备、提示、比较和抽象、概括、应用。

加涅认为，一个学习过程就是一个信息流程，他把学习过程区分为 8 个有机联系的阶段，并认为学习过程的阶段上，其相应的心理状态不是自发的，而是在教学环境影响下出现的。加涅关于学习过程的 8 个阶段是：动机阶段（期待）、领会阶段（注意选择性知觉）、获得阶段（编码）、保持阶段（储存）、回忆阶段（检索）、概括阶段、作业阶段（反应）、反馈阶段（强化）。

大学生了解有关学习阶段的相关理论，能够增强学习动机，提高学习效率。

2. 影响学习的心理因素

影响学习的心理因素主要包括智力因素和非智力因素，对学习活动起着启动、导向、维持和强化作用。智力因素是指人在认识过程方面的各种能力，包括注意力、观察力、记忆力、思维力、想象力等，是学习的必要条件，智力水平的高低直接影响学习的效率和质量。大学生正值智力发展的高峰期，要充分发展自己的智力。

心理学研究表明：影响大学生学业成绩的主要因素是学业中的非智力因素。非智力因素是指智力因素以外的其他心理成分，其中一些是观念体系方面的，有理想、信念、价值观、人生观等;一些是反映一般心理水平的,有动机和需要、兴趣、性格、气质等,在学习中起动力、导向、控制作用,是学习的充分条件。

(1)情感与学习

我国古代著名的教育家孔子将学习分为三个不同层次的认识,"知之者不如好之者,好之者不如乐之者",三个层次呈递进状态,乐学者是最高层次的学习热情,心理学的有关研究表明,人们回忆那些愉快的经历较之回忆那些痛苦的经历要容易得多,也深刻得多。一般来说,一个在学业上取得较大成就的学生,是与他对学习活动的满腔热情分不开的。

(2)意志与学习

对于意志在学习中的作用,古今中外的学者都有深刻的认识。荀子指出,"骐骥一跃,不能十步;驽马十驾,功在不舍;锲而舍之,朽木不折;锲而不舍,金石可镂";苏轼也说,"古之成大事者,不惟有超世之才,亦必有坚忍不拔之志"。陶行知先生将育才学校的创业宗旨总结为十句话:"一个大脑,二只壮手,三圈连环,四把钥匙,五路探讨,六组学习,七体创造,八位顾问,九九难关,十必克服。"有人曾对大学生的学习做了这样的描述,大学生差别最小的是智力,差别最大的是毅力。因此,意志在大学生学习中起着重要的作用。

学习是一项艰苦的脑力劳动。要使学习活动坚持下去并取得较好的效果,就必须有复杂而又坚强的意志。人是自己意志的创造者,大学生应有意识地培养和锻炼自己的意志。

(3)态度与学习

态度是指一个人对人、对事、对物和某种活动所持有的一种接近或背离、拥护或反对的稳定的心理倾向性。它包括认识、情感与意向三种成分。学习态度是指学生在学习情境中表现出来的比较稳定的心理倾向。大学生的学习态度直接影响其学习行为和学习成绩。影响大学生学习态度的主要因素有:教师的讲课,教师的人格魅力与教学水平直接影响学生的学习兴趣,很多情况下,学生会有意或无意模仿教师的某些行为,把教师作为自己心目中的楷模,学生会产生积极的态度,否则会产生消极的态度;进行过程中所涉及的教学内容、组织方式、授课艺术和讲课策略,这些也都会影响学生的学习态度,如有的学生对专业不感兴趣,会直接影响其课程的学习。许多研究表明,不同教学形式与各种课堂活动情境下,呈现出严谨而不失趣味的教学内容,易使学生产生积极的学习体验,从而形成或改变其学习态度;而消极的学习态度,往往伴随着枯燥的学习内容、呆板的教学形式和沉闷的课堂情境。

心理学家推孟等人曾对1500名超常生进行了长达50年的追踪研究,对其中150名最有成就者和最不成功者进行了详细分析比较。结果发现,两者在智力水平上并没有什么大的不同,最大的差别在:有卓越成就者都有坚持力,有为实现目标而不断积累的自信心,能够克服自卑等,最不成功者则缺少这些性格特征。

一个人平常表现的活动能力水平,与经过激发可能达到的活动能力水平,两者之间大约有60%的差距。这说明非智力因素对智力的制约作用之大,超过了一般人的想象。因此,大学生在智力因素方面,应着重培养自己的注意力、观察力、记忆力、想象力,以及敏捷而富有创造性的思维力。通过学习,使自己的智力和创造力水平得到充分的发展;在非智力因素方面,主要应培养自己广泛的兴趣、积极的情感、顽强的意志、良好的性格特征等。

(4)性格与学习

陶行知先生从教育实践中得出良好的性格特征主要有以下四个方面:一是努力奋斗,"奋斗是成功之父";二是实事求是,"知之为知之,不知为不知";三是独立意识,"独立的意志，独立的思想，独立的生计与耐劳的筋骨”；四是创造精神。个体具有优良的性格特征，就会有正确的学习动机，稳定的学习情绪，持久的学习兴趣和顽强的学习意志，提高心智的活动水平，获得学习的成功。

第二节　大学生学习能力的培养与潜能开发

心理视窗　　磨刀不误砍柴工

有一个年轻人到山上工作，每天到森林里面去砍木材，他非常努力地工作，别人休息的时候，他依然非常努力地在砍柴，非砍到天黑，否则绝不罢休，他希望有朝一日能够成功，趁着年轻多拼一些。可是来了半个多月，他竟然没有一次能够赢过那些老前辈，明明他们在休息，为什么还会输他们呢？年轻人百思不解，以为自己不够努力，下定决心明天要更卖力才行，结果隔天的成绩反而比前几天还差。这个时候，有一个老前辈就叫这个年轻人过去泡茶，年轻人心想：成绩那么烂，哪来的时间休息啊？便大声回答：谢谢！我没有时间！

老前辈笑着摇头说：傻小子！一直在砍柴都不磨刀，砍不好是正常的。原来，老前辈利用泡茶、聊天、休息的时候来磨刀，难怪他们很快就能够把树砍倒。老前辈拍拍年轻人的肩膀说道：“年轻人要努力，但是别忘了要省力，千万别用蛮力。”说完，老前辈拿着他刚磨好的斧头离开了。

一、掌握科学的学习方法

所谓学习方法，不仅指学习某门课程的方法、做作业的方法等具体的、狭义的方法，更重要的是指合理安排学习时间，培养良好的学习习惯，学会独立思考、自主学习，学会从社会生活和社会实践中学习。在日常生活中，无论做什么事、遇到什么问题，如果我们能掌握好方法，就能减少学习中的弯路，总是很快就能把事情、问题解决，就能事半功倍。

大学生要圆满地完成学业，就必须在大学阶段探索出一套既适应大学学习要求又符合自身实际的科学的学习方法，养成良好的学习习惯和学习品质。

（一）制订具体、现实、富有挑战的目标

有人做过这样的一个实验：把一群跳高超过 1 米的同学，随机分为两组，进行训练，告诉第一组一定要跳过 1.5 米，告诉第二组尽量跳得高点。训练的结果是：第一组成绩好于第二组。这个实验说明，光有跳高的愿望还不够，必须有明确的、具体的目标，才更能激发人的斗志。

（二）制订可行的学习计划

“凡事预则立，不预则废”。这说明计划对做好一件事的重要意义。大学的学习仅仅凭勤奋和刻苦努力是远远不够的，还需要在掌握了学习规律的基础上，制订出学习的规划和计划，才能有计划地逐步完成预定的学习目标。首先，根据本专业的教学计划和个人的情况及

目标，从长远角度制订出一个四年初步的规划，规划应包括：通过大学的学习，自己要学完哪些科目，包括本专业的和相关专业的，具备什么样的知识结构，培养哪些能力以及毕业时的目标等。第二，把规划细化为每一年的计划，即每一年要实现的目标。第三，制订大学一年级的具体计划，如一个学期，一个月或一周的安排，这种规划要根据入学后自己的学习情况，适应程度，在学习的重点，学习时间的分配，学习方法的调整方面进行修正和调整。大学一年级的计划要符合自身的实际，切实可行，适应了大学的学习，生活规律后，再调整和完善四年整体规划。

(三)掌握课程学习的一般过程和方法

面对突然增加的课程内容和学习难度，好的学习方法是提高学习效率，达到学习目标的手段，学习方法对了，就能收到事半功倍的效果。大学新生必须尽快寻找并掌握适合自己的学习方法。

(1)要做到主动预习，善于分析问题。通过预习了解每门课程的前后关系及内在联系，对所学的课程有一个初步的认识，不用花很多时间，通过预习在很大程度上避免或减少上课听不懂的现象。

(2)要充分利用课堂，提高听课质量。认真听课，不逃课，不打瞌睡，不聊天，注意力集中，紧跟老师的思路积极思考，适当做些笔记，主要记录老师讲的具体的或有特色的解题思路和知识要点，不需要太详细，但层次要分明，提纲挈领，突出重点。要注意不能喧宾夺主，只忙着记，没有听懂老师讲的内容，因此学会记笔记不仅要学会按照自己的思路速记，还要有选择地记。另外，做笔记还有一个最大的优点就是可以提高注意力，防止精力分散。

(3)要独立完成作业，遇到疑难问题独立思考之后再去请教他人。一方面要提高对做作业问题的认识，大学的作业相对高中而言，量少而精，着眼于加深对原理的理解和思考问题的方法的培养。同时作业也是对是否学懂的一个检验，任课教师根据上一次课的作业情况了解学生对知识的理解和掌握程度，在下一次课上有针对性地讲解，这也恰恰是弥补自己没有听懂的环节的一个很好的途径，切不可抄袭别人的作业或为完成任务而做作业。在学生中抄袭作业的现象是很普遍的，一个班只有那么有数的几个版本，也有的学生在老师讲新课时完成上一次的作业而影响了这一次的听课，作业任务是完成了，听课也耽误了。另一方面做作业要有方法，做作业前一定要把每次课的书本内容和自己做的笔记认真地研读，看懂后再做作业。特别是对那些“听懂了但不会做题”的地方更要花时间和精力去研读，不能边翻书边做作业。

(4)课后及时复习，查遗补漏。

(5)期末对课程内容进行系统复习(隔一段时间复习前面所有背过的……)。将各章框架串联起来(根据内在联系)，对整个课程内容有一个全面的理解和掌握，提炼出一门课程的知识体系，有利于加深对课程的理解和系统记忆。

通过以上几个步骤，加上坚持不懈的努力，会将课程知识学习得很优秀。

(四)养成良好的学习习惯

良好的习惯乃是人在其神经系统中存放的道德资本，这个资本在不断地增值，而在人整个一生中就享受着它的利息。同样的事重复 72 次就可形成定势。只要有意识锻炼，我们每个人都会养成良好的习惯。学习的秘诀就是把 90%的学习变为习惯。

培养良好的学习习惯：①制订计划并严格执行，课前预习善于发现问题；②专心上课，积极思考问题；③课后及时复习；④独立作业，遇到疑难问题独立思考之后再去问；⑤系统小结，做好课外学习。

克服自己不良的学习习惯：①学习没有条理，作息时间没有规律；②一遇到难题，马上问同学；③学习以课本为中心，范围狭窄；④上课精力不集中，注意力分散。

纠正自己不良的学习习惯的方法：①自己管不住的时候，让他人来约束；②用名人名言来提醒自己，暗示自己；③用写日记的方法来约束自己。把控制自己的不良习惯的感受记录下来，并提醒自己明天要怎么做。

(五)自学方法探索与自学能力的培养

培养和提高自学能力是大学生必须完成的任务，也是终身学习的基本条件，自觉能力是适合自己的学习方法和良好的学习习惯的综合，在寻找适合自己的学习方法的同时，也要注意培养自学习惯。“如果我们学过的东西忘得一干二净时，最后剩下的东西就是教育的本质了”，这“剩下来的东西”一方面是指导文化的传承，另一方面指学生个人思维方式的培养与训练，同时还是自觉能力的培养。大学的学习不应该是高中的死记硬背书本内容，而应是根据学习目标和专业要求，有选择地吸收知识，主动地学习、探索和实践。在知识更新越来越快的社会，学会如何学习比知识本身更重要。由此可见，学习过程同样是一个人自觉能力培养的过程，在校期间努力培养自己的自觉能力，也是为今后适应工作岗位的学习需要和从事深入研究工作打下良好的学习基础。

(六)寻找适合自己阅读的书和阅读方法

大学学习不仅要完成课堂教学的任务，还要发挥自觉的能力，在有限的时间里去充实自己，选择与学业及自己的兴趣有关的书籍来读。学会在浩如烟海的书籍中择己所好，择己所爱不容易，这是需要不断探索的。培根在读书问题上有一段话可供参考“有些书可供一赏，有些书可以吞下，不多的几部书应当咀嚼消化”。这段话不仅告诉我们如何选书，还说明了如何读书。书一般可分为三类：第一类是浏览性质的，这类书翻翻看看即可，大致对书籍名称、序言、目录等浏览，知道大概内容，不需要花时间去研读；第二类是通读性质的，这类书中有的通过浏览找到需要深入了解的章节，有选择地阅读即可，有的则需对整本书的内容进行了解；第三类是精读性质的，这类书籍需要认真研读，需要做读书笔记。读书时，浏览可粗，通读要快，精读要精，这样就能在较短的时间里读很多收，既能广泛地了解最新科学文化信息，又能深入研究重要理论知识，是一种较好的读书方法。此外，“读书时还要做到如下两点：一是读思结合，读书要深入思考，不能浮光掠影，不求甚解；二是读书不唯书，不读死书，这样才能学到真知”。

心理视窗 **点石成金**

有位神仙听说有个聪明却贫困的孩子，便找到了这个孩子想帮帮他。神仙手一指旁边的小石子，小石子立刻化成小金块，示意这金子送给他，小孩子摇头表示不要。神仙便把一块大石头变成了一个大金块，小孩子还是没要。这时神仙又把对面的一座小山变成了金山，觉得这回孩子该满足了吧。可是孩子仍然不要，神仙便责问道："给你金山你都不要，那你要什么？"孩子不慌不忙地回答说："我要你的手指，要你的点金术。"

"授之以鱼，不如授之以渔"。给人鱼只能解决他短时间内的迫切需要，教给他捕鱼的方法可以解决他一辈子的需求。教人知识，不如教人获得知识的方法。

二、学会管理自己的时间

案例

某男，某高校大二学生，大学入学成绩是班里的前几名。他是个大忙人，因为性格外向，具有很强的社交能力，进入大学之后在参加各种社团组织面试时便被好几个社团接纳了，同时兼任了3个组织的外联部长职务，整体忙忙碌碌，游走于各种会议、活动之中。老师和家长都提醒他应该多花些精力用在学习上，他不以为然。大二上学期期末考试成绩一出，结果有3门功课亮起了红灯，其他功课成绩也都徘徊在及格的边缘。

上大学之后，很大同学像小张一样非常热衷于参加各种活动，虽然这些活动确实可以提高和锻炼自己各方面的能力，但是如果不会合理分配学习和课外活动的时间，可能就会颠倒了专业和副业的关系，影响自己的未来与前途。时间管理对每个人来说，都是一个重要的人生课题。

(一)充分利用高效时段

心理学研究表明，人在一天中的学习效率是不同的，一般人上午的学习效率要高于下午。在高效时段内学习，可以取得较好的学习效果。因此，大学生应当培养良好的学习和生活习惯，形成更多有规律、高效率的学习时段。

(二)选择适宜的时间长度

不同年龄、不同习惯的人，注意力的持续时间也不同，成年人的注意力持续时间为60～90分钟，青少年为50～60分钟。在记忆广度、遗忘数量和记忆保持量上，每个人都有各自的特点，因此，大学生应该根据自己的身心特征以及任务的特点来确定适宜的时间长度。

(三)科学地利用时间

时间效率专家阿列斯. 伯雷说："一天的时间就像大旅行箱一样，只要知道装东西的方法，就可以装两箱之多的物品。开始不要把东西扔到箱子的正中间，而是不留缝隙地往四个角和箱子的边缘填充，最后再向旅行箱的中间填。如果毫不浪费地使用了四个犄角旮旯的时间，你就可以把一天当作两天用了。"这是一个非常好的建议。客观来讲，时间对每个人来说都一样多，但由于人们利用时间的程度不同，因此每个人的收获也就不大一样。大学生应该学会科学地利用时间，使自己的时间在主观上比其他人更长。例如，可以将饭前饭后、等车挤车等看起来零碎、散乱的时间利用起来背英语单词，以提高时间的利用率。拿破仑11岁时就养成了身上随时带一本书的习惯，以便随时能够阅读。

心理视窗　　把瓶子装满

一位时间管理专家站在那些高智商、高学历的学生面前说:“我们来做个小实验。”他拿出一个1加仑的广口瓶放在桌子上。然后,他取出一堆拳头大小的石块,仔细地将它们一块块地放进玻璃瓶里,直到石块高出瓶口,再也放不下了。他问道:“瓶子满了吗?”所有学生回应道:“满了。”时间管理专家反问:“真的?”他伸手从桌下拿出一桶砾石,倒了一些进去,并敲击玻璃瓶壁使砾石填满石块的间隙。“现在瓶子满了吗?”他第二次问道。这一次,学生有些明白了。“可能还没有。”一位学生应道。“很好!”专家说。他伸手从桌下拿出一桶沙子,开始慢慢倒进玻璃瓶,沙子填满了石块和砾石之间所有间隙。他又一次问学生:“瓶子满了吗?”“没满!”学生们大声说。他再一次说:“很好!”然后他拿过一壶水倒进玻璃瓶直到水面与瓶口齐平。他抬头看看学生,问道:“这个例子说明什么?”一个心急的学生举手发言:“它告诉我们,无论你的时间表多么紧凑,如果你确实努力,你可以做更多的事!”“不。”时间管理专家说,“那不是它真正的意思。这个例子告诉我们,如果你不是先放大石块,那你就再也不能把它放进瓶子里了。那么,什么是你生命中的大石块呢?与你的爱人共度时光,你的信仰、教育、梦想,或是和我一样,教育指导他人?切记要先处理这些‘大石块’。否则你一辈子都做不到。”

三、掌握学习及记忆的心理规律

记忆储存是人脑对经历过的事物的反应,分为三个环节,即识记、保持、再现或认识。同样一段材料,有的人过目不忘,有的人则需要一再记忆,这就是记忆的敏捷性。有的人记东西很快,但粗枝大叶,错漏百出,有的人记忆的材料再难再多,也能记得有根有据,确定无疑,这就是记忆的准确性。有的人能将记忆的信息保持很长时间,也有的人刚刚记住的事情转眼就忘了,这就是记忆的持久性。一个人记忆力发展的好,表现为记得快、准、牢,并且能在该用的时候顺利提取出来。

“学而时习之,不亦乐乎。”知识的保持在学习过程中起着十分重要的作用,如果边学边忘,那将一无所得,因而了解遗忘规律对于提高学习效率具有重要意义。德国心理学家艾宾浩斯发现并绘制了记忆遗忘曲线,如图6-1所示。

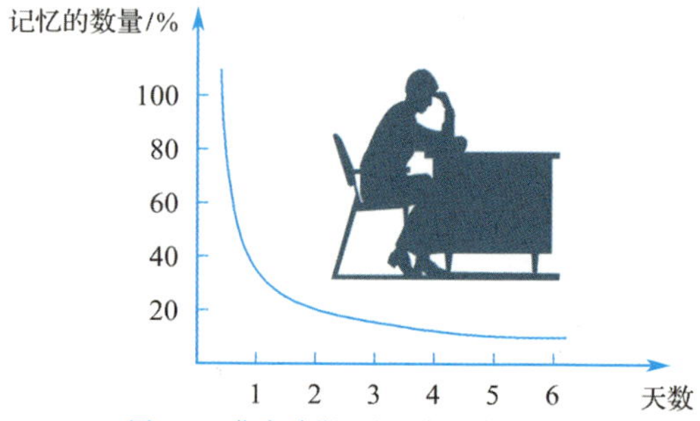

图6-1　艾宾浩斯记忆/遗忘曲线

曲线表明了遗忘发展规律:遗忘的进程不是均衡的,而是在记忆的最初遗忘的速度很快,后来就逐渐减慢了,经过相当长的时间后,几乎就不再遗忘了,这就是遗忘的发展规律,即“先快后慢”的原则。(用此可以节约和合理利用时间)

这条曲线告诉人们在学习中的遗忘是有规律的,遗忘的进程很快,并且先快后慢。学得的知识在一天后,如不抓紧复习,就只剩下原来的25%。随着时间的推移,遗忘的速度减慢,遗忘的数量也就减少。这条曲线可以用来指导我们日常的学习,真正把及时复习,理解记忆，联想记忆，过渡学习运用到学习中，让我们的记忆效果事半功倍，更牢，更深刻，更持久。掌握遗忘规律能够提高学习的效率和效果。

表 遗忘曲线 不同时间间隔的记忆成绩

时间间隔	自然遗忘率/%	保持百分率/%
20 分钟	41.8	58.2
1 小时	55.8	44.2
8 小时	64.2	35.8
1 天	66.3	33.7
2 天	72.2	27.8
6 天	74.6	25.4
31 天	78.9	21.1

四、培养学习兴趣

爱因斯坦说："兴趣是最好的老师"。兴趣是学习力中最充沛、最快乐、最轻松、最美好、最活泼的品质。李开复说："天赋就是兴趣，兴趣就是天赋。"很多成功人士都认为："兴趣+努力=成功"

心理视窗

达尔文从小就对大自然充满了浓厚的兴趣，这种兴趣激发了他去探索大自然奥秘的极大热情。他开始到郊外收集各种动植物，然后认真地制作成标本。中学毕业后，达尔文应父亲的要求去了爱丁堡大学学习医学，因实在没兴趣而中断了学业，后来又转入剑桥大学学习神学。但达尔文仍然把大量的时间和精力花在了阅读生物学书籍和采集动植物标本上。他曾在自传中回忆说："在剑桥的时候，没有一项工作比收集甲虫使我更为热心，更感兴趣了。"后来，也正是这种对生物学的强烈兴趣驱使他在 1883 年登上"贝格尔"号军舰，开始了举世闻名的环球考察，最终出版了他的巨著《物种起源》。从这里，我们可以看出，达尔文所取得的成就与他对生物学的浓厚兴趣是分不开的。

怎样培养自己的学习兴趣？

（一）培养好奇心

平时要留心观察一切事物，多对自己提"为什么"。想一想都有哪些人在好奇心的驱使下取得重大的成就？

（二）培养学习需要

心理学研究表明，使学习成为一种需要，是学习的根本动机。这就是说，学习需要是转化为内在动机的强有力的心理因素。不要在学习之前就强化自己没兴趣。想让自己对学习产生兴趣，首先自己必须具有主动学习的良好态度，坚信学习是件有趣的事。

（三）适当参加一些比赛

竞赛是利用人们的荣誉感及对成功的渴望而激发学生学习动机的有效手段。研究表明：学校开展适当的竞赛活动对学生的学习具有良好的促进作用。适当的竞赛可以激励学生努力学习、积极进取，克服困难，完成学习任务，取得优秀成绩。

（四）优化心理因素

如需要、愿望、兴趣、理想、信念、责任、义务、荣誉等都是转化为学习动机的心理因素。

（五）运用动机迁移

在缺乏学习动力的情况下，你可以把你在其他活动中的浓厚兴趣和积极性与学习联系起来，并把它们转化为学习需要和学习兴趣。

（六）多问几个“为什么”

每时每刻我们都可能遇到自己不懂的问题，此时问问“为什么”，在思考的过程中会有许多新的发现，对自己会有新的启发。

（七）体验成功

不论做什么事情，只要结果是成功的，我们就会有心情舒畅、欢快的情绪体验。这就提醒我们：如果经常在学习中体验到成功，那么我们自然而然就会有学习兴趣了。

（八）开卷有益

当我们在书海遨游时，就会更加向往更广阔的知识海洋。

五、培养自己的创造力

创造力是根据一定的目的，运用一切已知的信息，创造出某种新颖、独特、有社会或个人价值的产品的能力，是人类特有的意志综合性本领。是由知识、智力、能力及优良的个性品质等众多因素优化构成的，是成功地完成某种创造性活动所必需的心理品质。培养创造力应该从不同角度、方面入手。

（一）培养发散思维

所谓发散思维，是指倘若一个问题可能有多种答案，那就以这个问题为中心，思考的方向往外散发，找出适当的答案越多越好，而不是只找一个答案。人在这种思维中，可左冲右突，在所适合的各种答案中充分表现出创造性成分。1979 年诺贝尔物理学奖获得者、美国科学家格拉肖说：“涉猎多方面的学问可以开阔思路……对世界或人类社会的事物形象掌握越多，越有助于抽象思维。”比如，思考“砖头有多少种用途”，我们至少有以下各式各样的答案：造房子、砌院墙、铺路、刹住停在斜坡的车辆、垫东西等。

（二）培养强烈的求知欲

要培养敏锐的观察力和丰富的想象力，特别是创造性想象，以及培养善于进行变革和发现新问题或新关系的能力。古希腊哲学家柏拉图和亚里士多德都说过，哲学的起源乃是人类对自然界和人类自己所有存在的惊奇。他们认为，积极的创造性思维，往往是在人们“惊奇”时，在感情上燃烧起来对这个问题的追根究底的强烈的探索兴趣时开始的。因此，要激发自己创造性学习的欲望，首先就必须使自己具有强烈的求知欲。

(三)培养良好的心理品质

创造力高的人,不一定最终都能成为创造者。真正的创造力高的人,必须伴随许多良好的个性心理品质。良好的心理品质是创造力的动力因素,只有在良好的心理品质的伴随下,创造力才能得到充分而深刻的发展。这里所说的良好的个性心理品质主要指情感、意志和性格等。

六、掌握适合自己的学习策略

学习策略是指学习者为有效地达到学习目标而采取的具体学习过程或学习步骤。学习策略的研究始于 1956 年布鲁纳等人对人工概念学习的研究,学习策略一直是与“学会如何学习”密切相关的。对大学生而言,进行专业的学习,掌握一定的技能,选择一定的学习策略,对提高学习的效率和学习能力具有重要意义。

七、丰富学习途径,学会利用各种资源

从大学生的学习特点可知,大学生学习的途径比以往丰富很多,除了课堂学习以外,还要按着大纲完成实验室作业和生产任务,在图书馆和资料室查阅资料,参加和协助教师的科研工作,听各种学术报告和讲座。除了校内的多种学习途径外,走出校门的社会调查与咨询服务等,都是大学生学习的重要途径。同时,大学生应学会充分利用和发掘各种信息资源。

(一)老师

大学里的老师不仅是把我们带进专业殿堂的领路人,更是能随时解答我们的专业问题和人生疑惑的智者。大学生对大学老师的印象更多是上完课走人,几乎没有下课辅导。这就要求我们大学生要转变观念,在课余时间主动与老师联系,电话、座谈、网络等方式都可以成为与老师联系的途径,这种联系中,我们可以掌握更多专业知识,还可以与老师探讨人生。

(二)同学和学长

三人行必有我师,通过与同学联系,我们可以交流学习的心得,学习彼此的经验.还可以加强对问题的理解。与同专业的学长之间的交流对于大学新生来说尤为重要,刚入学的大学生,在专业知识的理解上不一定全面,可以通过与学长的交流更深入了解本专业的情况,在学习的时候应该注意些什么?专业的长远规划,诸如此类的问题都可以借鉴学长的经验。

(三)图书馆

图书馆是精神食粮的仓库。几乎每个大学的图书馆都为本校的各个专业提供了专业书籍、期刊资料和电子书库,其分类具体而明确,检索也很方便,能够满足不同专业学生的学习需要。这是一个巨大的知识宝库,大学生们必须掌握怎样通过图书馆来学。

(四)网络

网络是当今世界上最便利、快捷的学习资源。通过网络,你可以了解到学校内外的更多信息,探讨感兴趣的问题,增长知识面,获得对世界的不同看法,形成多元的视角。但是,我们在看到互联网带来的便利的同时,也应当了解其带来的负面效应。大学生由于涉世不深、追求刺激、喜欢娱乐,自我控制力较弱,因此他们很容易沉迷于网络,在心理健康方面受到很大的负面影响。可以说,互联网对大学生来说是一把双刃剑。

(五)讲座

有人称听讲座可以吸取最先进的思想,荡涤头脑中的陈词滥调。在大学时光里请珍惜机会去听各个领域的学者所做的讲座了解生活和科学的不同领域。

(六)社团活动

大学校园的社团丰富多彩,社团是大学校园一支极富生命力的队伍,它承担着校园文化建设的重任,而校外的一些企业也时常与社团合作,提供给大学生社会实践的机会,每一位大学生都应该有目的地选择感兴趣的社团,参与其中,锻炼自己,提升自己。

第三节　大学生常见的学习心理障碍及调适

步入大学后,一些大学生逐渐发现大学环境与自己的想象有较大差距,自己在中学阶段已形成的有效的学习模式受到挑战,因而不少大学新生因为不能尽快地适应大学学习环境的转变,失去了生活和学习目标,产生了学习的困扰和学习障碍。所以,克服学习障碍,成为很多大学新生面临的问题。本节从积极心理学的角度寻求解决这些问题的方法,使大学生朋友能够坦然面对自己在学习过程中出现的问题,快乐学习。

一、学习动机不当

"为什么要学习?""为谁学习?""学习的目的是什么?"等等,涉及的是学生学习的动机问题。

(一)学习动机

动机是由某种需要所引起的有意识的行动倾向。它是激励或推动人去行动以达到一定目标的内在动因。学习动机是学生将学习需要和愿望转变为学习行为的心理动因,是发动和维持学习行动的内部力量。

实验:有人把大学生分为三组,要求他们用右手食指拉动测力计上悬挂的重 3.4 公斤的砝码。对第一组被试不说明任何理由;对每二组被试,要求他们在完成作业时应表现出自己的最大能力;对第三组被试则说明完成任务有重要社会意义,例如,告诉他们这项作业关系到往工厂送电的重要工程。结果表明,了解社会意义的第三组,完成工作的指标数最高。动机在很大程度上决定了行动目标实现的可能性。

(二)学习动机的作用

对大学生而言,学习动机在学习中发挥着重要作用。

1. 学习动机决定着学习方向

学习动机是以学习目的为出发点的,它是推动学生为达到一定的学习目的而努力学习的动力。没有明确的学习目标的学生自然不会产生动机力量,因此,学生首先要懂得为什么而学,朝着什么方向努力。

2. 学习动机决定着学习过程

学生是否能持之以恒，差异在于学习动机。美国心理学家阿特金森于1980年全面探讨了有关动机研究，得出了“完成某项学习任务所需要的时间与对这项任务的动机水平为正相关”的结论。

3. 学习动机影响着学习效果

心理学家沃尔伯格等人于1979年研究了动机水平与学习成就的关系，结果表明：在一定的强度范围内，学习动机越强烈的被试者，其学习成绩越好，这种正相关达98%的显著水平。心理学家洛威尔在一项实验研究中，比较了成就动机强度不同而其他条件相同的两组大学生的学习效果，他给两组大学生被试者的任务是要求他们把一些打乱的字母组成词（如将b、a、n、k组成bank），19名成就动机强的大学生在完成学习任务中能不断取得进步，而20名成就动机弱的被试者进步缓慢，且有倒退现象。

（三）学习动机不当的主要表现

学习动机不当包括学习动机不足和学习动机过强，这二者都会影响大学生的学业效能感。学习动机不足的主要表现为：无明确的学习目标，为学习而学习甚至厌倦学习和逃避学习；学习动机过强的主要表现为：成就动机过强，奖励动机过强，学习强度过大。

案例

学习动机不足

××是一位来自山区，家庭经济困难的大学生，学业成绩一直非常优异。上大学后，忽然感到心中茫然，学习没有动力，生活没有目标，有时候想到辍学，他也恨自己不争气，可的确找不到奋斗的目标与学习的动力，学习上得过且过，生活上马马虎虎，上课打不起精神，不是因为喜欢上网而荒废了学业，而是因为实在没动力才去上网聊天打游戏，他如何才能摆脱这种状态呢？

成就动机过强

××今年已经大三了，一直优秀的他一向对自己要求很高，当然这也与家庭的期望有关，父母都是具有高级职称的知识分子，在他们的言传身教下，××从小就知道努力与奋斗。在大学，××进行了认真细致的生涯设计，一步一个脚印向前走，成绩拔尖，二年级通过国家六级和托福考试，三年级入党，与此同时锻炼自己在各方面的能力。在大学他像一只陀螺飞速运转着，珍惜大学的分分秒秒，因为他相信：付出总有回报。然而他发现离自己的目标越来越远，忽然怀疑起自己的学习能力，感到自己在学习上的优势在慢慢失去，甚至多年积累的自信也受到挑战，对未来，他忽然担心起来，他该如何办？

（四）学习动机不当的原因

1. 学习动机不足的原因分析

学习动机不足主要是学习动机不正确，社会责任感不强，价值观念不强，学习态度不端正，学习毅力不强，对专业不感兴趣，对自我的学业期望不足，学业自我效能感低。

当前大学生学习动机缺乏的表现主要有厌学、懒惰等。

厌学是一种典型的心理疲倦反应。目前，厌学现象在大学生中较为普遍，主要表现为：学习不主动，课前不认真预习，课后不及时复习；情绪消极，作业拖拖拉拉，敷衍了事；注意力分散，上课不认真听讲；学习不正常，经常上课迟到，甚至逃课。伴随而来的是学习效率降低，考试成绩下降。学生厌学情绪产生的原因比较复杂，有的因学习内容枯燥、教学方法呆板，有的因承受的压力较大，有的因学习的时间较长。

懒惰是一种怕苦怕累的心理现象。这类学生以为考上大学就完事大吉，学习上不肯用功，不求上进，学习任务难以完成，常常表现为怕动脑筋、懒于思考，平时“玩”字当头，“混”字当先，只图一时安逸，缺乏远大理想和抱负。究其根源，有的因家庭经济条件优越，认为“背靠大树有凉乘”；有的认为自己有个好爸爸，“车到山前爸有路”。他们学习目的不明确，学习动机不纯，缺乏正确的人生价值观。

2. 学习动机过强的原因分析

个体学业期望过高，自尊心强，对自己的学习能力缺乏恰当的估计，因而造成学业的自我效能感下降，因而心理压力大；渴望学业成功而又担心学业失败，受表面的学业动机的驱使，渴望外在的奖励与肯定，特别是由于学业优秀带来的心理满足使学生更看重自己的学业优势，因为造成学习强度过大，引起心理疲劳。

(五)学习动机不当的自我调节

1. 学习动机不足的自我调整

一是正确认识学习的价值与大学的目标，重新规划学业与人生；二是调整心态，以积极的心态对待学习特别是学习中遇到的挫折与困难，用自身的意志战胜惰性；三是改进学习方法，提高学习效率与学业自我效能感，提高学业的自我价值与社会价值。推荐：(1)积极自我强化；(2)积极的自我暗示；(3)带着问题去学。

2. 学习动机过强的自我调节

一是正确认识自己的潜质，制订恰当的学业目标与学业期望，调整成就动机，与此同时，脚踏实地，循序渐进，不好高骛远；二是转换表面的学习动机为深层学习动机，淡化外在奖励特别是学业成就的诱因，正确对待荣誉与学业成绩；三是端正学习态度，树立远大理想，保持旺盛的学习热情，坚持不懈，便会取得预期效果。

二、学习缺乏自信

缺乏自信也就是我们常说的自卑，所谓学习中的自卑心理就是一个人对自己的智力、学习能力及学习水平做出了偏低的评价，总觉得自己不如别人、悲观失望、丧失信心等。缺乏自信是羞于落伍的自尊心和学习成绩低下的客观事实在长期的矛盾冲突中得不到解决而造成心理创伤所致，也是部分大学生普遍存在的心理现象。这类学生有的虽经一再努力，但成绩总是提不高，丧失了进取心；有的由于学习成绩太差，主观上又不努力，在学习上一再受挫，像泄了气的皮球，再也鼓不起学习的勇气；有的觉得考研无望，竞争无资本，因而自甘落后，自我轻视，自我消沉。自卑心理产生的原因是多方面的，有的与家庭教育方法不当、社会影响不良有关；有的是由于学校教育失误造成的；有的因个人智力和非智力因素影响所致。

自卑是学生健康成长的严重障碍，对学生的整个学习过程影响极大。

造成学生学习中自卑心理的主要原因有：对自己认识不足，过低估计自己；消极的自我暗示抑制了自信心；挫折的影响。

那么，如何克服自卑心理呢？

（一）正确估计自己，培养自信心理

自卑心理的产生是缺乏正确自我意识的表现。大学生应本着客观的态度进行自我评估，实事求是地看待自己的优点和缺点，既不夸大，也不贬低，坦然面对自己的不足之处。要知道，某个方面没有做好可能是因为方法问题或这不是自己的优势领域，不要因为某方面的不足而全面否定自己。

心理视窗　关于学习能力的研究

美国心理学家布鲁姆和他的助手们经过对许多少年儿童的实验观察、追踪研究，得出以下结论："除了百分之一、二超常儿童和百分之二、三的低常儿童外，百分之九十五以上的学生在学习能力、学习效率、学习动机方面，并无多大差别。"他们肯定地说："只要有适合学生特点的学习条件，世界上任何一个人能学会的东西，几乎所有人都能学会。"

（二）突破心理障碍，积极参加学习实践活动，创造成功体验的机会

一个人的自信心源于成功体验的积累，大学生在学习中要积极参加相关的实践活动，通过自己的努力，在活动中感受成功的幸福感，不断增强自己的自信心。

心理视窗　两只青蛙

有两只小青蛙，不小心掉进了一个装油的坛子里，想跳出来，油太腻，想爬出来，坛子太滑，多次努力没有结果。其中一只想：反正没有希望还游什么呢？这样想着于是越来越游不动了；而另一只虽然疲劳还是坚持游着：只要有力气，我都要游下去！游着，游着，它突然碰到了一块坚实的固体，是黄油在它的不停地搅动下凝固起来，它踩在凝固的黄油上一用劲跳了出来——原来成功就这么简单。

三、考试焦虑

（一）考试焦虑及其表现

考试焦虑是一种常见学习心理问题，是由于面临考试而引起的不安、忧虑、紧张甚至恐惧的情绪状态。多数人在面临重要考试时都会产生一定程度的考试焦虑，这是正常的、无害的。但过度的考试焦虑对学习及身心健康危害很大，如过分担心考试结果、对自己信心不足、头昏脑涨等"晕场"现象，严重影响考试水平发挥。

考试是滋生紧张情绪的土壤，有的学生因考试紧张，不能正常发挥自己的水平，主要是由于求胜心切，加重了心理负担，求胜动机在大脑皮层的某一区域形成了占主导地位的兴奋中心，致使其附近区域处于抑制状态，这会破坏知识之间的联系，妨碍了对知识的调动与提取，而记忆的暂时中断往往会加重焦虑情绪，从而加深考生对考试成绩得失的忧虑，于是导

致恶性循环,容易造成错答、漏答或不知如何应答,在焦虑的状态下,学生的分析、综合、抽象、概括等具体思维能力无法正常发挥,从而导致考试失败。

考试焦虑的具体表现:一是情绪上表现出担忧、焦虑、烦躁不安;二是认知上表现为注意力不集中,记忆力下降,看书效率低,思维僵化;三是行为上表现为坐立不安,手足无措;四是身体上表现为头痛、食欲下降、恶心、心慌、睡眠不好等。严重的还会出现具有高度考试焦虑的学生在考前出现明显的生理心理反应,如:过分担忧、恐惧、失眠健忘、食欲减退、腹泻等症状;在临考时心慌气短、呼吸急促、手足出汗、发抖、频频上厕所、思维浮浅、判断力下降、大脑一片空白;个别学生在考场上出现视障碍,如看不清题目、看错题目、漏题丢题、动作僵硬、手不听使唤、出现笔误等。

(二)考试焦虑产生的原因

引起考试焦虑的原因在于,学生因为过大的学习压力产生过强的学习动机,最终导致考试焦虑。压力的来源可能有外部和内部两种。外部压力包括社会的压力、学校老师的压力、父母的期望、他人对自己的评价等。内部压力就是学生非常希望获得成功、实现自我的动机或某种思想认识而带来的心理压力。

(三)考试焦虑的调适方法

1. 做好充分的考前准备工作

考试前做好精神、物质上的准备工作,有利于放松紧张心情,脚踏实地、有条不紊地进入应试状态。精神准备除了要调整好情绪,还要保证充足的睡眠。要重视科学用脑,不要开夜车还要注意起床不要离考试太近,起床后应活动一下。物质准备除了生活上吃一些清淡,富于营养易消化的食品外,还应做好交通工具、学习用品防暑、生活用品的准备。

2. 做好充分的复习准备

80%的人考试焦虑是由复习准备不充分引起的,因此牢固掌握知识是克服考试焦虑的根本途径。

3. 正确评估自己,树立必胜信心

考前,不要盲目乐观,更不能低估自己振奋士气,树立必胜信心、是防止“晕场”的有力保证,使自己始终处于自信而不自满,自尊而不自负的心理状态。

4. 自我放松,自我暗示

入场前,如仍处于紧张状态,可以做几次深呼吸,两节广播操,哼几句流行歌曲,想点与考试无关使自己高兴的事,积极参与同学间谈笑来转移注意力,冲淡紧张情绪。

5. 开展考前心理辅导

对一些敏感、焦虑、抗挫折能力差、有心理障碍的学生在考试前进行有针对性的心理辅导以缓解其心理压力;对高度考试焦虑的学生进行集体辅导,使学生客观地认识自己,提高心理素质,增强自我心理调整能力,提高考试技巧,有效地化解外来压力,发挥出应有的水平。

四、注意力涣散

注意是人类学习的前提,没有注意,就没有学习。注意力与学习效率有着非常密切的关

系。对学生的学习来说,注意力的好坏是至关重要的。有关专家说,哪里有注意,哪里就会有思考和记忆。也有人曾言:注意力是学习的窗口,没有它,知识的阳光就照射不进来。注意力涣散的学生经常对学习感到厌烦,对什么都不感兴趣,注意力维持时间很短,上课时,目光游移不定,心思不定,不知自己在想什么,也不知老师在讲什么,无法把注意力集中到课堂上来,因此也不可能搞好学习。注意在大学生学习中具有极其重要的意义。

(一)注意力涣散的主要表现

一是上课不能专心听讲,大脑常常开小差,盯着黑板却心猿意马,自己不能控制思维飘逸。二是易受环境的干扰,教室外的小小动静都能引起注意力的转移,而且长时间不能静心。三是参加活动如体育运动或看一场电影后,久久沉浸在情节的回忆之中。

(二)大学生注意力涣散的主要原因

一是个体情绪因素。情绪因素是影响注意力集中的突出因素。当我们处在心情沉闷、心绪烦乱的时候,自然是很难集中注意力的。二是生活事件导致心理应激,如考试失败、家庭生活发生重大变故、经济困难、评优失败、失恋、宿舍关系失和等造成的思想负担重,精力分散。三是学习动机不足,学习焦虑过低,缺少压力与紧迫感。四是环境因素影响。外界环境的干扰也是致使注意力分散的因素。如不规则的响声,刺耳的噪音,嘈杂的人声等,都会使人感到烦躁,而人对这些烦躁的东西又无可奈何,于是注意力很难集中于应该注意的事情。

(三)注意力涣散的自我调适

首先是学会注意力转移,遇到生活应激事件与挫折,能够尽快从中解脱出来。二是适当强化学习动机,保持适当的学习压力与学习焦虑,并进行积极的自我激励与自我暗示。三是养成良好的学习习惯与生活习惯,保持旺盛的精力。四是选择理想的学习环境,减少与学习无关的活动,并进行适当的自我监控。

五、记忆力减退

记忆力减退是许多大学生感到头痛的问题,它不仅直接影响学习的效率,而且还会影响学生学习的兴趣和情绪。

(一)记忆力减退的原因

(1)不良的学习和生活方式,如饮酒、熬夜、大量吸烟等容易导致记忆力下降。

(2)学习动机过强,严重的学习焦虑、紧张、烦恼等也会影响记忆力。

(3)记忆不当,不了解记忆规律,死记硬背等,都会影响记忆效率。

(4)注意力不集中,过于分散也不利于记忆效率。

(二)记忆力减退的自我调节

1. 保持良好的情绪状态

心理学家研究认为,愉快的心情会引起人体内的一系列生理变化,如肌肉舒适放松,心脏有规律地跳动,体温略上升等。这些愉快的体验会引起身体的快感,在这种状况下学习,记忆效果会显著提高,而在不愉快的状态下,心律会加快,血压升高,结果使人的精神不集中,记忆效果也不佳。

2. 掌握最佳记忆时间,遵循人体“生物钟”规律

人体的各种生理和心理功能每天随着时间推移做规律性的运动。人体生物机能上午7～10时,逐渐上升,10时左右精力充沛,处于最佳工作和学习状态,之后趋于下降;下午5时再度上升,到晚上9时又达到高峰,11时过后便又急剧下降。然而具体到每个人,又不完全相同,因为每个人每天学习的最佳时间与其长期养成的学习、生活习惯有很大关系。为了提高记忆效果,大学生应了解和掌握自己最佳的用脑时间,把重要内容放到最佳时间去学习。

3. 动员多种感官参加学习和复习活动

这是巩固记忆、减少遗忘的有效办法。不管是背英语单词还是公式概念,都要听、读、写、用并举,让耳、眼、嘴、手都参与,沟通大脑皮质各部分之间的联系,以加深记忆的深度。

4. 遵循记忆规律,掌握科学记忆方法

(1)了解遗忘规律,及时复习

记忆与遗忘总是相伴出现的。19世纪末,德国心理学家艾宾浩斯的研究表明,遗忘的规律是:先快后慢,先多后少。因此,要克服遗忘就必须及时复习。复习的原则是及时、持久,当天学习的内容当天就要复习,此后随着时间的推移可以逐渐拉长复习的时间间隔。

(2)不断变换记忆的起始位置

肯斯雷实验研究结果发现,记忆内容首尾容易记住,中间容易遗忘,材料越无意义这种现象越明显。研究者先让被试按一定顺序学习一系列的单词,然后让他们自由回忆,也就是说,不必按照他们学习的顺序回忆出来,想到哪个单词就说出哪个单词。结果发现,最先学习的和最后学习的单词的回忆成绩较好,而中间部分的单词回忆成绩较差。这就是心理学上的系列位置效应。由此可见,我们在学习的时候应该不断变换学习的开始位置。比如在背诵一篇课文时,不要每次都是从开始读到末尾,有时也应该从文章的中间部分开始读起,这样才不至于只涉及开始和结尾部分,却忘了中间部分。

(3)善于把知识总结归类

知识是按照一定的网络结构保存在大脑里面的。我们在学习的时候要善于把知识点总结归类,把零散的知识点存于整个知识网络,这样可以避免遗忘。

(4)加深理解

理解是记忆的基础,对大部分事物,如果我们对它了解得越深,理解得越透彻,知道得越多,就越不容易忘记。比如在记外语单词时,不停地写、不停地念单词,不如比较下这个单词与别的单词有什么联系,了解一下这个单词都能用在什么情景下或者看看这个单词的例句,虽然这样比较花费时间,但却是一种有效的记忆方式。

(三)科学用脑

所谓科学用脑,就是要求根据大脑的生理特点及其运动规律,既使大脑运动灵活,又保证大脑的健康,从而发挥更大的潜力。大脑是思维的器官,只要不在疲劳状态下积极思考,研究各种问题,不但没有害处,相反会越用越灵。“刀不磨要钝,脑不用不灵”,只要正确处理学习和休息的关系,把科学用脑与勤奋学习结合起来,不但能逐步提高学习效率,而且对身体也有好处。

1. 保证睡眠时间

睡眠是大脑皮层自然产生的一种弥漫性抑制。通过睡眠不但可以解除生理疲劳,防止

超限抑制的发生，而且可以给正常的新陈代谢提供补充营养的机会，从而保证人体机能的和谐与平衡。可以说，睡眠同阳光、空气和水一样，是个体生命之需。可见，在一定条件下，睡眠比个体的物质需求具有更重要的意义。事实上，睡眠的时间除了年龄以外，也和个人习惯、学习性质以及环境、气候、地域有关系。所以时间长短，不能一概而论。为了保持睡眠的深度和定时，须尽量减少对感官的刺激(如噪声、强光、蚊虫骚扰等)和严格执行作息制度，培养良好习惯，如晚睡前洗脚等。对于大学生来说，不但不应过多地牺牲睡眠时间，而且越是学习紧张越应保证充足的睡眠。尤其是在临考之前或考试之中，以牺牲睡眠来“临阵磨枪”，只能是得不偿失之举。

2. 及时转移大脑兴奋中心

一定的心理活动，总是发生在大脑皮层的特定区域，与此“无关”的其他区域总是处于相对的静息状态。当某种单一的活动强度过大或持续时间过长时，就会引起该区域的疲劳，从而降低该项活动的效率。大脑皮层功能定位学说告诉我们，要使大脑皮层各个区域经常交换着工作，以防止某一区域的脑细胞疲劳。如果善于变换活动内容或使活动内容丰富化，就学习而言，克服单学科独进倾向，使各学科系统安排、交叉进行，就可以达到轮换休息的目的，虽延长了学习时间也不致疲劳。因此我们称之为科学用脑。

不同性质的学习内容互相轮换，动静配合，可使大脑皮层保持较长时间的工作能力。如大学生在复习准备时，一定要做到复习方式多样化，使之交叉，手脑并用，读写听说并行；学习高等数学后听听音乐，看看报纸、小说；学习外语记忆单词后，看看电视或画册，使大脑左右两半球都能工作起来。

3. 注意休息与锻炼

“生命在于运动”。事实证明：经常从事体育锻炼的学生，他们的神经系统、血液循环系统、呼吸系统、消化系统等功能都较强。体育锻炼不但可以增强学生的体质，而且可以提高他们的反应速度、灵敏度，培养意志的坚强性和进取精神。有利于适应更加紧张复习考试活动，增强对紧张工作和工作时间的承受能力，推迟或减缓疲劳的产生，从而促进学生学习效果和考试成绩的提高。

马克思在《致恩格斯》一文中写道：“我首先要请你注意自己的健康。时代在好转，它将对你的身体提出很多要求，所以你要锻炼它，而不要损害它。”毛泽东同志在阐明德智体的辩证关系时，做过形象而通俗的比喻：德、智，体三项并举，德智寓于体，体是“载知识之车”，“寓道德之舍”。周恩来总理生前曾多次指示，“每天要给学生安排一小时的体育锻炼活动”。以上都说明身体和体育锻炼的重要性，体育锻炼可以提高脑功能。

(四)保持营养供应

营养不良会降低人体机制的兴奋限度，使之难以承受较为强烈或持久的刺激，影响人注意力的集中、进取精神和探求行动，从而降低人活动的效率。可以说，营养不良是产生生理疲劳的主要根源。因此，在经济条件允许的范围内，要尽可能地补充身体营养，才能提高人体机制兴奋限度，防止生理疲劳过早或过易地发生。因此，可适当让学生吃些蛋白质丰富的食物。补充乙酰胆碱，可以使人的记忆力明显增强。许多食物都含有这种成分，如鱼类、肉类等。总之，在学习过程中，年轻的大学生们应当以健康的身体、饱满的热情、乐观的情绪、蓬勃的精神、平和的心态及科学的方法面对学习，力求取得学习的最优效果。

思政元素

习近平总书记关于读书的重要论述(摘选)

阅读是人类获取知识、启智增慧、培养道德的重要途径,可以让人得到思想启发,树立崇高理想,涵养浩然之气。中华民族自古提倡阅读,讲究格物致知、诚意正心,传承中华民族生生不息的精神,塑造中国人民自信自强的品格。希望广大党员、干部带头读书学习,修身养志,增长才干;希望孩子们养成阅读习惯,快乐阅读,健康成长;希望全社会都参与到阅读中来,形成爱读书、读好书、善读书的浓厚氛围。

——2022 年 4 月 23 日,习近平致首届全民阅读大会举办的贺信

学习理论最有效的办法是读原著、学原文、悟原理,强读强记,常学常新,往深里走、往实里走、往心里走,把自己摆进去、把职责摆进去、把工作摆进去,做到学、思、用贯通,知、信、行统一。

——2019 年 3 月 1 日,习近平在 2019 年春季学期中央党校(国家行政学院)中青年干部培训班开班式上的讲话

文艺对年轻人吸引力最大,影响也最大。我年轻时读了不少文学作品,涉猎了当时能找到的各种书籍,不仅其中许多精彩章节、隽永文字至今记忆犹新,而且从中悟出了不少生活真谛。文艺也是不同国家和民族相互了解和沟通的最好方式。

——2014 年 10 月 15 日,习近平在文艺工作座谈会上的讲话

复习思考题

1. 在大学期间,我们究竟学习什么?
2. 结合本章的相关测验,谈一谈你目前学习状态如何。
3. 和同学们交流一下学习方法和经验。
4. 大学生常见的学习心理障碍有哪些?
5. 你如何看待考试作弊?对杜绝此现象你有何对策?

心灵阅读

试卷和去年一样

德国汉堡有个很有名的理工大学,有一门公共选修课——法律,自愿选修法律的学生多得不可思议。碰到考试的时候,巨大的阶梯教室更是挤得不可开交,甚至有的学生要坐在地板上答考卷。这样的学习积极性,会让不知内情的人感慨万分。其实,这其中另有奥秘。

原来,这门课的试卷好多年来用的都是同一份。也就是说,每个学生在考试以前都弄到一份去年的考卷做一下,只要智商不是太低,就能考及格。这已经是大学里公开的秘密:法律课人多,教授傻,及格率百分之百。

有一天，我遇到这个大学的一位退休教授，我就把这个公开的秘密告诉他。我倒不觉得那教授傻，我觉得他懒得不可救药，连一年出一份考卷这样的事情也不愿意做。

教授仔细地听着，然后呵呵笑起来。他说，你想一想，大学为什么要给普通的学生开法律课，那是希望他们对法律有个大致的了解。可是谁都知道法律最枯燥无聊，学理科的学生都鬼精，都不可能自愿去选这门课。就冲着这一成不变的考卷，他们就选修了法律。选修了，总得去听课。在考试以前，总得把考卷做一做准备一下。如果这考卷出的内容丰富全面，那在准备考试的过程中，学生就了解了一些法律的基本知识。我看这教授一不傻二不懒，相反，他真是太聪明了！

可以相信，这张考卷还将不断地使用下去。学生一边考试一边偷着乐，而教授一边看考卷一边也偷着乐。双赢的事情，真是其乐融融。

即使考完试以后不及格，如果分数相差不多，也还存在一线希望。大学专门设有一个办公室，让学生去查考卷。查考卷的过程就是老师和考生齐心协力再努力一把，看看能不能让没有及格的学生找到一个及格的机会。我亲戚的孩子在这个大学读书，去年考试有一门不及格，差了一分半。他很早起来去查考卷的办公室，办公室里早就人头攒动。排在他前面的是一个留着朋克发型的学生，老师看一眼这个学生的分数，说，差 5 分，太多了，我肯定找不回来那么多，你还是下次补考吧。轮到一脸忠厚样子的他，老师说，差一分半？你的运气也太背了。差半分问题不大，差一分半我就没把握了。我们一起来试试看吧！结果他们两个在他的考卷上，这里找出一点，那里找出一点，终于凑成了及格，师生开开心心地握手告别。

其实考试只是鼓励学生的一种手段，如果为了考试，让学生失去了学习的兴趣，那这样的考试也就失去了意义。

自我测试

考试焦虑自测表

第七章

我的情绪我做主

——大学生的情绪管理

学习目标

知识目标	了解情绪的含义、分类；认识大学生情绪特点及负面情绪的危害；掌握管理情绪的方法
能力目标	掌握管理情绪、调节情绪的方法，提升大学生的情绪管理能力
素质目标	介绍中华优秀传统文化关于病由心生的理论，通过了解中华优秀传统文化，提升文化自信

主题导读

野马的结局

在原始的非洲草原上，有一种很小的飞行动物叫作吸血蝙蝠，它身体轻巧，靠吸取动物的血液为生。在非洲草原上，它是野马的最大天敌。蝙蝠攻击野马的顺序：首先附在野马的腿上，用锋利的牙齿敏捷且迅速地刺破野马的腿，然后用尖尖的嘴慢慢地吸血。野马是一种极其敏感的动物，受到这种外来的挑战和攻击后，会迅速地做出甩尾、蹦跳、狂奔等反抗动作。尽管如此，野马却无法驱逐吸血蝙蝠，因为蝙蝠可以快速地从野马的腿上飞到身上，再从身上飞到野马的头部，直到吸饱血后才会扬长而去。而野马经常由于生活在这种暴怒、狂奔和流血状态中，最终无可奈何地死去。

最初人们认为，野马的死去是由于身体中流失了大量的血液。可经过动物学家的研究分析证明，事实上，蝙蝠所吸的血量是微不足道的，根本不会危及野马的生命。野马死亡的真正原因是它自己的暴怒和狂奔。

野马的结局给人们留下了深刻的警示：在生活中，每个人都会遇到不顺心的事情，此时如果不能从容处之，而是时常冲动、暴躁、愤怒，不仅危害自身健康，还会使事情向着更坏的方向发展。

第一节 情绪概述

一、情绪的含义

人们在认识客观事物和现象的时候，总带有一定的态度与体验——或喜欢或厌恶，或崇敬或鄙视等。如观看一场扣人心弦的体育比赛，会使人感到兴奋；失去亲人，会让人感到痛苦和悲伤；面对敌人的挑衅，会让人产生压抑不住的愤怒；遇到危急时刻，会让人感到紧张与恐惧；美好的期望没有变成现实时，会让人产生焦虑；完成一项任务或工作后，会让人感到喜悦和轻松；工作不称心时，会使人产生不满；遇到挫折时，会使人悲观沮丧等。生活中的喜、怒、哀、乐，就是我们要描述的情绪。

所谓情绪，就是人们在对客观事物认知评价的基础上产生的态度体验。生活中，情绪与我们形影相随。

人的情绪的产生与变化，总是伴随着人体生理活动的变化、外部行为的变化及内在主观感受的相应变化。例如，人在愤怒时，呼吸快而短促、心跳加快、血压升高、血糖增加、血液含氧量增加，我们会看到“怒目圆睁”“怒发冲冠”等外在的行为表现，还会有与愤怒有关的自我内在体验，如怒不可遏的冲动等。

二、情绪的分类

（一）按情绪体验的色彩不同分类

按情绪体验的色彩不同，一般把情绪分为四种，即快乐、愤怒、恐惧和悲哀。

1. 快乐

快乐是指一个人盼望和追求的目标达到后产生的情绪体验。由于需要得到满足，愿望得以实现，心里的急迫感和紧张感解除，快乐随之而生。快乐有强度上的差异，从愉快、兴奋到狂喜等，这种差异与所追求的目标及对自身的意义，以及实现的难易程度有关。

2. 愤怒

愤怒是指所追求的目标受到阻碍，愿望无法实现时产生的情绪体验。愤怒时紧张感增加，有时不能自我控制，甚至出现攻击性行为。愤怒也有程度上的区别，一般的愿望无法实现时，只会感到不快或生气；但当遇到不合理的阻碍或恶意的破坏时，愤怒会急剧爆发。这种情绪对人的身心伤害是明显的。

3. 恐惧

恐惧是企图摆脱和逃避某种危险情境而又无力应付时产生的情绪体验。所以，恐惧的产生不仅仅由于危险情境的存在，还与个人排除危险的能力和应付危险的手段有关。一个初次出海的人遇到惊涛骇浪或者鲨鱼袭击会感到恐惧无比，而一个经验丰富的水手对此可能已经司空见惯，泰然处之。

4. 悲哀

悲哀是指心爱的事物失去时，或理想和愿望破灭时产生的情绪体验。悲哀的程度取决于失去的事物对自己的重要性和价值。悲哀时带来的紧张的释放，会导致哭泣。当然，悲哀并不总是消极的，它有时能够转化为前进的动力。

（二）按情绪变化的强度和持续时间分类

按情绪变化的强度和持续时间可分为心境、激情和应激。

1. 心境

心境是一种微弱、平静而持久的情绪状态。这种持久的情绪基调会影响人们的内心体验和行为。生活中我们常说“人逢喜事精神爽”，这是指发生在我们身上的一件喜事让我们在很长时间内保持愉快的心情。但有时一件不如意的事，也会让我们在很长时间内忧心忡忡，情绪低落。这些都是心境的表现。情绪具有弥散性和长期性的特点。弥散性是指当人处于某种心情体验（心境）时，这种心境表现出的态度体验会朝向周围的其他事物。一个在单位受到表彰的人，觉得心情愉快，回到家里会谈笑风生，遇到邻居会笑脸相迎，走在路上会觉得天高气爽；而当一个人心情郁闷时，在单位、在家里都会情绪低落，无精打采，甚至会“对花落泪，对月伤情”。古语中的“忧者见之而忧，喜者见之而喜”，说的就是这个道理。心境的长期性是指心境产生后，要在相当长的时间内主导人的基本情绪表现或体验。一般来说，随着时间的推移、因素的改变，人的情绪也会变化，但心境中的喜悦、悲伤、生气、害怕却要维持较长的一段时间，有时甚至成为人一生的主导情绪。如有的人一生历尽坎坷，却豁达开朗，总是以乐观的心境去面对生活；有的人总觉得命运对自己不公平，或觉得别人都对自己不友好，结果总是处于抑郁愁闷的心境。心境可以说是一种生活的常态，人们每天总是在一定的心境中学习、工作和交往，积极良好的心境可以提高学习和工作的绩效，帮助人们克服困难，保持身心健康；消极不良的心境则会使人意志消沉，悲观绝望，无法正常工作和交往，甚至导致一些身心疾病。所以，保持积极健康、乐观向上的心境对每个人都有重要意义。

2. 激情

激情是一种爆发强烈而持续时间短暂的情绪状态。取得重大成功之后的狂喜、惨遭失败后的绝望、亲人突然死亡引起的极度悲哀、突如其来的危险所带来的异常恐惧等，这些都是激情状态。激情具有爆发性和冲动性，同时伴随有明显的生理变化和行为反应。当激情到来的时候，大量心理能量在短时间内积聚而出，如疾风骤雨一般，有时会使当事人失去对自我行为的控制力。例如，盛怒时全身肌肉紧张、双目怒视、咬牙切齿、紧握双拳；狂喜时眉开眼笑、手舞足蹈；极度恐惧、悲痛和愤怒之后，可能导致精神衰竭、晕倒、发呆，甚至出现所谓的激情休克现象，有时表现为过度兴奋、言语紊乱、动作失调。激情状态下的人往往出现“意识狭窄”现象，即认识思考活动的范围缩小，理智分析能力受到抑制，自我控制能力减弱，有时使人的行为失去控制，甚至做出一些鲁莽的行为或动作。激情常由生活事件引起。那些对个体有特殊意义的事件，往往会导致人的剧烈情绪变化，如考上大学，找到满意的工作；突发事件，如突然找到多年失去音信的亲人等，都可能引起欣喜若狂的情绪状态。另外，违背个人意愿的事件，也会引起强烈的激情情绪。春秋战国时期的伍子胥过昭关，因担心被抓回楚国，父仇不能报，一夜之间愁白了头。在日常生活中，我们难免会遇到各种各样的事件，如意的、不如意的、喜欢的、不喜欢的。我们常常注意事件本身给生活带来的影响，往往忽略由事件引起的情绪变化在生理健康，以及生活、工作、学习等实践活动方面给我们带来的影响，更缺少主动调节控制自己情绪的意识、习惯和方法途径。生活中，我们要学会善于控制自己的情绪,做自己情绪的主人,这是当代人提高生活质量必须做的。

3. 应激

应激是指人对某种意外事件的刺激所做出的适应性反应。例如,人们遇到某种意外危险或面临某种突然事变时,必须集中自己的智慧和经验,运用自己的全部力量,迅速做出选择,采取有效行动,此时人的身心处于高度紧张状态,即为应激状态。例如,飞机在飞行中,发动机突然发生故障,驾驶员紧急与地面人员联系着陆;正常行驶的汽车意外地遇到故障时,司机紧急刹车;战士排除定时炸弹时的紧张而小心翼翼的行为;等等。在这些情况下人们所产生的一种特殊紧张的情绪体验,就是应激(情绪)状态。应激状态的产生与当事人所面临的事件及当事人对自己能力的估计有关。当所遇到的困难事件对一个人提出了较高的要求,而此人意识到自己无力应付时,就会感到紧张而处于应激状态。特别是对个人具有危害性的事件,人的应激性情绪反应非常强烈,使人失去控制或直接产生危害性的生理病态变化。例如在毫无思想准备的情况下,突然知道自己处于癌症晚期,会怎么样呢?有的人会哭、发呆,甚至绝望等。人在应激状态下,会引起身体的一系列生物性反应,如肌肉紧张,血压、心率、呼吸及腺体活动都会出现明显变化。这些变化有助于适应急剧变化的环境刺激,维护肌体功能的完整性。加拿大著名生理学家汉斯·塞里把这种变化称为适应性综合征,并把这种适应性综合征分为警觉反应阶段、阻抗阶段和衰竭阶段。警觉反应阶段是指有肌体在受到外界紧张刺激时,会通过自身的生理功能的变化和调节来适应内外环境的需要,这是人的一种防御机制。阻抗阶段是通过保持心率和呼吸加快、血压升高、血糖增加等变化,以充分激发人体的潜能,以应对环境的突变。衰竭阶段是指引起紧张的刺激事件持续存在,阻抗持续下去,此时必需的适应能力已经用尽,身体生理功能会被自身的防御力量损害,结果导致适应性疾病。

(三)按情绪对人的健康及心理活动的影响划分

按情绪对人的健康及心理活动的影响,一般把人的情绪分为积极情绪和消极情绪。

1. 积极情绪

所谓积极情绪,是指人的情绪体验有助于人的身心健康,有助于人的日常生活和工作,能够促进人的心理行为效率的提高,如快乐、高兴等。

2. 消极情绪

所谓消极情绪,是指有害于人的身心健康,有碍于人的心理行为效率,如沮丧、失望等。

有人认为,快乐、兴奋、喜欢等是积极的情绪,生气、焦虑、紧张等是消极的情绪,这是对情绪的一种不全面的认识。事实上,任何一种情绪都有其存在的价值与作用。情绪的积极与消极主要取决于情绪反应的程度和方式。无论生气也好,欢喜也罢,生活中我们不可能完全回避某种情绪,人的情绪就像人与空气的关系一样形影相随。

三、情绪的外部表现

情绪和情感是一种内部的主观体验,但在情绪和情感发生时,又总是伴随着某种外部表现。这种外部表现也就是可以观察到的某些行为特征。这些与情绪、情感有关的外部表现叫表情。

(一)面部表情

面部表情是指通过眼部肌肉、颜面肌肉和口部肌肉的变化来表现各种情绪状态。人的眼睛是最善于传情的,不同的眼神可以表达人的各种不同的情绪和情感。例如,高兴和兴奋时"眉开眼笑",气愤时"怒目而视",恐惧时"目瞪口呆",悲伤时"两眼无光",惊奇时"双目凝视",等等。

口部肌肉的变化也是表现情绪和情感的重要线索。例如,憎恨时"咬牙切齿",紧张时"张口结舌",等等,都是通过口部肌肉的变化来表现某种情绪的。

人脸的不同部位具有不同的表情作用。例如,眼睛对表达忧伤最重要,口部对表达快乐与厌恶最重要,而前额能提供惊奇的信号,眼睛、嘴和前额等对表达愤怒情绪很重要。

(二)姿态表情

姿态表情可分成身体表情和手势表情两种。

1. 身体表情

身体表情是表达情绪的方式之一。人在不同的情绪状态下,身体姿态会发生不同的变化,如高兴时"捧腹大笑",恐惧时"紧缩双肩",紧张时"坐立不安"等等。

2. 手势表情

手势表情常常是表达情绪的一种重要形式。"振臂高呼""双手一摊""手舞足蹈"等手势,分别表达了个人的激愤、无可奈何、高兴等情绪。心理学家研究表明,手势表情存在民族差异,同一种手势在不同的民族中用来表达不同的情绪。

(三)语调表情

语调表情也是表达情绪的重要形式。朗朗笑声表达了愉快的情绪,而呻吟表达了痛苦的情绪。言语是人们沟通思想的工具。同时,语音的高低、强弱、抑扬顿挫等,也是表达说话者情绪的手段。例如,当播音员转播乒乓球的比赛实况时,他的声音尖锐、急促、声嘶力竭,表达了一种紧张而兴奋的情绪;而当他播出某位领导人逝世的公告时,语调缓慢而深沉,表达了一种悲痛而惋惜的情绪。

心理词典

姿态表情与情绪

在与人交往中,从对方的表情可以判断他的内在情绪。

谈话或者开会时,坐姿笔直或者身体前倾,面对着对方,同时眼睛正视对方,反应灵敏,表示对方对这次谈话内容的重视和兴趣。在谈话中,喜欢拉耳根则表示想拦阻对方的谈话。

当去别人家做客,主人一面跟你说话,一面眼睛往别处看,则表明你的来访打断了他的某些事情,而对方心里惦记着这件事。

两膝盖并在一起,小腿随着脚跟开成一个"八"字样,两手掌相对,放于两膝盖中间,这样的人通常比较羞怯,在公开的社交场合中往往手足无措。同样的,以手遮口的大多也是比较羞怯和内向的人,尤其在笑的时候用手遮口,盖住牙齿的人,这种倾向更为强烈。

如果你看到某人两只脚踝相互交叠,那么此人有可能在克制自己。另外,在某些社交场合,当一个人处在紧张、惶恐的状态时,也会出现这种姿态。有人开玩笑说这种姿态像是"急着上厕所而又不能去的样子"。

四、情绪的功能

在我们的生活中，情绪不是一种毫无目的、没有任何意义的伴随体验。相反，它们是在适应外界变化的过程中产生的，是具有重要作用的工具。

（一）自我防御功能

在最简单水平上，情绪能够帮助我们做出更迅速的反应。当身体或人的其他方面受到威胁时，人产生恐惧以应对；当发生利益或权利上的冲突时，人产生愤怒以应对；当吃到不适的食物或污物时，人会产生厌恶感。这些情绪反应表现出非常明显的自我保护性倾向。

（二）社会适应功能

情绪能够使个体针对不同的刺激事件产生灵活自如的适应性反应，并调节或保持个体与环境间的关系。许多种情绪都具有调控群体间的互动功能。譬如，羞怯感可以加强个体与社会习俗的一致性；当个体对他人造成伤害时，内疚感可激发社会公平重建。其他的情绪，诸如同情、喜欢、友爱等，也能起到构建和保持社会关系的作用。它们可以增强群体内的凝聚力，而且有提高个体的社会适应能力的作用。

（三）动力功能

达尔文认为，人类祖先在捕猎和搏斗时，发生愤怒的情绪反应，有助于增强体力，战胜猎物或敌人。现代科学更清楚地提示了人在紧张情绪发生时会表现出一系列生理变化，如血压升高、呼吸频率提高、肾上腺分泌增加等。这一切都有助于一个人充分调动体力，去应付紧急状况。适度的情绪反应能够激励人的活动，提高人的活动效率，进而推动人们有效地完成工作任务。

（四）强化功能

大量研究表明，当出现紧急情况时，消极的情绪（如愤怒和恐惧）能够唤起大脑的警觉水平；积极的情绪（如高兴），能使一个人的感觉、知觉变得敏锐、记忆获得增强、思维更加灵活，有助于一个人内在潜能的充分展示。

（五）信号功能

一个人不仅能凭借表情传递情感信息，而且也能凭借表情传递自己的某种思想和愿望。表情是思想的信号，如微笑表示赞赏，点头表示默认，摇头表示反对。中国有“出门看天色，进门看脸色”的俗语，意思是说通过别人的情绪反馈信息，领悟到别人对自己的态度。

第二节　大学生的情绪特点

大学生正处在青年期，具有青年人共有的情绪和情感特征，情感丰富、复杂、不稳定。此外，大学生这一群体由于其独特的社会地位、知识水平、心理发展特点及生理状况，使得他们的情绪和情感具有鲜明的特点。

一、大学生的情绪总体呈现稳定性，时而会出现两极性

大学生普遍具有较高的智力水平和知识素养，加上社会和自我的高要求、高期望，因而在日常生活和活动中，具有一定的自我控制情绪的能力，一般能用理智约束冲动，对不良情绪进行自我调适，从总体上看来，大学生情绪和情感是比较稳定的。同时，大学生的情绪和情感仍有不稳定因素存在，突出表现在情绪和情感经常在两极之间起伏、动荡：时而平静，时而激动；时而积极，时而消极；时而肯定，时而否定；时而外显，时而内隐。这种波动性是由大学生在生理、心理和社会性三个方面发展的特点决定的。

大学生的生理发展已经成熟，性成熟和性激素分泌旺盛，使大脑皮层和皮层下中枢之间出现暂时的不平衡，易产生情绪波动。

大学生的心理发展正处于由不成熟向成熟过渡的时期，产生各种内心矛盾并不断冲突，如独立与依赖、自尊与自卑、理想与现实、闭锁与开放等，这些内心矛盾和冲突常会打破大学生的心理平衡状态，引起情绪和情感的波动起伏。

大学生的社会性发展尚未成熟，虽然他们对社会现象和政治事务极为敏感、活跃，但是人生观的不稳定、认识上的不成熟往往使他们不能对社会现实和现象进行全面分析，容易以偏概全地加以肯定或否定，从一个极端走向另一个极端。尤其是在遇到困难和挫折时，更容易跌到悲观失望的谷底，难以自拔。

总之，由于大学生自身在生理、心理和社会性发展上的不平衡，使他们的情绪和情感呈现出忽高忽低、激烈多变的两极波动，并与稳定性共存，形成稳中有动的特点。

二、大学生的情绪和情感丰富复杂，表现形式多种多样

首先，大学生的情绪和情感极为丰富，不论在日常生活、学习、交往中，还是从事社会活动时，无不带有浓厚的感情色彩。大学生在自我情感体验方面敏感丰富，注重独立感、自尊心、自信心和好胜心；在学习活动中有强烈的求知欲、好奇心，热爱科学和真理，憎恨迷信和谬误；大学生对祖国、社会和集体有着深厚的情感，他们有强烈的民族自豪感和自尊感，有“天下兴亡，匹夫有责”的责任感、义务感，疾恶如仇，喜恶分明，正义感鲜明；大学生对纯洁的友谊和爱情十分向往，还积极地在发现美、欣赏美、创造美的活动中体验到美的感受；等等。

其次，这些丰富的情感在表现形式上复杂多样。通常情况下，大学生对外部刺激的反应迅速、敏感，喜怒哀乐溢于言表，内心体验和外部表现是一致的，呈现出明显的外显性特点，例如为比赛胜利欢呼雀跃，因考试失败而垂头丧气。然而，在一些特定场景和事件上，大学生的情绪在表现和内心体验往往并不一致，有时会把内心真实的情绪和情感隐藏起来，显得冷淡、无所谓。如当大学生感受到不友好、不公正的对待和压制时，在得不到理解和尊重的场合中，在对立紧张的情况下，他们就会把心扉紧闭起来，不轻易表露自己的真情实感。有时，还会采用文饰、反向的方法来掩饰内心情感，就像伊索寓言中的狐狸那样，吃不到葡萄说葡萄酸，或说自己从来就不爱吃，也不想吃。这就是大学生情绪和情感的闭锁性的特点，它与情绪的外显性是交错共存的，只要有适当的场合和理解、关心的对象，大学生就会敞开心扉，表露真实情感。大学生正处在青年期，他们精力充沛、血气方刚，在外界刺激下极易产生冲动性情绪和行为，尤其是在感受到挑衅和敌意时，容易情绪失控，呈现出冲动性的特点。大学生对自己的情绪和行为有一定的自制力，多数情况下都能用理智克制冲动，自我约束，自我调节，因而冲动性和克制性并存。

三、大学生在不同年龄阶段，呈现出不同层次的情绪特点

大学生情绪和情感的发展呈现出明显的阶段性和层次性的特点。随着年龄的增长、知识的积累和阅历的增加，不同年级阶段的大学生各有特点；同一年级的大学生由于成绩、能力等方面的差异，又表现出不同层次的情绪和情感特点，两者交织共存。

低年级学生情绪和情感的特点：刚刚跨入大学校园的新生，心中涌动着成为一名大学生的自豪感，对校园中的一切都感到新鲜、好奇；同时，由于没有考上更好的专业和学校或在新班级中失去原有的中心位置，以及理想中的大学生活与现实的巨大落差等原因，许多大学生感到强烈的失望、迷惘和自卑。激烈的竞争、繁重的课程、不同的教学方法使大学生在短暂的轻松感后很快便感到压力和紧迫感。陌生的环境和生活上的不适应，使得低年级大学生产生恋旧感，深深地思念父母家人和旧日同学。因而，一年级大学生的情绪和情感体现出自豪感和自卑感交织、轻松感和压力感交织、新鲜感和恋旧感交织的特点。

中年级大学生情绪和情感的特点：二、三年级的大学生经过一年的调整后，已逐渐融入大学生活和学习之中，适应性情感增强。对自我的认识进一步深入，独立感、自尊感和自信心得到发展。此时大学生的人际交往逐渐增多，与班级同学的感情较为密切，并建立起深厚的友谊，一些大学生还开始了对爱情的追求。中年级大学生爱好广泛，积极参加社会活动和审美活动等，社会责任感、义务感、荣誉感和美感进一步发展并成熟。情绪和情感总体看来较为平稳。

高年级大学生情绪和情感的特点：经过近四年时间的大学学习，高年级学生即将告别学校，走上工作岗位，此时他们的社会责任感明显增强，社会性情感日趋丰富，主要表现为更多地关心个人与社会的关系、思考人生价值和意义的倾向。毕业在即，高年级学生大多面临毕业考试、论文答辩、求职择业、恋人去向等诸多抉择和压力，因此紧迫感和忧虑感十分明显，同时对母校和班级、同学产生惜别留恋之情，依依不舍。但也有个别大学生因学习或择业中遭到挫折，产生愤怒、焦虑、紧张情绪，在冲动中做出毁坏公物、打架斗殴等恶劣行为，需要引起注意，并加以教育和引导。

第三节　大学生的情绪智力

一、情绪智力概述

情绪智力也称为情商（EQ），由两位美国心理学家约翰·梅耶和彼得·萨洛维于1990年首先提出。1995年，时任《纽约时报》科学记者的丹尼尔提出，利用智力测验或标准化的成就测验来衡量一个人的智力，并预测其未来的成败，实际上比不上利用情绪的特质来衡量它更具有意义。情商是相对于智商的一个概念，是情绪、情感商数的简称，也是情绪评定的量度。

情绪智力主要指的是一种情绪的智慧，也就是我们常说的理智、明智，主要是指人在情绪、情感、意志、耐受挫折等方面的品质。情绪智力主要包括以下几个方面的内容：

(一)自我认识能力

只有认识自己,才能成为生活中的主宰,才能更好地指导自己的人生,才能准确地决策婚姻、职业等大事。

(二)情绪管理能力

情绪管理指能够自我安慰,能够调控自我的情绪,使其适度。通过管理情绪,能够让自我摆脱焦虑、烦恼等负面情绪,迅速地走出情绪低潮,战胜挫折和失败。

(三)自我激励能力

通过自我激励,我们能够集中注意力,发挥创造力,以饱满的热情积极投入到学习和工作中,达到预期目标。

(四)认知他人情绪的能力

这是与他人正常交往、顺利沟通的基础。通过认知他人的情绪,我们能感知他人的心理变化,客观理解、分析他人的情感,对他人的处境感同身受。

(五)成功社交能力

只有充分掌握这项能力,才能具有和谐的人际关系,易于与他人协调合作,提高人际互动的效能。

二、情绪智力与智力

长期以来,智商(IQ)一直作为测量与衡量一个人的智力的指标。但是,大量事实表明,高智商者不一定踏上了成功的坦途,而智商平平者也不乏卓越超群的成功者。于是,越来越多的心理学家对智商的权威性提出了质疑与挑战。

情商与智商虽然不同,但是并不冲突。一般而言,多数人都是情商与智商协调发展。智商高而情商奇低或者情商高而智商奇低的人是很少见的。研究表明:学业上的聪明与情绪的控制关系不大,再聪明的人,也可能因为情绪失控而铸成大错。情绪智力是发自内心的智慧,不仅决定着现实智力水平的发挥,还可以预示良好的发展趋势。

三、情绪智力与大学生的发展

情绪智力是大学生综合素质的重要方面,并在一定程度上影响着大学生综合素质其他方面的提高。

(一)情绪智力与大学生的身心健康

情绪与大学生的身心健康有着密切的关系。良好的情绪可使大学生全身各系统、器官的功能更加协调、健全,有利于其身体健康,并有助于大学生更好地与他人相处,对学习、对工作、对生活更富有激情和创造力,更有力量去克服挫折与困难。不良情绪不仅会造成大学生生理机制的紊乱,从而导致各种躯体疾病,而且会抑制大学生大脑皮层的高级心智活动,使他们的意识范围变得狭窄,正常判断力减弱,甚至使人精神错乱、神志不清,导致各种神经症和精神病。情绪智力能使大学生通过对自己情绪的认知、调控来保持良好的情绪,促进其身心健康。

(二)情绪智力与大学生的人格完善

人格是一个人素质的重要组成部分,是由许多相互作用、不断变化着的部分组成的。大学阶段正是人格发展、重组、完善的重要时期。情绪智力会在一定程度上促使大学生形成成熟的自我意识,帮助大学生在积极、良好、稳定的情绪状态下正确认识自我发展中的变化与挑战,获得自我一致的心理感受;情绪智力有利于塑造大学生的良好性格,有助于大学生培养乐观向上、积极进取、百折不挠、真诚友好、宽厚大度、善解人意等良好性格;情绪智力也有利于增强大学生的耐挫力,它能针对受挫以后的种种消极情绪,分别施以不同的调节、控制,并使其向积极、健康的情绪转化,提高大学生对挫折的免疫力和抵抗力。

(三)情绪智力与大学生的人际关系

积极的人际交往,多方面、多层次的和谐的人际关系,有助于大学生获得社会生活所必需的人格品质、价值取向、理想信念及社会赞许的行为方式,加快社会化进程;有助于大学生与他人进行交流、比较,深化对自我的认识;有助于大学生获得友谊、理解和支持,增强自我价值感和安全感,降低挫折感,保持身心健康;情绪在人际关系中起着信号作用,是人际关系交往的重要手段。对自我情绪的认知、表达和调控,对他人情绪的觉察和把握,自身情绪智力的提高,有助于大学生处理好人际交往问题,建立和谐的人际关系,增强自身的人际交往和社会适应能力。

(四)情绪智力与大学生的智力

在进行思维活动中,情绪智力具有重要的促进作用。首先,情绪智力对大学生的思维活动具有选择和引导功能;其次,情绪智力对思维活动具有促进和支持功能,使大学生的大脑处于最佳活动状态,思路开阔,并能从多个角度进行思考,打破定式,发挥潜能,进行创造性思维。

第四节 大学生的情绪管理

一、大学生常见情绪困扰及其危害

(一)过激的情绪反应

人的情绪主要受大脑皮层下的中枢神经所支配,当这一部分活动过强时,大脑皮层的高级心智活动,如推理、辨别等将受到抑制,使认识范围缩小,不能正确评价自己行动的意义及后果,自制力降低,并使工作和学习效率降低。大学生处于特定的生理发展期,自制能力较弱,遇事容易冲动;有些同学认为自己做事爽快,实则也是冲动表现。像骑车相撞的事情,是大家都不愿意发生的,有时也很难断定谁是谁非,双方谦让一下就相安无事了,即使自己有理,也可以忍让一点,好言相对。然而我们往往一时冲动,气势汹汹,把事情搞糟。在日常生活中因情绪激动而丧失理智的现象不胜枚举,例如一些大学生平时在宿舍中与舍友的关系不错,往往因为冲动的一两句不理智的话或小小的一件事就会造成了比较严重的后果。

(二)持久性的消极情绪

1. 焦虑

焦虑是一种复杂而且常见的负性情绪。表现为对自身的健康和客观情况做出过分严重的估计,常预感到一些可怕的、可能造成精神的、声誉的等现实威胁即将来临,在缺乏任何客观依据的情况下出现内心不安,或认为情况严重,或认为即将大祸临头,难免不幸。行为上表现为坐立不安、搔首顿足、怨天尤人、惶惶不可终日。由于经常处于紧张状态,因此常常彻夜难眠、胃肠不适、饮食乏味,或出现心悸、出汗、四肢发凉等反应。大学生最常见的是考试焦虑,在重大考试面前尤其严重。这种焦虑情绪毫无疑问会影响考试过程的正常进行,导致成绩大打折扣。被焦虑感困扰的大学生感到紧张、着急、惶恐害怕、心烦意乱,注意力难以集中,思维迟钝,记忆力减弱,同时常常伴有头痛、心律不齐、失眠、食欲不振及胃肠不适等身体反应。

2. 抑郁

抑郁情绪自我体验为忧愁和伤感,主要表现为情绪低落、思维迟缓、兴趣索然、精力丧失、自我评价过低。因此导致生活能力减弱、学习能力降低、学习效率下降等。外表上衣着随便,不知梳洗,给人一个颓废潦倒的印象,面容愁苦,动作甚少。有的人从外表上看不出明显的悲哀抑郁,有的甚至完全难以觉察,有的虽然强颜欢笑,但还是能察觉出内心的哀痛。大学生中因大学生活不适应、学习压力、人际关系紧张、失恋产生的抑郁情绪较为常见,每年患抑郁症者也有相当的比例。长期处在抑郁情绪状态,会使大学生的学习和生活受到极大影响。情绪抑郁消沉的大学生往往对学习、交往和活动失去热情和动力,体验不到生活的乐趣,学习效率大大降低。由于自我评价偏低,常常自怨、自责,认为自己无能无用,愧对父母师友,对生活失去信心,甚至产生自杀的念头和行为。持久的严重抑郁情绪还可能导致抑郁性神经症、肿瘤、胃溃疡、结肠炎等多种身心疾病。

心理词典　　抑郁情绪与抑郁症的区别

1. 产生原因存在差异

正常人的抑郁情绪是“事出有因”,一般是由某种事物或者事情引起;病理性的抑郁症的抑郁情绪一般是无缘无故产生或者即使有不良因素,但是“小题大做”,不足以真正解释病理性抑郁情绪。

2. 抑郁情绪持续时间存在差异

一般的抑郁情绪是短期的,通过适当调节可以缓解;抑郁症的抑郁情绪持续存在,难以自行缓解,时间久了还会加重病情。

3. 抑郁情绪的严重程度存在差异

一般来讲,由应激性事件引起的抑郁情绪程度较轻,而抑郁症患者的抑郁情绪程度严重,并且影响患者的正常生活和工作,甚至引发自杀行为。

4. 情绪变化规律存在差异

典型的抑郁症一般表现为晨重夜轻的变化规律,即每天早晨心境特别恶劣,下午三四点以后会好转，傍晚以后似乎感到没有毛病了，次日早晨又会陷入病态。而抑郁情绪无此变化规律。

5. 发作的倾向性存在差异

抑郁症可反复发作，每次发作症状类似。抑郁情绪是偶然发作，不会有类似的变化规律。

3. 冷漠

冷漠是一种情绪反应强度不足的表现，表现为对人对事漠不关心的消极状态。处于冷漠情绪的大学生，在行为上常表现为对生活没有热情和兴趣；对学习漠然置之，无精打采；对周围的同学冷漠无情甚至对他人的冷暖无动于衷；对集体生活漠不关心，麻木不仁。他们是一类“三无”学生，即无欲望、无关心、无气力。冷漠是一种对环境和现实的自我逃避的减缩性心理反应，它会导致当事者萎靡不振、退缩逃避和自我封闭，并严重影响身心健康。

冷漠状态对大学生的身心危害极大，它往往是个体压抑内心愤懑情绪的一种表现，他们表面冷漠，内心却备受痛苦、孤独、寂寞、不满、愤恨的煎熬，有强烈的压抑感，由于没有宣泄途径，巨大的心理能量无法释放，因此会破坏心理平衡，导致各种疾病和心理障碍发生。

冷漠是个体受到挫折后的一种消极的情绪反应，它通常在个体不堪承受挫折压力，攻击行为无效或无法实施，又看不到改变境遇的可能时产生。长期反复遭受同一挫折却又无力改变，即长期的努力得不到相应回报时，也会用退让、逃避、冷淡的方式进行自我保护，产生冷漠反应。家庭环境也是影响大学生情绪与情感发展的重要因素，如从小缺乏父母的关心爱护、与家人关系冷淡疏远、家庭矛盾尖锐、气氛紧张等因素也易阻碍大学生情绪与情感的良好发展，产生冷漠情绪。另外，性格内向、固执、心胸狭隘、思维方式单一的大学生更易在挫折打击下产生冷漠反应。

4. 愤怒

愤怒对人的身心有极为不利的影响，会导致心律失常、心悸、失眠、高血压、胃溃疡等躯体疾病，愤怒还会使人的自制力减弱或丧失，不能正确评价自己行为的意义和后果，做出不理智的冲动行为，如打架斗殴、毁损物品等。

大学生正处在身心急剧发展、情感丰富强烈、情绪波动起伏大的青年期，他们精力充沛、血气方刚，与其他同龄人相比较，显得更为自尊、敏感、好强、好胜，因而容易在外界刺激下激起愤怒情绪，或出口伤人，或挥拳相向，待怒气发作过后，看着造成的恶果，又懊悔不已。有些大学生容易动怒是因为存在一些错误的认识，如认为发怒可以威慑别人，使人尊重自己；发怒是男子汉气概的体现；发怒可以维护自己的利益或尊严；等等。此外，不良的家庭环境和教育、个性修养方面的缺陷及先天气质类型也是一些大学生激动易怒的重要原因。如胆汁质的大学生就更具有冲动、易怒的情绪特征；自我评价偏高、鲁莽、冲动、强壮的大学生也容易发怒。

5. 压抑

压抑是当情绪和情感被过分克制约束，不能适度表达和宣泄时所产生的内心体验，它混合着不满、苦闷、烦恼、空虚、困惑、寂寞等诸种情绪。有的时候，人们知道自己在压抑什么，但更多的人常常感到一种压抑感，却不知压抑来自何方，更不知如何消除压抑。处在压抑、苦闷状态中的大学生常常精神萎靡不振，缺少青年人应有的朝气和活力，对生活失去广泛兴趣，不愿主动与人交往，感觉迟钝、容易疲劳，不满和牢骚多。长期严重的压抑会诱发高血压、冠心病、消化道溃疡等疾病，极易导致心理障碍。

6. 嫉妒

嫉妒是因为自己的社会尊重需要未得到满足而产生的不良情绪，是一种企图缩小和消除与他人的差距，恢复原有平衡关系的消极手段。它包含着焦虑、忧惧、悲哀、失望、愤怒、敌意、憎恨、羡慕、羞耻等不愉快情绪，是一种错综复杂的情绪体验。

嫉妒是大学生中普遍存在的不良情绪，表现为看到他人的才华、能力、品行、荣誉甚至相貌、衣着等超过自己时，感到恼怒、痛苦、愤愤不平，当别人遭到不幸和灾难时则幸灾乐祸，言语上讥讽嘲笑、行动上冷淡疏远，甚至在人后恶语诋毁、中伤，蓄意打击报复。严重的嫉妒感是一种极不健康的心态，它使人的心灵扭曲变形，使美好的情感被抹杀，是一种情绪障碍。嫉妒还是影响大学生人际交往的重要因素之一，嫉妒心重的大学生，唯恐别人在学习和其他方面超过自己，反而会用别人的失败作为自己心灵的安慰，因此是不会也不愿真正关心帮助他人、真诚地与人交往的。由于嫉妒情绪有明显的指向性和发泄性，嫉妒者往往会在背后打击嫉妒对象，必然造成隔阂与敌对，严重危害良好交往。如历史上孙膑致残、韩非被杀，就是同门师兄弟嫉贤妒能、暗中陷害所致。

心理词典　　情绪与健康

美国哈佛大学的一些学者用了40年的时间，对204名成年人做了跟踪调查，结果发现在21～46岁，过着舒畅精神生活的59人中，只有2人到53岁时得了重病，其中1人死亡。而在同一时期内，得不到舒畅精神生活的48人中，都在55岁之前死去。耶鲁大学也做了统计，结论是求诊的病人中，因情绪紧张而致病的占76%。根据我国食道癌普查资料，大部分患者病前曾有明显的忧郁情绪和不良心境。我国心理学家对高血压患者病因分析中，也发现患者病前常有焦虑、紧张等情绪特点。可见，良好的情绪对保持身心健康有重要的作用。

二、情绪健康的标准

什么样的情绪是好的？这个问题似乎不好回答，因为任何一种情绪都有它的作用，包括积极的一面和消极的一面。就某种情绪状态对人的生理健康、社会生活的影响而言，我们大致可以从这样几个方面去观察自己的情绪状态是否健康或是否有利于自己的生活与健康。

（一）情绪变化是由适当的原因引起的

欢乐的情绪是由可喜的事情引起的，悲哀的情绪是由不愉快或不幸的事件引起的。一定的事物引起相应的情绪是情绪健康的标志之一。如果一个人受到挫折反而高兴，受人尊敬反而愤怒，这样的情绪就不健康，可能存在一些心理问题。

（二）某种情绪持续的时间应随客观情况的变化而逐渐变化或转移

在一般情况下，引起某种情绪的因素消失之后，其情绪反应也应逐渐消失。例如，孩子偶尔不慎摔碎了一个碗，当母亲的可能当时不高兴，事情过后也就不生气了。如果事情已经过去很长时间了，可是当母亲的还念念不忘，就是情绪不健康的表现，说明这个母亲可能存在一些心理问题。

（三）情绪稳定

情绪稳定表明个人的中枢神经系统活动处于相对的平衡状态，反映了中枢神经系统活动的协调性。一个人情绪经常很不稳定，变化莫测，喜怒无常，这是情绪不健康的表现。

（四）心情愉快

情绪健康的另一个重要标志是心情愉快。愉快表示一个人的身心活动和谐，自我感觉满意。此时处于一种积极的健康状态。一个人经常情绪低落，总是愁眉苦脸，心情苦闷，则可能是心理不健康的表现。

（五）适度表现

正常的人有了某种情绪变化，总会通过个人的言词、行为等方式表现出来。有了某种情绪，特别是有了某种强烈的情绪不表达或过度表达，都不是健康的表现。比如说，遇到悲伤的事，痛哭一场或找好友诉苦一番，这是情绪健康的表现；比较糟糕的方式是喝酒、砸东西、伤害他人等。也有一些人不做任何表达，把所有的事、所有的情绪感受都自己承受，这也不是健康的表现。

三、培养良好的情绪

（一）合理情绪法

合理情绪疗法是由美国临床心理学家艾利斯在 20 世纪 50 年代创立的，其核心是去掉非理性的、不合理的信念，建立正确的信念。非理性信念的特点是绝对化、过分概括化。艾利斯认为，非理性信念主要包括以下 10 条：

（1）每个人都应该得到在自己生活环境中对自己重要的人的喜爱与赞许。

（2）每个人都必须能力十足，在各方面有成就，这样的人才是有价值的。

（3）有些人是坏的、卑劣的、恶性的，为了他们的恶行，他们应该受到严厉的责备与惩罚。

（4）假如发生的事情是自己不喜欢或不期待的，那么它就是很糟糕、很可怕的，事情应该是自己喜欢与期待的那样。

（5）人的不快乐是由外在因素引起的，一个人很少有或根本没有能力控制自己的忧伤和烦闷。

（6）一个人对于危险或可怕的事物应该非常挂心，而且应该随时考虑到它可能发生。

（7）逃避困难、挑战与责任要比面对它们容易。

（8）一个人应该依靠别人，而且需要有一个比自己强的人做依靠。

（9）一个人过去的历史对他目前的行为是极重要的决定因素，因为某事曾影响一个人，它会继续，甚至永远具有同样的影响效果。

（10）一个人碰到种种问题，应该有一个正确、妥当及完善的解决途径，如果无法找到解决方法，那将是糟糕的事。

合理情绪疗法认为：情绪并不是由某一诱发事件本身直接引起的，而是由经历这一事件的个体对这一事件的解释和评价所引起的。这一理论也称为情绪困扰的“ABC 理论”。A 是指诱发性事件;B 是指个体所遇到的诱发性事件之后产生的相应信念,即他对这一事件的想法、解释和评价;C 是指在特定的情景下,个体的情绪及行为的结果。

当一名大学生因考试成绩平平(A)而焦虑甚至产生抑郁时(C),这是因为他有这样的信念(B):大学生在各方面都应当是优秀的、出类拔萃的,否则情况就非常糟糕。而合理的信念应该是大学生未必各方面都优秀,做最好的自己是最重要的。人的思想、情感和行动三者都是同时发生的,即当人思考时,也在感受和行动;同样,当人在感受时,也在思想与行动。情绪问题正是不断地用非理性的话对自己言语、暗示或指示的结果。

(二)积极自我暗示

从心理学角度讲,心理暗示就是个人通过语言、形象、想象等方式,对自身施加影响的心理过程。这个概念最初由法国医师库埃于 1920 年提出。他的名言是“我每天在各方面都变得越来越好”。自我暗示分消极自我暗示与积极自我暗示。积极的自我暗示,是在不知不觉中,对自己的意志、心理以至生理状态产生影响,令我们保持好的心情、乐观的情绪、充分的自信心,从而调动人的内在因素,发挥主观能动性。心理学上所讲的“皮格马利翁效应”也称期望效应,就是讲的积极的自我暗示。而消极的自我暗示会强化我们个性中的弱点,唤醒我们潜藏在心灵深处的自卑、怯懦、嫉妒等,从而影响情绪。

心理学的实验表明,当个人静坐时,默默地说“勃然大怒”“暴跳如雷”“气死我了”等语句时心跳会加剧,呼吸也会加快,仿佛真的发起怒来;相反,如果默念“喜笑颜开”“兴高采烈”“把人乐坏了”之类的语句,那么他的心里也会产生一种乐滋滋的体验。由此可见,言语活动既能唤起人们愉快的体验,也能唤起不愉快的体验;既能引起某种情绪反应,也能抑制某种情绪反应。因此,当我们在生活中遇到情绪问题时,我们应当充分利用语言的作用,用内部语言或书面语言对自身进行暗示,缓解不良情绪,保持心理平衡。比如,默想或用笔在纸上写出下列词语:“冷静”“三思而后行”“制怒”“镇定”等等。实践证明,这种暗示对人的不良情绪和行为有奇妙的影响和调控作用,既可以松弛过分紧张的情绪,又可以用来激励自己。

(三)建立良好的人际关系

良好的人际交往可以满足大学生归属与安全的心理需要,消除孤独、寂寞,能增强大学生的自信心和自尊心,产生友谊,获得支持和帮助,对大学生情绪和情感的稳定与发展具有重要作用。而不良的人际交往则阻碍大学生基本需要的满足,容易激化心理矛盾和冲突,导致情绪困扰。因此,当大学生陷入情绪困扰中时,除了重视自我调适外,还应当积极争取亲朋好友的支持和帮助,共同商量解决办法,消除不良情绪。当情绪困扰程度较为严重,长期持续,心理负担过重时,还应及时到心理咨询机构寻求帮助。

(四)转移注意力

注意力转移法就是把注意力从引起不良情绪反应的刺激情境转移到其他事物上去或从事其他活动的自我调节方法。当出现情绪不佳的情况时,要把注意力转移到使自己感兴趣的事上去,如外出散步,看看电影、电视,读读书,打打球,下盘棋,找朋友聊天,换换环境等,有助于使情绪平静下来,在活动中寻找到新的快乐。这种方法,一方面中止了不良刺激源的作用,防止不良情绪的泛化、蔓延,另一方面通过参与新的活动,特别是自己感兴趣的活动而达到增进积极的情绪体验的目的。

(五)培养运动的习惯

运动是不良情绪的天敌。运动可以使心率加快,促进血液循环,增加机体对氧气的吸收量,使人及大脑兴奋,消除不良情绪。据有关研究表明:有运动习惯的大学生心理健康水平显著高于没有运动习惯的大学生。通过体育运动可以使人的注意力发生转移、情感发泄、兴趣改变、紧张程度得到松弛、情绪趋向稳定,可以为郁积的各种消极情绪提供一个合理的发泄口,从而消除情绪障碍,达到心理平衡。所以,常参加体育锻炼也是调节和控制情绪的一种良好方法。有趣的、自己喜爱的趣味性较强的运动,如羽毛球、乒乓球、排球、跳绳等对减轻学生的焦虑情绪有很大的帮助;足球、篮球、排球、健美操和集体舞等运动对大学生的抑郁情绪都有好处;游泳、溜冰、拳击和体操中的跳马、单双杠则对克服恐惧情绪有很好的效果。

(六)深呼吸法

当人处于压力中,或者其他引起紧张的环境中时,交感神经系统就会被激活。同时释放压力激素,使呼吸与心率加快,进入高度的警觉或准备状态。这种状态持续时间过久,就会引起疲劳和内脏系统问题。每当深呼吸时,副交感神经系统就会被激活。可以释放乙酰胆碱,降低心率、呼吸频率、肌肉紧张度以及其他功能,从而降低机体的新陈代谢活动,恢复体内平衡,让机体放松下来。

因此,深呼吸不仅可以通过胸腔扩张和血液循环的方式缓解紧张,同时还通过神经系统达到缓解紧张,身心放松的目的。

深呼吸要注意两个要领:一是缓慢的、有节奏的吸气,缓慢有节奏的呼气。二是吸气后停 1 至 2 秒钟再呼。呼时最好嘴微张,这样立刻感觉肌肉放松,特别感觉胸部放松,从而有助于心理放松。

深呼吸是一种低成本的调压妙方,不仅能在当下消除紧张的心理状态,长期坚持,会感到的心平气和,轻松舒畅,情绪淡定、心脑安宁。坚持深呼吸,会提高情绪自控能力,对各种事情不容易起反应,从容地对待工作和学习生活中的各种问题,比较容易处于心情舒畅的状态。身体层面,会改善睡眠,减少疲劳感,思路清晰,比较容易集中精神,血压偏高的也会趋于正常,许多慢性疾病都会有所改善。

(七)升华自己的情绪

升华是改变不为社会所接受的动机、欲望而使之符合社会规范和时代的要求,是对消极情绪的一种高水平的宣泄,是将消极情感引导到对人、对己、对社会都有利的方向去。如因失恋而痛苦万分,但他没有因此而消沉,而是把注意力转移到学习中,立志做生活的强者,证明自己的能力。

在上述方法都失效的情况下,仍不要灰心,在有条件的情况下,去找心理咨询师进行咨询、倾诉,在心理咨询师的指导和帮助下,克服不良情绪。

心理词典 “哭泣”的作用

心理研究显示:日常生活中的“哭泣”也是一种比较有助于健康的宣泄方式。研究表明,人在悲痛、悲伤时哭出的眼泪中含有一种对人体有害的蛋白质,被称为“有毒的眼泪”。这种蛋白质是人体内一个神经元与另一神经元之间传递兴奋信息的媒介——中枢递质。

如果这种中枢递质过多，便会引起人的过多的神经冲动，为此，体内要产生一种相应的分解酶来分解过剩的中枢递质。一旦中枢递质过多，分解酶不能把它们全部分解掉，就要靠眼泪来把它排出体外了。否则，眼泪中这些过多的中枢递质对人体是有害的。这也许是女性比男性寿命更长的原因之一。

思政元素

“病由心生”

在中国传统文化中，《说文解字》对“病”的解释是：“病，疾加也”，也就是说，“疾”迁延不愈，时间长了会影响病人心态，“疾”会逐渐演变成“病”，“病”字从“丙”旁，丙在五行属“火”，在五脏与“心”对应，所以中医有“病由心生”的说法。

心是人体主管思维的器官，既要把握全局，考虑身边的大事；又要调控情志的发生与变化，使人在波澜翻滚的思潮中正常生存。心的重要性在三个方面体现：心神、心态、心性。心神就是精神意识，心态是对人和事的观点、看法和态度，而心性主要指性格和性情。很多疾病的诱因在于心神、心态和心性三个方面或其中某个方面出了问题。比如很多人心态虽然不错，对名利看得也淡，但是心性不太好，性情急躁或容易发脾气，这就容易得病。有一种观点认为很多病是急出来的，还有很多病是气出来的，都有一定道理。

复习思考题

1. 情绪的概念是什么？情绪的分类有哪些？
2. 大学生的情绪特点有哪些？
3. 情绪智力与智力的区别有哪些？
4. 大学生常见的情绪困扰及如何培养良好的情绪？

心灵阅读

情绪 ABC 理论

有一个年轻人失恋了，一直摆脱不了事实的打击，情绪低落，已经影响到了他的正常生活，他没办法专心工作，因为无法集中精力，头脑中想的都是前女友的薄情寡义。他认为自己在感情上付出了，却没有回报，自己很傻很不幸。于是，他找到了心理医生。

心理医生告诉他，其实他的处境并没有那么糟，只是他把自己想象得太糟糕了。在给他做了放松训练，减少了他的紧张情绪之后，心理医生给他举了个例子。“假如有一天，你到公园的长凳上休息，把你最心爱的一本书放在长凳上，这时候走来一个人，径直走过来，坐在椅子上，把你的书压坏了。这时，你会怎么想？”

“我一定很气愤，他怎么可以这样随便损坏别人的东西呢？太没有礼貌了！”年轻人说。

“那我现在告诉你，他是个盲人，你又会怎么想呢？”心理医生接着耐心地继续问。“哦——原来是个盲人。他肯定不知道长凳上放有东西！”年轻人摸摸头，想了一下，接着说，“谢天谢地，好在只是放了一本书，要是油漆或是什么尖锐的东西，他就惨了！”“那你还会对他愤怒吗？”心理医生问。“当然不会，他是不小心才压坏的嘛，盲人也很不容易的。我甚至有些同情他了。”

心理医生会心一笑：“同样的一件事情——他压坏了你的书，但是前后你的情绪反应却截然不同。你知道是为什么吗？”“可能是因为我对事情的看法不同吧！”

对事情不同的看法，能引起自身不同的情绪。很显然，让我们难过和痛苦的，不是事件本身，而是对事情的不正确的解释和评价。这就是心理学上的情绪 ABC 理论的观点。情绪 ABC 理论的创始者埃利斯认为：正是由于我们常有的一些不合理的信念，才使我们产生情绪困扰，如果这些不合理的信念日积月累，还会引起情绪障碍。

情绪 ABC 理论中，A 表示诱发事件；B 表示个体针对此诱发事件产生的一些信念，即对这件事的看法和解释；C 表示个体产生的情绪和行为结果。通常人们会认为诱发事件 A 直接导致了人的情绪和行为结果 C，发生什么事就引起什么情绪体验。然而，同一件事，人们的看法不同，情绪体验也不同。

对于上面这个失恋的年轻人来说，失恋只是一个诱发事件 A，结果 C 是他情绪低落，生活受到影响，无法专心工作；而导致这个结果的，正是他的认知 B——他认为自己付出了一定要收到对方的回报，自己太傻了，太不幸了。假如他换个想法——她这样不懂爱的女孩不值得自己去珍惜，现在她离开可能避免了以后她对自己造成更大的伤害，那么他的情绪体验显然就不会像现在这么糟糕。

自我测试

国际标准情商测试

第八章

风雨之后见彩虹

——大学生的压力管理和挫折应对

学习目标

知识目标	了解压力和挫折的含义、构成以及产生原因；认识压力和挫折对大学生的影响；掌握压力和挫折的应对方法
能力目标	掌握应对压力和挫折的方法，提高大学生抗挫折能力，培养坚忍不拔的精神
素质目标	通过介绍“全国自强模范”的事迹，使大学生能正确认识压力，积极应对挫折

主题导读

蚂蚁的信念

有一个国王被仇敌追杀，落荒而逃，不得已躲在一间破屋里，他在那里独自生活了很长时间，万念俱灰，不知所措，他觉得自己已经失去力量和勇气。突然，他发现一只蚂蚁正背着一颗比它身体大数倍的麦粒，奋勇地往墙上拖，但是却一再地摔下来。那个国王默默地数它掉下来的次数，一次又一次，蚂蚁持续地努力，在第 70 次时，它终于爬上了墙头。国王精神大为振奋，小小的蚂蚁都有坚持到底的信心，更何况人呢！他继续不懈地努力，终于恢复了往昔的光荣。

富兰克林说：“成功属于那些不屈不挠的人。”在人生的各个关口布满许许多多的挫折，你不知道它何时会出现，但是可以确信，它总会来临。遇到挫折，有的人会坚强面对，在挫折中越挫越勇，从而冲破生活中的阴霾，以更加旺盛的斗志继续人生的旅途。而有些人遇到挫折，则先想到逃避，让自己沉睡在不见天日的地窖中，寄希望于时间的流逝来冲淡这段痛苦的遭遇。不同的人对待挫折的不同态度，注定了人与人之间不同的结局。对大学生而言，挫折既是打击，也是成长。遇到挫折，我们不能悲观失望，不能丧失斗志，我们要知道前进中的曲折性。不经历风雨，怎能见彩虹？正确地认识与对待挫折，是成功人生的必经之路。

第一节　压力与挫折

一、压力概述

（一）压力的定义

压力这一术语最早来自物理学和工程学，是指将充分的力量用在一种物体和系统上，使其扭曲变形。后来，加拿大生理学家汉斯·塞利开始将压力的概念引入医学和心理学领域，在他的研究中，“压力”是指令个体紧张的威胁性。

目前，心理学界对压力较为普遍的定义是：压力是个体面对具有威胁性刺激情境时，所伴有的躯体机能以及心理活动改变的一种身心紧张状态。压力包括两方面的含义：压力源和应激状态。压力源是指带来压力感受的具有威胁性或伤害性的事件或环境，如第一次参加求职面试等；应激状态是指因各种力量或压力所产生的生理反应和心理状况，如心跳加速、手心出汗、感觉紧张等。

（二）压力源

一切使机体产生压力反应的因素均称为压力源，它是压力产生的原因和条件。压力源可能存在于人们自身，也会来自外在环境与各种因素。心理学家在研究中，把造成压力的各种生活事件做了分析，提出了四种类型的压力源。

1. 躯体性压力源

躯体性压力源是指通过对人的躯体直接发生刺激作用而造成身心紧张状态的刺激物，包括物理的、化学的、生物的刺激物，如过高或过低的温度、微生物、变质食物、酸碱刺激物等。这一类刺激是引起压力生理反应的主要原因。

2. 心理性压力源

心理性压力源是指来自人们头脑中的紧张性信息，例如心理冲突与挫折、不切实际的幻想、不祥的预感、对未来的担忧、工作责任心过重等所造成的压力等。心理性压力源与其他类型压力源的显著不同之处在于它直接来自人的大脑，反映了个体心理方面的困扰。

3. 社会性压力源

社会性压力源主要是指导致个人在生活方式上的变化，并要求人们对其做出调整和适应的情境与事件。社会性压力源既包括个人生活中的变化，也包括社会生活中的重要事件，如考入大学后面临新的环境等，这种个人生活的改变会给大学生带来一定环境压力和对陌生的恐惧。

4. 文化性压力源

文化性压力源最常见的是文化性迁移，即从一种语言环境或文化背景进入到另一种语言环境或文化背景中，使人面临全新的生活环境、陌生的风俗习惯和不同的生活方式，从而产生压力，例如到大城市求学、出国留学或移民等。如果缺乏对环境改变所应有的心理准备，个体在异域文化背景下就难以适应，常常会出现不良心理反应。

需要指出的是，压力源并非都是消极因素，对个体具有积极作用的生活事件同样可以带来压力，如，考上大学、获得大奖、被人追求、结婚生子、出外旅游、乔迁新居、提薪晋职等，虽然这些事件本身对个体的生活具有积极意义，甚至是个体梦寐以求的，但是伴随着它们的发生，也会给个体带来许多心理负担、心理挑战。此外，并非只有较大的事件才会产生压力，如对大学生的心理造成一定影响、使他们产生压力感的事件，可能是重大事件，也可能是日常生活中的琐事。

（三）压力与心理健康

压力是生活的一部分，但并不是所有的压力都会造成问题。心理学研究发现，适度的压力水平能够提高人们的工作效率，过度的压力水平才会影响到人们的工作效率甚至健康。压力对人的作用具有双重性。

1. 压力对健康的积极作用

一般单一性社会压力有益于健康，它使人生活得充实，人生变得有意义，这类压力称之为良性压力。事实上完全没有压力的生活是不可想象的，也是不真实的。

心理学的研究表明，早年的心理压力是促进儿童成长和发展的必要条件。经受过生活压力的青少年在以后的生活和工作中更容易适应环境，更容易取得成功；反之，早年生活条件太好，没经历过挫折和压力，则有如温室里成长的花朵，经不起生活的风吹雨打。对于大学生而言，适度的压力是维持正常身心功能活动、激发积极性和主动性、锻炼和培养良好意志品质的必要条件。

2. 压力对健康的消极影响

继时性压力和破坏性压力，则是人们健康的杀手。继时性压力指的是多种压力事件相继发生，使人处于慢性心理应激状态，时间一久便容易引发一系列身心症状。病人会产生呼吸困难、易疲劳、心悸和胸痛等生理症状，还有紧张性头痛、焦虑、抑郁、强迫行为等心理症状，是慢性应激障碍。

破坏性压力往往是人们不能承受的，比如地震、战争等，容易使人患上创伤后压力失调，或创伤后应激障碍，造成感知、情绪、行为等方面的一系列问题，是急性应激障碍。比如女性被强暴后会变得呆滞、心因性记忆丧失、回避社会活动、失去安全感等。强大自然灾害的心理反应，比创伤后压力失调更为严重，容易产生灾难症候群。

案例

某高校学生，因家庭贫困无法交学费，报到时学校开了“绿色通道”解决了其燃眉之急。在大学期间，她参加各种勤工助学活动，为生活奔波；她学习认真刻苦，曾多次获得奖学金，但是在每次考试之前他都彻夜难眠，生怕考不好别人看不起自己。寝室有集体聚会、出游等活动时，她也非常担心室友会单独来邀请她，因为她不好意思拒绝。即将毕业之际，她找工作多次碰壁，看到其他同学找到工作，心理压力特别大，无法面对父母和关心自己的老师，想到即使找到工作还面临买不起房等诸多困难，她选择了出走。

该大学生的心理困境基本都是由各种压力源造成。家庭经济困难是其压力源的核心。经济压力使她的心理变得很脆弱、自卑,人际关系敏感,在日常学习和生活中能充分体现。同时,求职和就业挫折加重了她的心理压力,让她处在一种持续的高度紧张的心理状态。面对以上压力,该大学生的处理方法是"回避",这种消极的应对策略不仅没有解决现实问题,反而让她更加茫然,进而选择逃离。

二、挫折概述

大学生有许许多多的幻想、憧憬、期待与希望。为了实现这种幻想、憧憬、期待与希望,他们会付出种种努力甚至刻意追求。当他们在追求的过程中遇到障碍、压力,不得不停止努力或即使努力也达不到目的时,他们便遭到了挫折。

(一)挫折定义

挫折,用通俗的话讲就是"碰钉子",当我们的需要和目标遇到阻碍而不能得到满足或实现时,就会体验到紧张、焦虑、愤怒、失落等情绪情感反应。心理学上把人们因遇上不如意的事情而产生情绪情感反应的过程称为挫折。

(二)挫折构成

挫折一般由挫折情境、挫折认知、挫折反应三个部分组成。

1. 挫折情境

挫折情境就是指个体在有目的的活动中所遭遇到的,使需要不能得到满足的内外障碍和干扰等情境因素,如考试不及格、人际关系冲突、恋爱失败、求职不成等。

2. 挫折认知

挫折认知就是指个体对挫折情境的认识和评价。挫折认知既可以是对现实遭遇到的挫折情境的认知,例如,某人在背后说你坏话,你听到以后心里感到很生气;也可以是对想象中可能出现的挫折情境的认知,例如,有的人总是怀疑有人在背后议论自己,虽然事实并不如此,但在自己心里会因此而产生对此人的不满。

3. 挫折反应

挫折反应是指伴随着挫折事件的发生而产生的情绪、认识和行为反应。

挫折反应是挫折对人产生影响直接作用的表现,它具有两面性:一方面,挫折反应具有消极性,人在经历挫折时会产生焦虑、烦恼、恐惧、愤怒等不良情绪反应和粗暴的消极对抗行为,这些负性情绪或行为如果持续时间过长或强度过大,不仅会给他人造成严重损失,还会影响个人的身心健康,引发各种身心疾病;另一方面,挫折反应也具有积极性,挫折反应对于人的积极影响在于它能引起适度的紧张和压力,有利于人们更清醒地认识自己及所处环境,能不断调整自己,从挫折中吸取教训,磨炼意志,使人更加成熟、坚强,在逆境中奋起,从而有更大的发展。

在这三个因素中,挫折认知是最重要的,挫折认知是主观上对挫折情境的一种评价,它直接决定着个体对挫折情境的反应性质与程度。如果客观上有障碍存在，但主观上并无知觉（认知），就不会构成挫折情境，或个体将别人认为严重的挫折情境评价为不严重，他的挫折反应也会很弱。反之，如果将别人认为不严重或根本不存在的挫折情境评价为严重的，则会引起强烈的情绪行为反应。因而在大多数情况下，即使面对同一挫折情境，不同的人也会产生不同的挫折反应。

心理视窗　　**驴子与枯井**

有一头驴子不小心掉到一口井里，期待主人把它救出来。驴子的主人召集了数位亲邻帮忙，但是都想不出好的办法搭救驴子，大家倒是认定，反正驴子已经老了，"人道毁灭"也不为过，况且这口枯井迟早也是要填上的。于是，人们拿起铲子开始填井。当第一铲泥土落到枯井中时，驴子叫得更恐怖了——显然它明白了主人的意图。又一铲泥土落到枯井中，驴子出乎意料地安静了。人们发现，此后每一铲泥土打在驴子背上的时候，驴子都做了一件令人惊奇的事情：它努力抖落背上的泥土，将其踩在脚下，把自己垫高一点。人们不断地把泥土往枯井里填，驴子也就不停地抖落那些打在背上的泥土，使自己逐渐升高。就这样，驴子慢慢地升到枯井口，在旁人惊奇的目光中，驴子轻松地走了出来！

当一个人遇到挫折后，都会产生各种各样的行为反应和情绪变化：有的绝望哀号，痛哭流涕，埋怨命运的不公；有的善于在逆境中寻找希望，发现成功的转机。

第二节　大学生压力和挫折的产生与特点

一、大学生压力和挫折产生的原因

大学生们通过自己艰辛的努力和奋斗，终于跻身于大学这个令人神往的知识殿堂。然而，现实生活是错综复杂的，大学生有目的的活动会受到各种因素的制约，这些因素可能阻碍大学生目标的实现，影响他们需求的满足、目标的实现，引发大学生的心理压力和挫折体验。引起大学生心理压力和挫折体验的原因也呈现复杂情况，一般表现在客观因素和主观因素两个方面。

（一）客观因素

复杂多变的外部环境是造成大学生心理压力和挫折体验的主要因素。引起大学生挫折的客观因素包括自然环境因素、社会环境因素、家庭环境因素和学校环境因素等四个方面。

1. 自然环境因素

自然因素是指非人力所能及的一切客观因素。例如自然灾害、台风、地震、酷热、洪水、疾病、事故等。对于大学生来说，大学生疾病、家庭遭自然灾害导致贫困等都可以导致心理压力和挫折。如正当踌躇满志的大学生收到一个极有影响的工作单位的面试通知，设想着美好的前程之时，一场突如其来的大病却使他不能参加面试，从而丧失了应聘的良机而产生的失落感，就包含压力和挫折。

2. 社会环境因素

大学生生活在社会之中，社会发生的深刻的变革在客观上对当代大学生的心理带来了深刻的影响，社会的政治、经济、法律、道德、宗教、风俗习惯、人际关系等，都可能成为引起大学生压力和挫折的因素。

3. 学校环境因素

学校是一个有计划、有目的、有组织地向人们传授知识、技能、价值标准、社会规范的专门机构。目前我国教育改革处于不断的发展和完善过程中，学校教育还存在着诸多不足和缺陷。在大学的学习生活中，学校设置的课程内容陈旧，教师的教学方法不当，学生所学专业与本人兴趣不相符合，班集体中人际关系不协调，饮食条件较差以及高校教育体制的改革等，都可能使大学生产生压力和挫折。

4. 家庭环境因素

家庭是社会的细胞，是个体出生后所接触的第一个环境，它既是生长的温床，又是塑造情感、意志、性格、品德的场所。大学生的心理挫折总能或多或少地找到家庭的烙印，家庭的一些潜在或显性的条件，如家庭的自然结构、家庭的人际关系、家庭的教育方式、家庭的抚养方式以及家长的素质等对大学生的心理挫折都有直接或间接的影响。研究表明，自小娇生惯养、过分受保护、被溺爱的孩子进入大学后，更容易产生心理压力和挫折。家庭贫穷、双亲不和或单亲家庭的孩子，由于父母对他们过分管制或放任不管，他们上大学后，有些人表现得蛮横无理或做出一些违背社会规范的反常举动；有些人表现出内向、孤僻的性格，很少与人交往，不易表露感情，郁郁寡欢，也容易产生心理压力和挫折。

（二）主观因素

引起大学生压力和挫折的主观原因是主客观交互作用的过程，但就造成压力和挫折的实质而言，则反映在个体条件、心理矛盾冲突和个性不完整等方面。

1. 个体的生理因素

生理因素是指个体与生俱来的身体、容貌、健康状况、生理缺陷等所带来的限制。例如，身体素质较差的学生难以成为优秀运动员；人际交往等社会活动中可能由于其貌不扬而处于劣势，往往无法在社交场合中潇洒自如、谈笑风生，展示自己的才能，甚至正常交友也受影响，使自己陷入孤寂境界等，都可能给大学生带来压力和挫折感。

2. 生活环境的不适应

许多在校大学生上大学时是第一次离开家，进入到全新的生活环境，在生活和心理状态上很难适应，例如水土不服、饮食不习惯、集体生活不适应、难以承受理想中的大学和现实中的大学环境之间的反差等。有的学生会因为生活中遇到一点小困难或不如意的事情，就产生挫折心理，出现孤独、苦闷、烦恼、忧愁等不良情绪反应。同时，这个时期是人生由少年向成年过渡的阶段，他们的独立精神、自主精神还没完全成熟，许多学生无法适应新的生活。如相当多的学生对大学的学习方式不习惯，尤其不能适应大学生活里“充足的自由时间”，缺乏独立自主的学习能力和习惯。而且，随着年级的升高，逐渐感到学习持久紧张与竞争压力，很多大学生心理压力增大，容易产生茫然、空虚、压抑、紧张、无所适从感，导致心理挫折的产生。另外,某些学生的宗教、信仰、风俗习惯得不到别人的理解、信任,或个人的才能无从发挥,也容易产生挫折感。

3. 自我认知偏差

大学生缺乏社会经验,往往不能正确地认识自我。当取得一点成功时,自我评价偏高;而当遇到挫折与失败时,就会产生失败感或焦虑苦恼的情绪而低估自己甚至自我怀疑与否定。如一位大学生刚入学就提出了很高的要求:要拿特等奖学金,当三好学生。然而因为不适应大学生与中学生在学习方法上、评定标准上的差异,以为只要自己苦学就行了,主观盲目地给自己制定了过高的目标,其结果当然实现不了,这对这位一年级大学生来说无疑是一次不小的挫折。另一方面,还有少数学生自我评价是消极被动的,一遇到困难、阻碍便觉得"一切都没有意思",结果就会变得畏缩不前,错过"成功"在望的目标。

4. 人际交往不适

在大学校园这一特定环境之中,大学生具有强烈的归属感,对友谊、对朋友有着热切的依恋和期望。由于交往经验与技巧的不足,交往过程中沟通不足、关系失调、人际冲突等现象时有发生,从而导致心理挫折。如不少大学生都感觉到不知道如何与同学、老师、辅导员交往。由于人际交往的受挫,不少大学生便产生了"大学同学之间的交往怎么和高中不一样?""在大学里没有知心朋友,感到孤独!"的悲叹。此外,在大学生的人际交往中,那些具有封闭性和攻击性性格的学生,很容易与他人在心理上产生距离,虽然他们终日周旋于人们之间,却感到缺少知心朋友。在集体生活中往往不合群,受到周围人的排斥甚至孤立,人际交往中存在着冷漠、猜忌甚至敌意。

5. 动机冲突

动机冲突也是引起大学生挫折和压力的重要原因。在现实生活中,人们常常会同时产生两个或两个以上的动机。如果这些同时并存的动机不能同时获得满足,并且在性质上又出现彼此相互排斥的情况,就会产生动机冲突的心理现象。丰富多彩的大学生活和社会转型期带来的大好机遇,在为大学生的全面发展提供有利条件和广阔天地的同时,也给他们带来了选择的冲突,如在政治方面、经济方面、专业定向方面、社会交往方面、恋爱方面、择业方面的取舍问题。当若干个动机同时存在、难以取舍时,就会形成动机冲突。心理压力和挫折感会油然而生。

心理词典　　动机与工作效率

动机与工作效率的关系主要表现在动机强度与工作效率的关系上。人们倾向于认为动机强度越高对行为的影响越大,工作效率也越高;反之,动机强度越低则工作效率越低。但事实并非如此。心理学的研究表明,动机强度与工作效率之间的关系不是一种线性关系,而是倒U形曲线关系。中等强度的动机最有利于任务的完成,也就是说,动机强度处于中等水平时,工作效率最高,一旦动机强度超过这个水平,对行为反而会发生一定的阻碍作用。如学习的动机太强,急于求成,会产生焦虑和紧张,干扰了记忆和思维活动的顺利进行,使学习效率降低。考试中的"怯场"现象主要是由动机过强造成的。

心理学家耶克斯和道德森的研究表明,各种活动都存在一个最佳的动机水平。动机不足或者过分强烈，都会使工作效率下降。研究还发现，动机的最佳水平随任务性质的不同而不同。在比较容易的任务中，工作效率随动机的提高而上升；随着任务难度的增加，动机的最佳水平又有逐渐下降的趋势。也就是说，在难度较大的任务中，较低的动机水平有利于任务的完成。这就是著名的耶克斯-道德森定律。

二、大学生压力和挫折的特点

(一)压力挫折反应为多种消极情绪反应

学生在受到压力挫折时伴随着强烈的紧张、愤怒、焦虑等情绪，可能表现为强烈的内心体验，也可能表现为特定的表情或行为反应。情绪性反应多为消极性反应，主要表现为焦虑、冷漠、退化、幻想、逃避、固执、攻击、自杀等。

1. 焦虑

焦虑是一种模糊的、紧张不安的综合负性情绪，常常伴随焦急、忧虑、恐惧等感受，甚至可能会有出冷汗、恶心、心悸、手颤、失眠等生理反应。当学生面临心理冲突、情境压力、遇到挫折，或者预感到某种不祥的事情或不良的后果将要发生，或者感到需要付出努力的情境将要来临而又感到没有把握预防和解决时，一般都会产生焦虑情绪。

2. 冷漠

冷漠是指当一个人遇到压力挫折时表现出的一种无动于衷和漠不关心的态度。这是一种复杂的压力挫折反应。表面上看，冷漠似乎是逆来顺受，毫无情绪反应，而事实上并不意味着当事人没有反应，而是对压力挫折更加痛苦的内心体验，只是被压抑或以间接的形式表现出来了。一般情况下，对压力挫折的冷漠反应是由于一个人长期遭受挫折或感到没有任何希望摆脱或消除困境而产生的，实际上是压力太大、无法逃避而采取的“冷处理”。

3. 退化

退化是指当学生受到压力挫折时所表现出的与自己年龄和身份不相称的幼稚行为。通常，当学生遇到压力挫折后，一些学生在一定程度上会失去对自己的控制，以低于自己年龄的简单、幼稚的方式来应对挫折，以求得别人，有时是自己的同情和照顾。表现这种行为的大学生往往对自己缺乏信心，看不到自己的力量，像孩子一样依赖他人，多指大人小孩状。

4. 幻想

幻想是指一个人在遇到压力挫折时企图以自己想象的虚幻情境来应对挫折。任何人都有幻想，大学生又处在多幻想的年龄段，所以大学生的幻想特别多。通过幻想，人们可以暂时脱离现实. 在自己想象的情境中满足一些自己的需要和欲望，使人产生一种愉快和满足的感觉。如有些学生在幻想中想象当自己在事业上获得了巨大成功，当自己处于很高的地位，当自己得到了意中人的青睐时，如何受到世人的敬仰，如何风流潇洒的情境。应该说，当人们遇到压力挫折时，暂时的幻想，可以使人在一定程度上缓冲挫折情绪，偶尔为之，也是正常的。但是如果用幻想来应对现实中的挫折，特别是长期处于幻想状态，或养成了从幻想中实现现实生活中实现不了的目标的习惯，就会使人降低对现实生活的适应能力和严重脱离现实生活，甚至可能导致精神疾病，致使未来道路上的压力增大。

5. 逃避

逃避是指一个人在遇到压力挫折或感到可能面临压力挫折时，不能面对现实，不能正视挫折，而是以消极的态度躲开挫折现实的一种压力挫折反应方式。如有些学生谈恋爱失败后就不敢再谈恋爱；有些学生当众演讲失败、受到别人嘲笑后再也不参加集体活动等。逃避虽然可以使人们降低因压力挫折产生的紧张感，或者避免再次受到挫折的伤害，但当事人面对的现实问题并没有解决，而有些问题又是不能回避的，所以，逃避常常使人害怕困难，不求进取，长期下去将大大降低人们的适应能力和自信力，甚至可能会导致适应不良。

6. 固执

固执是指一个人在受到压力挫折后，采取刻板的方式盲目地反复进行某种单调、机械的无效动作，尽管知道这些动作对目标的达到、需要的满足并无帮助。通常，固执是在一个人反复遭受压力挫折而又一时无法克服或回避的情况下产生的，过多、过严的惩罚和指责，或者当人处于惊慌失措的状态时也容易产生固执行为。在大学生中，固执往往容易发生在一些性格内向、倔强、看问题片面的大学生身上，以及由情感为纽带形成的消极的大学生非正式团体中。固执是非理智性的消极行为，它往往使人企图通过重复无效动作以对抗挫折压力，对大学生的成长极为不利。

7. 攻击

攻击是指当一个人受到挫折时，为了将愤怒的情绪发泄出去，或者对构成挫折的对象进行报复而产生的攻击性行为。攻击性行为的对象可能是构成挫折的人或物，也可能是其他替代物，还有可能是受挫者自身。攻击性行为的表现形式多种多样，一般分为直接攻击和转向攻击两种。直接攻击是指受挫者将愤怒的情绪直接指向构成挫折的人或物上，通过动作、表情、言语、文字等形式表现出来。这一般发生在自控力较差、性情鲁莽的大学生身上。转向攻击是指受挫者感到引起挫折的真正对象不能直接攻击或不便攻击，或者挫折的来源无法确定时，将愤怒的情绪发泄到其他人或物上的一种变相的攻击方式。如有些学生在比赛时没有获得期望中的名次，便乱砸乱摔东西等。

8. 自杀

自杀是一个人遭受挫折后的极端反应方式，也可以看作是受挫后针对自身的一种典型的特殊攻击行为。当一个人受到突然而沉重的挫折打击，或者长期受到挫折的困扰和折磨，感到压力巨大、万念俱灰、不能自拔时，受挫者就可能产生自暴自弃、轻生厌世的想法，此时若得不到外力的帮助，受挫者就可能采取上吊、跳楼、投河、服毒等方式自杀。通常，自杀行为是在挫折的打击大大超出受挫折者对挫折的承受能力的情况下发生的，特别是当受挫折者将受挫的原因归结为自己，并对自己丧失信心，将自己作为迁怒的对象时更易于导致自杀行为。大学生是同龄人中的佼佼者.成长过程一般都比较顺利，很少遇到大的挫折，他们对挫折的承受能力普遍较低。同时，大学生一般都自视清高、自尊心强，所以，当受到压力和挫折时，甚至有时是很小的挫折，也会使其产生自杀行为。

（二）压力、挫折受个性调节

通常情况下，挫折和压力对人的影响都是暂时的，随着具体挫折情境和条件的改变，随着时间的推移或受挫者认识上的变化，受挫者在受到挫折后所感受到的紧张状态会逐渐消失。但人们在受到挫折后，除了上述直接表现出的挫折反应外，还会出现间接的反应，并对受挫者产生久远的影响，甚至影响到个性的形成与发展。挫折对个性的影响，一般是在人们连续经历挫折，或者遭受特别重大挫折的情况下产生的。如有些大学生在儿童时期长期受到父母过分严厉的管教甚至责难和打骂，就易形成畏缩拘谨、胆小怕事、逆来顺受或者倔强执拗、偏执敌对等不良的个性特点；有些学生与同伴不能友好相处，长期处于紧张的人际关系状态之中，就易养成多疑、多虑、孤僻、狭隘、情绪不稳定等个性特点。但是挫折对个性形成与发展也可能产生积极的影响，如经历了重大挫折后，或者长期身处逆境之中，使人养成了坚强、刚毅和不屈不挠的个性特点。总之，挫折对个性的影响在很大程度上取决于人们对挫折的适应情况，对挫折的消极反应如果得不到及时纠正，并在心理和行为上固定下来，就会形成对挫折的适应不良，对受挫者的个性形成与发展就会带来不利的影响。

(三)心理压力是一把双刃剑，正负能量并存

心理压力是一把双刃剑，如果利用得好，那么压力就会变成动力；反之，压力会压得你喘不过气来。现在说得最多的一句话恐怕就是“压力太大”。美国民意测验发现，89%的美国人都经历过沉重的心理压力。法国卫生部提供的数字表明，法国年轻人的死亡原因中，增长速度最快的不是艾滋病，不是吸毒，也不是车祸，而是因心理压力导致的自杀。

人就像一个弹簧，你如果用一定的力去压它，它会自然地弹回来，恢复原状，如果你用的力过大，它就会被压扁，就不会再弹回来恢复原状。人也是这样.人抵抗压力也有一定的限度。压力过大，就会摧毁人的防御系统或者是免疫系统，身体和心理都会崩溃。但是压力也不一定都不好，适度的压力对人不但没有坏处，反而有好处，它能激活体内的一些激素，调动体内细胞，使身体处于应激状态。从而把人体的潜能激发出来，一些意想不到的奇迹就会发生。比如一些生性调皮的学生，平时成绩不怎么的，老师给他一点压力后他的成绩就会提高一些，相反那些自觉性比较好的学生，给他一些压力后反而考不好。

心理词典　　**心理压力的10种无声信号**

现代生活充满压力，要想活得轻松，就必须解压。要想有效解压，就必须了解压力。美国《预防》杂志刊出美国拉什大学医学中心行为科学部主任斯泰万·E.霍博佛尔博士总结出的压力“10种无声信号”。

1.周末头痛。华盛顿大学头痛研究中心主任托德·施韦特博士表示，从高压力状态下突然放松会诱发偏头痛。周末保持平时的睡眠和饮食模式，有助于最小化头痛诱因。

2.痛经。哈佛大学研究发现，压力太大的女性发生痛经的危险是一般女性的两倍，健身有助于缓解痛经和压力。

3.口腔疼痛。美国牙科协会消费顾问马修·米斯纳博士表示，口腔上颚部疼痛可能是夜间磨牙所致，而压力会加重磨牙症状，可试戴保护牙套。

4.怪梦。压力过大会导致睡眠中多次惊醒，干扰“好梦”后还可能出现不愉快的怪梦，睡前避免咖啡因及酒精，以保证充足的优质睡眠。

5.牙龈出血。巴西研究发现，压力大的人罹患牙周病的危险更大，经常锻炼和充足的睡眠有助于解压，也有助于保护牙齿。

6. 突然出现痤疮。维克森林大学皮肤病学教授吉尔·尤斯帕维奇表示，压力会增加患痤疮炎症的概率，可用水杨酸清洗创面，并抹上不致粉刺的保湿霜，如果几周治疗仍无效，则应看医生。

7. 偏爱甜食。比利亚大学研究发现，与雌激素相比压力更可能是女性偏爱巧克力等甜食的诱因。

8. 皮肤瘙痒。日本一项涉及2000多人的研究发现，身体长期瘙痒者比正常人发生压力的概率高两倍，焦虑紧张，也会加剧皮炎、湿疹和牛皮癣等症状。

9. 过敏。美国俄亥俄州立大学医学院的试验发现，过敏患者焦虑后，症状更多更严重。

10. 肚子痛。除了头痛、背痛和失眠之外，焦虑和压力也会导致肚子疼，一项涉及1953名男女参试者的研究发现，压力水平最高的人比放松的人发生肚子痛的概率高3倍。

第三节　压力和挫折对大学生的影响

一、心理压力对大学生的影响

(一)大学生常见的压力

大学生的压力表现形式是多种多样的，主要表现在学习、生活、情感和就业等方面。

1. 学习压力

大学生的学习压力与中学相比，强度不是很大，但是持续时间比较长。大学生在学习方面的压力首先与大学生的学习方式有关。大学的授课方式与中学有很大差别，进度比较快，大部分靠学生课后学习巩固。很多学生不适应这种学习方式，没有掌握好的学习方法，处于茫然的状态中，长期下来，容易产生厌学心理。其次，对所学专业不感兴趣。很多学生在报考志愿的时候，不知道自己想要学习什么，盲目的追求热门专业。进入大学后，发现对所学专业不感兴趣，产生厌学，承受巨大压力。最后，成才压力导致大学生超负荷运转。有些大学生为了适应市场经济对复合型人才的需要，热衷于考证，废寝忘食，超负荷运转，长期处于紧张的临战状态，压力重重。

2. 生活压力

大学生的生活压力主要来自两个方面：一是经济压力。因家庭困难造成学生经济紧张而陷入困境的学生在学校占有相当大的比例。据统计，每年全国26.4%大学生支付不起学费，13.5%大学生甚至生活费用都有问题。在一些贫困地区甚至出现了“高中生拖累全家，大学生拖垮全家”的现象。这些学生从吃穿乃至言行举止都与城市学生有很大的反差。经济的窘迫，使这些学生心理负担十分沉重，他们感到苦闷和压抑。甚至其中有少部分同学忘记了他们肩上的重任，忘记了父母的艰辛，经受不住物质上的诱惑，为了爱慕虚荣，产生了失范行为，甚至走上犯罪的道路，极个别的学生还有轻生的念头。例如，郑州某大学生利用同学的身份证件骗取校园贷款，参与非法赌球活动，后因无力偿还近百万的债务跳楼自杀，而其父亲毕生的积蓄只有7万元。这种现象在大学生群体中不但存在，而且问题严重性有进一步增加的趋势。二是自理自律压力。目前大学生多数是独生子女，从小受到“高考”指挥棒的无形影响，学习就是一切，长期忽视一般人都应该具备的基本生活技能。因而不少人缺乏自理和自律能力，很多人不会或不善于独立生活和为人处世。面对挫折和新的环境，往往缺乏相应的自我调节能力，因而也就形成了这部分大学生的压力源。

3. 情感压力

情感是大学生生活中的一个重要组成部分，它对于保持和增进他们的身心健康、促进其社会化起着重要的作用。大学生的情感寄托对象主要有家庭、同辈群体、恋人以及网络。

大学生进入大学后，面对一个新的异质性很强的同辈群体，尽管有机会接触更多的朋友，得到更多的友情，但是大学的情感问题都似乎比以前更成为一个难题。远离家乡和父母的大学生总会有一种孤独感，一旦出现人际关系不和谐，或发生其他冲突，这种孤独感就会进一步加剧，从而产生心理焦虑和压力。比如有的学生因为语言表达能力差，使得他们害怕与他人交往沟通思想感情，把自己的内心世界和情感封闭起来。这种人经常处于一种要求交往而害怕交往的矛盾之中，很容易导致孤独症、抑郁或自卑；还有的是因为性格上的不合群，他们在同学中不被理解而被排斥，久而久之就产生一种受冷落或性格孤僻、残暴等心理倾向；另外，由于大学生正处在由青春期向成熟期过渡的重要阶段，异性对他们的吸引力是越来越大，他们有恋爱的需要，也就有了失恋、单相思的困扰，从而产生郁闷、惆怅、失望、悔恨、愤怒等情绪。这些都给身心健康带来严重的影响，有的甚至发展为精神疾病。

4. 就业压力

就业对大学生来说，日益成为一个很现实很沉重的问题。近年来，一方面是高校扩建扩招，大学生数量的增幅显著，再加上人才市场的萎缩，直接导致大学生就业困难。另外，用人单位不断提高招聘要求又使得原本困难重重的大学生雪上加霜。就业压力如此之大，以至于很多大学生刚踏进大学校园，就背负起了就业的压力。为了找一份理想的工作，大学生不得不竞争奖学金，竞选学生干部，参加各种社团，考取各种职业资格证书，如此等等，反过来又加重了学习压力和竞争压力。也有的毕业生期望值过高，不能正确评价自己，我行我素，与社会需求产生明显的反差，难以找准自己的定位，有的毕业生心情烦躁、精神不振、自卑恐慌、无所适从。

案例

小王今年24岁，在南京某著名高校读大四，最近半年来很辛苦，既要忙毕业论文，还要到上海、苏州等地招聘会找工作。半年前，小王就发现自己月经不调，后来月经索性不来了。不过由于她没觉得有其他不适感，也就没在意。后来她的父母得知情况后，感觉很不对劲，就立即带她到中大医院中医内科就诊。经过连续两个月的中医调理，服用了一些补肝肾、补气血的汤药，很快，月经又恢复正常了。

据医师介绍，每年都会接诊好几例类似病症的患者，多是20岁左右的年轻女性。由于年关将近，工作、学习压力过大，而导致出现闭经的症状，如果长期不治疗，有可能引起不育。据专家介绍,女性月经与神经系统、内分泌系统都有着密切的联系。如果是处在激烈竞争中的女性或是需处理复杂人际关系的女性,大脑神经系统长期处于高度紧张状态,情绪的波动极易影响到神经系统和内分泌系统的正常工作。由心理因素导致女性闭经,这在现在上班族中最为常见。专家建议,女性应注意保持好自己的心态,避免出现情绪较大波动,积极调整,使月经周期正常。

(二)压力对大学生的影响

平时谈到压力时,很多人可能马上就会联想到压力对人们的负面影响,有如谈虎色变的感觉。其实,压力并不是像人们想象的那么可怕,压力是一把双刃剑。适度的压力可以促使我们改善自己的缺失,增强自己的动机和能力,改变生活的环境,从而使得自己变得更加成熟。当我们来到大学后,可能会面临来自不同方面的压力,需要与来自不同地方、不同家庭背景下的同学交往,需要适应大学的环境和学习方式,等等。当我们遇到这些问题时,不是悲观丧气,而是把压力看成促使自己前进的一种动力,那么压力就有利于我们的发展。

具体来说,压力对大学生的影响可从两个方面理解:

一方面,适度的压力是维持正常心理功能和生理功能的必要条件,有助于适应环境、提高能力。适度的压力有益于我们的心理成长,可以增加我们的生活乐趣,激发我们奋进。如果缺乏压力,你就会感到厌烦、无聊,难以保持学习、工作的效率,生活失去了目标和动力。但是,如果压力超出了我们的承受能力,如果压力持续存在而得不到解除,就会使我们情绪紧张、低落,行为混乱。

另一方面,过度的压力会对身心造成不良影响,危及健康,引发身心疾病。

过度的压力可以导致身心失调,内分泌紊乱,免疫功能下降,从而导致各种形式的生理异常,可能是轻微的不舒服,也可能是威胁到生命的各种疾病。研究表明,与压力有关的疾病症状最常发生在神经、呼吸、心肺和内脏四个身体系统上。压力因素在高血压、胃溃疡、偏头疼、肥胖、癌症等疾病的产生中具有重要的影响。除此之外,过度压力不仅会导致个体生理上的疾病,也会导致个体产生心理上的疾病。一些人在面临巨大的压力时,不能及时采取有效的办法来应对,使自己一直处于压力情境中,这样就可能导致个体丧失自信心、抑郁或逃避现实,严重的甚至导致抑郁症或精神分裂症等心理疾病。

其实每一次压力危机的背后都隐藏着一次成长的机会。在日常的生活中。只要你能够保持一种乐观进取的态度,把压力转化为动力.你将拥有一种更充实与美好的精神生活。

二、心理挫折对大学生的影响

心理挫折对个体影响一般有两个方面。第一,心理受挫的大小与个体的动机密切相关。当重要的动机受挫时,感受到的挫折就较大,对个体的打击也较大。第二,由于心理发展层次不同,认识方法的差异,抱负水准的高低等原因,不同个体会有不同的重要动机,因而,对挫折的感受因人而异。如两个人同时被小偷偷了钱包,一个人可能就受不了这种打击,好像天塌下来了,感到非常痛苦;另一个人却不以为意,破财免灾嘛。面临同样的考验。不同的人有不同的感受和反应。由此可见，心理挫折不是客观存在的，而是一种感受，是一种心理反应。

挫折会给人以打击，带来损失和痛苦，但也能使人奋起、成熟。并从中得到锻炼。

挫折既有消极的一面，也有积极的一面。可以说，挫折也是生活中的组成部分，每一个人都会遇到。不是遇到这种不幸，就是遇到那种厄运；不是遇到大坎坷，就是遇到小麻烦。虽然我们不欢迎挫折，不喜欢挫折，但又总是躲避不开它。从某种意义上说，生活就是喜、怒、哀、乐的总和。自然间、社会间的万事万物，无一不是在曲折中前进、螺旋式上升的。一切顺利、直线发展的事情几乎是没有的。所谓“一帆风顺”“万事如意”，往往只是人们的良好希冀而已；“天有不测风云，人有旦夕祸福”，倒是司空见惯的。纵观古今，许多著名的科学家、文学家和政治家大都是在逆境中坎坷中磨砺过来的，人类创造文明与进步的事业，无不经过挫折与失败。正所谓“宝剑锋从磨砺出，梅花香自苦寒来”。据调查，有人专门研究过国外 293 个著名文艺家的传记，发现有 127 人在生活中遭遇过重大的挫折。不过，经受过挫折，尝过苦果，也不一定都能产生积极的作用。挫折的结果，可能导致一个人奋发图强，也可能导致一个人丧失斗志。利弊得失往往以一定的情境而转移。如果对挫折漠然视之，若无其事，采取不承认的方式；或是打肿脸充胖子，把错误当正确；或是灰心丧气，自暴自弃，都不可能将坏事变成好事，不能化消极为积极。只有正视挫折，才能将“失败”变为“成功之母”，才不会因暂时的挫折而气馁，才能使坏事变为好事，并因此而增长知识和才干，获得解决问题的能力，使挫折向积极方向转化。

挫折是客观存在的，关键在于我们怎样认识它和对待它。如果对挫折没有正确的认识，缺乏应有的心理准备，遇到挫折就会惊慌失措，痛苦绝望；如果有了正确的挫折观，做好了充分的心理准备，认识了挫折是人生不可避免的一部分，并且敢于正视面临的挫折，不灰心、不低头、不后退、坚忍不拔，敢于向挫折挑战，就能把挫折当作进步的阶石、成功的起点，从而不断取得进步。生活中的挫折和磨难，并不都是坏事。平静、安逸、舒适的生活，往往使人安于现状，乐于享受；而挫折和磨难，却能使人受到磨炼和考验，变得坚强起来。“自古雄才多磨难，从来纨绔少伟男”“生于忧患，死于安乐”“不经历风雨，怎能见到彩虹”，说的都是这个道理。痛苦和磨难，不仅会把我们磨炼得更坚强，而且能扩大我们对生活的认识范围和认识深度，使自己更加成熟。比如，别人的嫉妒和谣言中伤会给我们带来痛苦，但另一方面，也可以帮助我们认识到人事关系的复杂性，通过总结经验教训，改进自己，帮助他人，可以使我们在调整和处理人际关系上学到更多的东西。再比如，进行某项改革，由于经验不足而失败了，这是痛苦的。但是，“失败乃成功之母”，失败所带来的启示常会把我们引向成功之路。只要不泄气，勇于继续探索，善于总结经验教训，就一定能开辟出一条成功的道路来。

第四节　大学生的压力管理和挫折应对

一、压力管理

压力无处不有，无可逃避，因此，为了能很好地适应大学乃至今后的学习、生活和工作，大学生必须提高自己的抗压能力，提高抗压能力离不开对压力的有效管理及应对。所谓压力管理，是指针对压力产生的身心过程进行必要的干预和调控，以保证计划的顺利实施和提高问题处理的效率，保证身心健康的管理活动。压力管理具有相当的主动性与积极性。由于压力的产生包含着压力来源、认知评估和压力反应三个方面，因此，大学生进行压力管理时也必须针对这三个方面。

（一）压力源管理

压力源管理就是针对造成压力问题的外部刺激情境本身的管理，即对可预见的压力源进行干预，减少或消除不适当的环境因素。由于压力的来源既有生理的因素，也有心理的因素及社会因素。因此，对压力源的管理主要关注以下几点：

1. 觉知和调整自己的生理状态

面临压力时，很多时候人们是处于无意识的本能反应状态。而要想有效管理压力，首先第一步就是要建立一个对付压力的预警机制，要能够及时觉察压力的信号。基于压力的生理反应，认真思索并总结自己处于压力应激状态时，自己的生理上会有什么样的反应，有意识地注意和记录自己的这些压力生理反应，然后锁定这些反应指标，以后每当你要进入这些习惯性的反应状态时，就能够马上向自己发出警告。提高对压力的敏感度。当对压力有所觉察后，就会有意识地控制自己不陷入压力状态。

2. 培养积极乐观的心态

在大学生活中，大学生难免遇到这样那样的变故，如朋友反目、亲人离世、父母离异、考试失利等，这些多是大学生的压力来源。面对这些压力源，只有以乐观积极的心态正确对待，这些压力源才不会给大学生带来心理压力。乐观积极的心态能增强大学生的自信，能够从压力源中看到积极的一面。比如，面对停电，有些人抱怨或心情变得很不好，而有的人却会利用这个机会，点燃一支蜡烛，享受一顿别致的晚餐。在许多极端情况下，有不少人在遭受意外事故或得了重病之后并没有变得很抑郁，而是将这种情况作为新的开端，并通过这样的经历对生活有了更好的理解。

3. 构建自己的社会支持系统

当一个人独自面对压力事件时，其应激反应的消极作用远远大于社会支持的效果。因此，要想不在压力面前孤立无助，最好构建自己的社会支持系统，这其中包括了自己的亲人、朋友、同学、老师等。社会支持系统可以在你面对压力情境时给你情感安慰、行动建议，帮助你渡过难关。强大的社会支持让你不再感到孤立无援，可以迅速恢复你的信心和勇气，更好地应对压力。

（二）认知评估

大学生在面对压力源时，能不能产生压力感，非常关键的一点就是对压力源的认知评估。当把压力源评估为对自己确实有所威胁时，就会形成压力；当把压力源评估为对自己没有形成威胁时，那么就不会形成压力。因此，认知评估管理在大学生的压力管理上非常关键。

1. 降低自己的期望水平

一个人的期望水平越高，目标就会定得越高，在实现目标的过程中所面临的情境就越容易给人带来压力感。如果对自己的期望过高，而自己的能力、机遇等又无法达到这一要求时，就会使自己经常受到挫折，形成压力。因此。必须降低自己的期望水平，不要过分追求完美，才能减轻自己的心理压力。比如面对期末考试，这对所有大学生来说也是一个压力源，而这个压力源并不能让大学生都产生压力感。一个成绩中等的大学生如果期望考试成绩名列前茅，拿到奖学金，那么压力感就油然而生；但如果他降低期望值，只要求考试能顺利通过，就可能不会产生压力感。

2. 改变认知，形成合理的信念

改变认知，指的就是大学生对那些压力事件进行重新认识和评价。一个压力事件给我们的压力到底有多大，主要取决于我们如何评估所面临的压力。比如你认为明天的比赛一定要有好的成绩，同学们都在观看，绝对不能出丑，那么压力感就会产生；如果你认为明天的比赛只是众多学生活动的一种，重在参与，锻炼自己，那么压力感就可能不会产生。因此，事件是客观的，关键在于你对事件的看法不同而形成了不同的心态。只要转换思维方式，找出那些给我们带来消极感受的不合理信念，并加以批判，以更加合理的信念取而代之，就可以改变我们的消极感受。

（三）压力反应管理

大学生在认知评估压力源之后所产生的压力反应主要包括生理、心理和行为三个方面。因此，直接对大学生压力状态下的身心反应进行管理与调节，也能够缓解和降低大学生的压力感。

1. 生理调节

对压力的反应中相当重要的是身体方面的反应。所以，进行一些生理调节可以减轻压力对我们的伤害。例如，保证充足的营养，提高睡眠质量，养成运动的习惯以及多参与集体性的活动等，都是有效地缓解压力的生理调节手段。

2. 情绪调节

人们在压力状态下的心理反应主要集中在情绪方面，通过调节由压力而产生的消极情绪来消除压力的做法非常有效。例如，可以转移注意力，将注意力集中到有意义的事情上或者使自己感到自信、充实的事情上。另外，积极自我暗示和深呼吸等调节情绪的方法在减轻压力方面也有不错的效果。

3. 行为调节

人们在压力状态下的行为反应主要表现为身体的协调能力和灵活性下降，动作刻板，或运动性不安，或运动减少而呆滞木僵。因此，行为调节的关键就是学会放松。比如找个地方做做白日梦，听听音乐，散步，睡觉等。大学生可以根据自己的喜好和实际情况，选择一个适合自己的放松方案。

二、挫折应对

人生不可能一帆风顺。挫折对大学生来说既是成长的机遇，也是对自我的挑战。大学生必须学会积极地进行自我调适，把挫折带来的压力转化为前进的动力。

（一）正确认识挫折

对挫折的正确认识是大学生战胜挫折的先导和前提。大学生面对挫折，不要惧怕、不要

逃避，而要坦然地面对，正确地认识，理性地分析，才能战胜挫折，促进自己的成长。

1. 挫折是普遍存在的

挫折普遍存在于每个人的生活中，它是无处不在，无时不有的。大哲学家叔本华曾说过，人生就是一种痛苦。大学生要知道挫折是个人生活的组成部分。只有认识到这一点，大学生才能在遇到挫折时平静地面对、认真地分析、努力地应对，保持心理平衡，而不是去抱怨社会的不公和命运的坎坷。

2. 挫折是人生的宝贵财富

任何事物都具有两面性。挫折也是一把双刃剑，一方面对人有消极的影响，影响个体实现目标的积极性，降低个体的创造性思维水平，损害个体的身心健康；另一方面也有积极的作用，能增强个体情绪反应的力量，磨砺人的意志，增强个体的容忍力，提高个体对挫折的认识水平。只有认识到这一点，我们才有勇气和信心去勇敢地面对挫折。

3. 挫折是可以克服和战胜的

挫折虽然是不可预知的，但是却是可以战胜的。荀子提出“人定胜天”的思想，在历史的长河中，无数的人也以他们坚强不屈的精神诠释着这句话。

心理视窗　　霍金的故事

霍金是被科学界公认的继爱因斯坦之后最伟大的理论物理学家之一，他的黑洞理论正逐步揭开有关宇宙的许多谜团。

斯蒂芬·霍金于 1942 年 1 月 8 日出生在英国牛津。早在 8 岁的时候，他已经疾病缠身，行走很不方便。在上中学时，他对物理学产生了浓厚的兴趣，觉得他是科学中最基本、最有趣的学科。从此，他决心献身于物理学的研究中。

1962 年他在牛津大学获文学学士，1966 年他在剑桥大学三一学院获哲学博士。后来便在剑桥大学担任卢卡逊讲座教授。

不幸的是，早在 20 世纪 60 年代初期，霍金换上了罕见的肌萎缩性侧索硬化症，这是一种不治的退化性神经肌疾病。疾病将他困在轮椅上，妨碍了他以简便的方式从事写作和计算，他的大部分工作，包括复杂的运算、艰难的数学证明，以及新概念的产生都纯粹是在他的大脑中完成的。这对于一个物理学家来讲简直就是奇迹。

命运不断摧残不幸的霍金，到后来霍金全身能动的只有右手的三根手指头，没有人知道他的三根手指头什么时候会失灵，也没有人知道他的病什么时候会把他带走。患病之初，他曾酗酒，也曾失望地等死，不过他很快就从这种沉沦中摆脱出来，这要感谢他的妻子简，简给了他生活下去的勇气。霍金继续自己的研究，经常沉思默想、茶饭不思，他身在轮椅里，思想却无时无刻不在广袤无限的宇宙里驰骋。

霍金的伟大不仅在于他知识上的广博，还在于他坚强的人格，这是他留给人类的一笔无形的巨大精神财富。

（二）加强修养，养成良好的人生习惯

在日常生活中，我们要逐渐改善个性，培养乐观、自信、坚强、勇敢的性格，养成良好的习惯，增强自身应对挫折的能力。

心理词典　　良好人生习惯的11条要诀

美国心理卫生协会提出11条养成良好人生习惯的要诀，以帮助我们更好地适应环境与生活。

1. 对他人期望不要过高

许多人把希望寄托在他人身上，若对方达不到自己的要求，便会大失所望，其实每个人都有长短，不必要求别人迎合自己。不可随便批评别人，还要能够接受批评。

2. 不对自己过分苛求

把自己的目标和要求放在自己的能力范围内，自然就会心情舒畅。

3. 偶尔也要屈服

一个做大事的人处理问题时，要从大处着眼，心胸开阔。只要大前提不受影响，在小事上无须过分坚持，以减少自己的烦恼。

4. 疏导自己的愤怒情绪

勃然大怒时，就会做出许多蠢事，与其事后后悔，不如事前制怒。

5. 暂时避开

在遇到挫折时，应该暂时将烦恼放下，去做些喜欢做的事（注意力转移）。

6. 一段时间内只做一件事

心理学家发现，忧虑、精神崩溃等疾病的主要原因是患者面对着许多急需处理的事情，精神压力太大。要减少自己的精神负担，就不要同时处理几件事，以免弄得心力交瘁。

7. 找人倾吐烦恼

把所有的抑郁埋藏在心底只会使自己郁郁寡欢，如果把内心的烦恼及时告诉你的好友、师长，心情就会顿感舒畅。

8. 为别人做些事

帮助别人不仅可以证明自己存在的价值，还可获得珍贵的友谊。

9. 对人表示善意

如果在适当的时候表现自己的善意，多交朋友，少树敌人，心境自然会平静。

10. 娱乐

娱乐是消除心理压力的最好方法之一，娱乐方式并不重要，重要的是心情舒畅。

11. 不要处处与人竞争

与人相处应该以和为贵，处处以他人作为竞争对象，使得自己常常处于紧张状态。其实，只要你不把人家看成对手，人家也不会与你为敌。

（三）正确合理地归因

归因是指个体依照主观感受或经验对自己行为及结果发生的原因予以解释和推测的心理活动过程。由于归因是凭借个体经验和个体的主观感受进行，其结果可能是正确的，也可能出现偏差，甚至是错误的。在生活中，人们对行为的成功与失败进行归因是一件很平常的事情，然而，在这一过程中形成的归因倾向，对人的心理挫折的应对非常关键。大学生要学会合理的归因，避免归因的片面性，对挫折做出客观、准确、符合实际的归因，学会实事求是地承担责任，克服过分承担或完全推诿责任的倾向，避免过多自责带来的挫折感。

心理词典　　归因理论

心理学家韦纳根据自己的研究提出了归因理论。韦纳认为，如果一个新的结果和过去的结果不同，人们一般归因于不稳定的因素，如努力和运气等；如果新的结果与过去的结果一致，人们一般归因于稳定的因素，如任务难度和能力等。这种归因会使人们对下一次的行为结果产生预期。具体来说，如果将成就行为归因为不稳定的因素，人们会预期结果与上一次不一致；如果归因为稳定因素，人们就会预期结果可能与上一次一致。

同时，韦纳还发现，归因会使人产生情绪反应。如果把成就行为归结为内部原因，在成功时会感到满意和自豪，在失败时会感到内疚和羞愧。但是，如果把成就行为归结为外部原因，不论成功还是失败都不会产生太突然的情绪反应。

（四）在实践中提升抗挫折能力

实践活动是提升抗挫折能力的最好的方法。大学生应该积极投入到社会实践活动中，比如学校组织的各项活动、勤工俭学、实习活动等，在实践活动中不断积累经验，总结失败教训，使自己更加成熟，提高自身的抗挫折能力。

（五）及时寻求心理支持

遇到挫折时请求帮助，这在有些人看来，似乎是很丢脸面的事。实际上，大胆地请求帮助，或者求助心理咨询，也是意志坚强的表现。与人分忧是助人为乐的一种形式，生活中绝大多数人都有一颗助人之心，因此，遇到挫折和难以自我解决问题之时，要学会倾诉和寻求帮助。“当局者迷，旁观者清。”朋友、家长和老师往往能够带当事者找到走出困境的途径，减轻挫折反应强度。

思政元素

“全国自强模范”林冰：只要你努力，生命可以很顽强

“生命本来很脆弱，但是只要你努力的话，生命也可以很顽强。”这是“全国自强模范”林冰经常挂在嘴边的一句话。虽然患有先天性双下肢残疾，但林冰从没有放弃，而是选择迎难而上，刻苦学习，潜心科研，获得广东省“优秀团员”荣誉称号，并入围“第十三届中国大学生年度人物”。

小学四年级，林冰开始学习骑自行车，很多人认为她这个“大龄学徒”不可能成功。她在心里暗示自己，一定能行。刚开始，她在自行车的两边装上小轮子，用来保持车身平衡，后来，她慢慢地拆掉小轮子，车也换成了更大的。经过不懈努力，林冰终于可以骑着自行车，跟上大家的步伐了。

2011 年，林冰考入汕头大学。从大学一年级开始，她就踏上了科研的道路。一开始，看

不懂英文文献，她就一个单词一个单词地查，文章空白的地方几乎全做了标注。面对困难，她永远保持积极乐观的心态，敢于挑战，不怕失败。

日复一日的科研工作，林冰一做就是四五年。2016 年，林冰选择继续攻读汕头大学硕士研究生。每周 7 天，每天 10 余个小时的科研工作是她的生活常态。研究生自习室的最后一盏灯，通常都是由她熄灭。在读研期间，林冰凭借优异的成绩，连续两年获得研究生学业一等奖学金。

2016 年，林冰作为第一作者的首篇 SCI 学术论文发表。"成功发表论文前经过了很多波折，伴随着兴奋和紧张，整个寒假几乎贡献给了这篇文章。"林冰回忆说。当投稿一次次被拒后，她没有气馁，而是针对问题进行数据补充和完善，选择再度投稿。迄今，她已发表 4 篇论文。

学习之余，林冰还积极参与公益活动，回报社会。刚进入大学的时候，她就加入青年志愿者协会，多次参加志愿者活动。她坚持定期到汕头市残疾人活动中心照顾盲童，探访脑瘫儿童，用自己的例子鼓励这些孩子，残疾人一样可以活得很精彩。

如今，林冰进入西湖大学继续深造。对于未来的科研道路，她充满期待。

（资料来源：南方新闻网，有删减）

复习思考题

1. 常见的压力源有哪些？并举例说明。
2. 举例说明挫折的构成。
3. 试分析大学生压力和挫折产生的原因及特点。
4. 举例说明如何管理压力？
5. 举例说明如何应对挫折？

心灵阅读

习得性无助

你体验过绝望的感觉吗？那是一种极端无助的感觉，无论怎么努力也无法逃脱的感觉。绝望者是痛苦的，因为无法改变目前的处境；绝望者是悲观的，因为已经不再去努力尝试，只能等待着命运的安排。

心理学家做过一个实验：将一条饿极了的鲸鱼和一些小鱼放在水族箱的两端，中间用透明的玻璃板隔开。刚开始，鲸鱼毫不犹豫地向小鱼发动进攻，它失败了，但毫不气馁；接着它又向小鱼发动了更猛烈的进攻，它又失败了，并且受了重伤；但它还继续攻击，第三次，第四次……多次进攻无望后，它不再进攻了。这个时候，心理学家将玻璃挡板拿开，鲸鱼依然一动不动，它只是无奈地看着那些小鱼在它的眼皮底下悠闲地游来游去，放弃了所有的努力，最终活活饿死了。

习得性无助产生的原因就在于一个人失败的经历太多，成功的体验太少，或者根本就没有体验过成功。习得性无助使得人们表现出绝望、沮丧、害怕、退缩、被动、抑郁、神经过敏，不再积极努力避开逆境，认为做什么都是毫无用处的挣扎，所以认输了，等待命运的安排。

了解了习得性无助的原理及影响，我们在工作和学习中，一定要判断自己是不是处在这种状态，而要在逆境中永远怀有希望；同时要注意，不要让自己的目标与自己的实际能力差距太大，以免经常性地受到挫折，从而引发习得性无助。

避免“习得性无助”，是一场自己与自己的战争。

自我测试

抗挫折能力测试

第九章

朋友多了路好走

——大学生人际交往

学习目标

知识目标	了解人际交往的效应、人际交往的意义；掌握人际交往的技巧；认识常见人际交往问题，掌握应对人际交往问题的方法
能力目标	掌握正确处理人际交往问题的方法和人际交往的技巧，提高大学生人际交往能力
素质目标	通过介绍中华传统文化中"以和为贵"的思想，一方面让学生了解中华传统文化，另一方面将"以和为贵"思想融入大学生人际交往中，促进和谐校园、和谐社会的发展

主题导读

天堂与地狱

一个人问上帝："为什么天堂里的人快乐，而地狱里的人一点也不快乐呢？"上帝说："你想知道吗？那好，我带你去看一下。"他们先来到地狱，走进一个房间，看见许多人围坐在一口大锅前，锅里煮着美味的食物。但是每个人都又饿又失望。原来他们手里的勺子太长了，没法把食物送到自己的嘴里。上帝说："我们再去天堂看看吧。"于是他们来到另一个房间，看见的是另一幅景象。虽然人们手里的勺子也很长，可是，这里的人都显出快乐又满足的样子。这个人感到很奇怪。上帝笑着说："你看下去就知道了。"开饭了，只见这里的人同样也用长勺子吃饭，不同的是他们把食物送到了对面的人的嘴里，而对面的人也喂他们吃饭。其实，快乐并不在于那把勺子有多长，而在于你如何运用它。

心理研究表明，人类对爱、关心、尊重等交往活动的需要，并不亚于对食物、性等生理的需要。如果这类需要不能得到满足，人就会像吃不饱饭而营养不良一样，出现心理上的失调。

在校学习的大学生，人际交往能力如何，不但是个人经历、个人发展的结果，同时也是影响其在校的学习生活和发展前途的重要因素。发展良好的人际交往能力是大学生学习的重要内容，是其进入社会必须拥有的心理素质和生活能力。

第一节　人际关系与人际交往

一、人际关系与人际交往

(一)人际关系

人际关系是人在生活交往、沟通的活动中形成的彼此间的情感认可关系,包括接纳、喜欢、喜爱、爱情等情绪情感;也包括反对、讨厌、拒绝、仇视等情绪情感。人的这种情感认可程度不但要在人的交往活动中表现出来,同时它也会影响人的进一步交往(持续或中断),影响人的认识、思考、判断等心理活动。

人际关系不但是一个知识概念,更是我们生活中不能缺少的生活现实,它存在于我们的生活之中。那么怎样评价自己的人际关系呢?

1. 人际关系在生活中表现为"人与人的认可程度"

这种认可程度分为我对他人的认可程度;他人对我的认可程度。

"我对他人的认可程度"中的"他人"可以是自己的亲人,比如,父母、姊妹等;也可以是自己的同学、朋友等。

我对自己之外的这些人的认可程度影响着我对这些人的行为与互动,影响着我对这些人的情绪感受。同样道理,他人对我的认可程度也影响着他人对我的情感和行为。

这种情感关系常表现为爱与恨、真诚与虚伪等。

2. 人际关系在生活中表现为"人与人之间的相互沟通交往"

人与人之间的情感与认可程度,是在交往中产生,在交往中表现,在交往中发展的。所以,人际关系在我们日常生活中表现为人与人之间的相互沟通和交往。

(1)和谁交往?

是很多人还是几个人或一个人?是什么样的人?

(2)交往的频率如何?

是偶尔接触还是经常接触,还是形影不离?

(3)交往的内容如何?

只是一般的内容,还是更广泛的内容,甚至包括个人的隐私?

3. 人际关系是生活中人与人之间的互助

人际关系如何,表现在当个人有需要时能获得多少帮助;同时,你也要提供给他人帮助。

(二)人际交往

人际交往简称人际沟通,是指人与人彼此交流信息的过程,即人们通过某种途径或方式,将一定的信息传递给另一个接收信息的人。这些信息包括人们的观念、思想、知识、兴趣、情感等。人际交往是人与人之间发生联系的最主要形式。我们与别人交谈、看书、看报、上课、听广播及看电视等,都是在进行交往。

在日常的工作、生活、学习中,交往无处不在、无时不有。积极有效的交往已成为成就事业、提高效率、增进感情的重要因素。人际交往形式与内容的丰富程度，是评价生活质量的重要方面。

人际交往可以发生在个人与个人之间，也可以发生在个人与群体或群体与群体之间，还可以发生在大众传播过程中。不管发生在什么情况下，人际交往总是交往者为了达到某种目的、满足某种需要而进行的。人们在交往时，会根据双方的特点选择交往的内容、方式以及策略，以达到影响对方的目的。

交往是产生人际关系的基础，同时良好的人际关系又促进人与人之间的互动交往和人与人之间的互惠互助。

人际交往是人际关系实现的根本前提和基础，也是人际关系形成的途径。人际关系则是人际交往的表现和结果。两者的区别是：人际交往侧重于人与人之间的联系与接触的过程，以及行为方式的程度等；人际关系侧重于在交往基础上所形成的心理状态和结果。从时间上看，人际交往在前，人际关系在后，人际交往是一个动态的过程，人际关系则具有相对的稳定性。

（三）人际交往中的心理效应

心理效应是人们在生活、学习、工作、人际交往中常见的心理现象和规律。在人际交往中，常见的心理效应主要有首因效应、晕轮效应、刻板印象、投射效应等。

1. 首因效应

首因效应，指交往双方形成的第一次印象对今后交往活动的影响，也即是“先入为主”的效果。首因效应与第一印象不是同一个概念，第一印象是指交往双方初次见面彼此产生的印象，而首因效应强调的是第一印象的影响和效果。所谓“新官上任三把火”。

充分利用首因效应，为自己的交往服务。第一，展现自己最吸引人的品质，挥洒自己最得意之作。第二，学习和掌握一些基本的社会交往技能、方法乃至策略、艺术，要善于做最合心意的自我呈现。第三，要尽力避免那些不良品质的出现，在特别的情况下，还可以做些掩盖。第四，要留下好印象毕竟不是纯粹的方法问题、策略问题，更不能经常去伪装、做作，要靠平日积累和养成的良好品德、作风、知识和才能，一些有修养的和个性品质良好的人，都能保证自己在交往中的表现受人喜欢，并能与他人发展良好的交往。

2. 晕轮效应

“情人眼里出西施”是一种晕轮效应，即当一个人有一种特性时，我们常会无意地夸张这一特性。如果某人在某方面有特长，那么他就会被积极的光环所笼罩，会被我们认为他在其他方面也都优越。这就好像刮风天气的前一天晚上月亮周围的大环是月亮光的扩大化一样。所以晕轮效应也可以叫作光和效应、月晕效应。

晕轮效应在生活中表现为“肯定一切”或“否定一切”。有句成语精辟地概括了这种晕轮效应，那就是“爱屋及乌”。所以，在与人交往的过程中，实事求是地观察和判断我们得到的每一个信息，才能发展良好的人际关系。第一，就事论事，对一个人的判断，不要波及其他无辜的事物。第二，不要受感觉的表面性、局部性和知觉的选择性的影响，不要把对某人的认识专注在个别特征上，从而妨碍对其全面的认识。第三，不要想当然，不宜用已有的态度去看待他人和评价他人。第四，不要受第一印象的影响。在很多情况下，晕轮效应都是在第一印象的基础上产生的，因此，不甚客观、准确的第一印象，只能导致晕轮效应的形成。

3. 刻板印象

也叫“定型化效应”，指的是人们对某一类人或事物产生的比较固定、概括而笼统的看法，是我们在认识他人时经常出现的一种相当普遍的现象。它既有积极的一面，也有消极的一面。积极的一面表现为：在对于具有许多共同之处的某类人在一定范围内进行判断，不用探索信息，直接按照已形成的固定看法即可得出结论，这就简化了认知过程，节省了大量时间、精力。消极的一面表现为：在被给予有限材料的基础上做出带普遍性的结论，会使人在认知别人时忽视个体差异，从而导致知觉上的错误，妨碍对他人做出正确的评价。

4. 投射效应

是指以己度人，认为自己具有某种特性，他人也一定会有与自己相同的特性，把自己的感情、意志、特性投射到他人身上并强加于人的一种认知障碍。在人际认知过程中，人们常常假设他人与自己具有相同的属性、爱好或倾向等，常常认为别人理所当然地知道自己心中的想法。如，疑心重的人，认为别人也不怀好意。

交往中，我们应当注意这种“以己论人”的存在，防止投射效应的产生。第一，客观地认识自己和别人，在分析别人的特点时，应当根据对方的言谈举止和各种活动结果去分析，不能过多地掺杂自己的想法。第二，分析自己的个性特征，探索自己内心的思想、欲望或行动倾向，避免可能的投射效应的发生。第三，多参加交往活动，在活动中增强自己观察人、判断人的能力，培养认识人的正确方法，改变自己不良的个性特征，做到不多疑、不嫉妒，公正地评价每一个人。

心理词典　　给人留下良好第一印象的途径

著名心理学家卡耐基在其早期名著《怎样赢得朋友，怎样影响别人》一书中，也根据自己的大量成功经验，总结出了给人留下良好第一印象的六条途径。这六条途径分别是：

(1)真诚地对别人感兴趣。

(2)微笑。

(3)多提别人的名字。

(4)做一个耐心的听者，鼓励别人谈他自己。

(5)谈符合别人兴趣的话题。

(6)以真诚的方式让别人感到他很重要。

二、促进良好人际交往与人际关系的意义

(一)良好人际关系有益于身心健康

如果一个人长期缺乏与别人的积极交往，缺乏稳定良好的人际关系，那么这个人往往有明显的性格缺陷。在心理健康教育实践中，我们也注意到，绝大多数大学生的心理危机与缺乏正常的人际交往和良好的人际关系有关。在同一个宿舍里，同伴之间的心理交往状况，往往决定了一个大学生是否对大学生活感到满意。那些生活在没有友好、合作、融洽人际关系宿舍中的大学生，常常表现出压抑、敏感、自我防卫、难于合作的特点，情绪的满意程度低。

在氛围融洽的宿舍里生活的大学生，则多表现为欢乐、注重学习与成就、乐于与人交往和帮助别人。可见，人的心态与性格状况，直接受到与别人交往和关系状况的影响。

心理学家曾从不同角度做过大量研究，结果表明：健康的个性总是与健康的人际交往相伴随的。心理健康水平越高，与别人的交往就越积极，就越符合社会的期望，与别人的关系也就越融洽。心理学家奥尔波特发现：个性成熟的人，都同别人有良好的交往与融洽的关系，他们可以很好地理解别人，容忍别人的不足和缺陷，能够对别人表示同情，具有给人以温暖、关怀和爱的能力。人本主义心理学家亚伯拉罕·马斯洛发现：高水平的“自我实现者”对别人有更强烈、更深刻的友谊与更崇高的爱。

在现实生活中，交往对人们的心理健康也是十分重要的。缺乏人与人之间的交往，人们常会体验到诸如孤独、烦躁、空虚、抑郁等消极情绪，如果消极情绪得不到及时排解，将对人的整个身心健康产生极大的不良影响。

(二)良好人际关系使人增长知识经验

任何一个人，无论精力多么充沛，他的直接经验都是有限的，而交往能使人的思想观念、情感得以无限扩充。俗话说，“听君一席话，胜读十年书”，通过交往，我们可以获得别人的宝贵经验。英国作家萧伯纳曾这样描述：假如你有一个苹果，我有一个苹果，彼此交换后，我们每个人都只有一个苹果。但是，如果你有一种思想，我有一种思想，那么彼此交换后，我们每个人都有两种思想，甚至两种思想发生碰撞，还可以产生出两种思想之外的其他思想。

现代社会，各种信息纷至沓来，知识的更新换代极为频繁，每个人都需要不断地进行知识的补充与更新。但是，单个人的能力是有限的，仅靠书本上的知识很难适应社会发展的实际需要，而积极的人际交往是获取新知识的有效途径。对于更多的社会信息性知识——生活经验而言，交往更为重要。

(三)人与人建立和维持联系的方式

我们每个人都能够体验到，人际关系的建立和维持与人际交往有着十分紧密的联系。不善于交往，或有意无意地使自己失去与他人交往的机会的人，时常为缺乏人际关系、找不到知心朋友而烦恼。良好的人际关系能让人获得更多的帮助，能有效抵御生活困难和风险；良好的人际关系能让人形成良好的自我形象与自我感觉，生活态度积极，行为高效，体会更多的生活乐趣。

三、人际交往的深度

心理学家发现，良好的人际关系是在人们自我暴露逐渐增加的过程中发展起来的。随着我们对一个人的接纳性和信任感越来越高，我们也会越来越多地暴露自我，同时我们也会要求别人越来越多地暴露他们自己。所以，我们要想知道自己同别人的关系深度如何，要想知道别人对我们有多高的接纳性，只需了解别人对我们的自我暴露深度如何。我们也可以据此判断人际关系的层次。

(一)联系

我们经常会碰到这个交往层次的人，例如，店主、管理员、售货员等，但都算不上真正认识。与他们交往仅限于打招呼而已，从来不与他们交流个人的感受和想法，我们与他们的关系极为肤浅。

（二）相识

这一交往层次的人有同学、老师和邻居等。生活中，我们遇到这样的人也有一定的数量。我们会常与他们相互交谈，但只谈论事实。我们与相识的人交谈的时间多于联系的人，但所谈之事都属于众人皆知的大众信息。我们很少与相识的人交流他们或自己的私事。我们与这一层次的人的交流要比联系的人深刻得多，但关系仍是很肤浅的。

（三）朋友

大多数人只有几个朋友。我们与朋友交流的内容不仅有事实，还有思想和意见。我们时常主动与他们进行有意义的谈话。在这种交往关系中，我们开始向他们显露真实的自我，谈论自己的好恶，讨论对不同问题的看法。

（四）挚友

挚友是最深层次的交往关系，朋友之间相互分享真实的感受，存在着经常性的、有意义的对话，所交流的不仅仅是思想和一般信息，还有意见和对事物的感觉。他们是我们可以信任的人。挚友了解我们，也完全接纳我们。

心理视窗　**搞好宿舍关系的策略**

1. 协商作息时间。晚睡的一方动静太大，影响了正常休息的同学。结果，第二天早上就有了脸盆、凳子的乒乓响声，这是有人为了报复昨晚受到的“不公平待遇”，这样的事情时有发生。一个宿舍少则四五人，多则七八人在一起生活，应尽可能统一作息时间。只有大家协调一致、共同遵守，才能减少争执，消除摩擦，维持正常的生活秩序。

2. 协作搞好宿舍卫生。宿舍每位成员不仅要负责好自己的卫生，更要注意维护集体的环境，共同营造良好的氛围。

3. 不搞小“团体”。同宿舍中只和某一个人亲近，无论干什么事都只喜欢和某一个人在一起，这不利于建立和谐的宿舍关系。在宿舍里，对每个人要尽量做到融洽相处，掌握与室友相处的最佳距离。

4. 不逞口舌之快。在嘴巴上占便宜的人给人感觉太好胜，让人难以相处。

5. 不触犯室友隐私。未经同意，不可乱翻舍友的物品；对室友的隐私要守口如瓶，否则不仅是对室友的不尊重，也是不道德的表现。

6. 不拒绝小惠，报之以感谢。接受他人的邀请，从某种意义上说，也是尊重他人。倘若一概拒绝，时日一久，他人难免认为你清高傲慢，就会对你敬而远之。所以，接受他人的礼物，真诚地说声谢谢，报之以关怀，这就是人际关系的润滑剂。

第二节　大学生人际交往的原则与技巧

大学生处于一个渴望交往、渴求理解的心理发展时期，良好的人际交往，是大学生心理健康发展和具有安全感、归属感和幸福感的必然要求。同时，也是将来走进社会，适应社会，迎接新挑战的必然条件。人际交往是一种能力,也是一种技巧,可以通过学习与训练来培养和提高。

心理视窗 **积极的行动**

有一家老旅馆,餐厅很窄小,里面只有一张餐桌,所有就餐的客人都坐在一起,彼此陌生,于是感到有些拘谨。

突然,一位先生拿起放在面前的盐罐,微笑着递给右边的女士:"我觉得青豆有点淡,您或者右边的客人需要盐吗?"女士愣了一下,但马上露出笑容,向他轻声道谢。她给自己的青豆加完盐后,便把盐罐传给了下一位客人。不知什么时候,胡椒罐和糖罐也加入了"公关"行列,餐厅里的气氛渐渐活跃起来,饭还没吃完,全桌人已经像朋友一样谈笑风生了,他们之间原有的屏障被一只盐罐轻而易举地打破了。

第二天分手的时候,他们热情地相互道别。这时,有人说:"其实昨天的青豆一点儿也不淡。"大家会心地笑了。

启示:有人曾感叹人与人之间的隔膜太厚。其实这隔膜很脆弱,问题是敢于先打破它的人太少了。只要每人都迈出一小步,你就会发现,一个微笑,一句问候,就会打破这层隔膜。人与人的交往需要积极的行动。

一、影响大学生人际交往的因素

人际交往中的行为是一种社会行为,受各种社会的、自然的和心理因素的影响,影响人际交往及其密切程度的因素主要有以下几种。

(一)时空邻近性

邻近性是指如果其他条件相同,人们在时空上越接近,双方交往和接触的机会就越多,彼此间就越容易写出密切的人际关系。俗话说,远亲不如近邻。这说明时空距离是形成密切的人际关系的一个重要条件。

(二)态度相似性

所谓相似性,包括年龄、学历、兴趣、爱好、态度、理想、信念、容貌等方面的类似性或者共同性,具有上述某方面相似性的人容易成为朋友,建立密切关系,其中特别是态度的相似性。俗语说"物以类聚,人以群分"。

(三)需要互补性

需要是人际交往的原动力,当自己的需要与对方的期望正好成为互补关系时,就会产生强烈的吸引力。例如,独立性较强的人往往喜欢和依赖性较强的人在一起,脾气急躁的人往往喜欢和脾气温顺的人在一起。两个性格不相同的人相处很好,并成为好朋友,这就是由于双方都知道自己的长处和短处,个人的特性正好适合对方的需要,从而使双方的关系更为协调。

(四)个人形体因素

爱美之心,人皆有之。英俊、漂亮的外表,富有魅力的身材,容易讨人喜欢,一个人的长相、穿着、仪表、容貌、体态，往往是构成人际吸引力的重要因素，特别是在初次交往中，留下美好的第一印象，产生较强的首因效应。但是随着交往的深入，外表的吸引力会越来越小，吸引力会从外在表面逐渐转入内在的道德品质。

（五）能力因素

人际交往能力的欠缺是影响人际交往的原因之一。能力是人的优越条件，能力越大，越令人瞩目，越容易引起人们与之交往的欲望，就有一种吸引力，使他人对之产生钦佩并欣赏其才能，大学生比较崇拜和羡慕有真才实学的人。

（六）人格因素

人际交往中，人格因素有至关重要的作用。人的气质、性格、能力等人格品质对人际交往产生较大的影响。大学生的个体能力、性格、品德等个性特征，是构成人际吸引的重要因素。心理学家奥尔波特经过研究发现，人际吸引力最重要的成分是人的内在属性，如涵养、幽默、礼貌等；其次是形体的特点；第三是个人表现出的特殊行为；第四是个人的角色地位而引起他人的爱慕与尊敬。因此，大学生要在人际交往中取得成功，就要努力在性格上塑造自己，不断优化个人形象。

二、大学生人际交往的原则

原则，是人们根据事物发展规律制定的行为准则。人际关系原则，指人们根据人际关系发展规律制定的人际行为准则，也是人们在其行为中所依据的法则或准则。万事各有其度，大学生群体的人际交往也应该遵循一定的原则，理解并认同这些交往原则，对大学生正确树立交往过程中的理性和方向感，提高实际交往能力具有重要指导作用。

（一）守法有德原则

在我国依法治国的社会制度下，人际交往双方的一切交往活动首先必须是合法的，是对他人和社会无损害的。处理人际关系首选自己与交往者相互的交往是否有益于社会、有益于他人。如果有益，就采取积极的态度，否则就要坚决放弃。

（二）平等尊重原则

平等尊重原则是建立良好人际关系的前提，也是人际交往的一项基本原则，交往中只有以平等的姿态出现，给他人以尊重，才可能形成人与人之间的心理相容，产生愉快满足的心境，形成和谐的人际关系。

（三）真诚信任原则

主要表现在为人处世言行一致、表里如一，只有这样才能赢得他人的信任。古人云："精诚所至，金石为开。"

（四）包容理解原则

人际交往中由于各自成长的环境、道德修养、个性特征等差异存在，会出现认识不一致，或因误会、不理解而产生矛盾，这些都是不可避免的。为了减少矛盾的发生，交往双方遵循包容原则，理解对方，做到不斤斤计较，求同存异。

(五)互惠互助原则

互惠互助是一种自觉自愿的相互付出、相互奉献。交往双方应相互关心、相互帮助、相互支持,既要考虑双方的共同价值和共同利益,又要促进相互间的联系,深化双方感情,强调相互。

(六)交往适度原则

适度原则是指人际交往中要注意行为得体、合乎分寸、恰到好处。适度原则影响着其他的原则,有很强的普遍性。适度原则体现在许多方面,常见的有:自尊适度、热情适度、豪爽适度、言谈适度等等。大学生的主要任务是学习,学习需要投入大量的时间和精力,因此,大学生要防止因过度强调交往的重要性而投入太多的时间和精力,而影响了自身的学习。在交往的程度上,有的同学在双方关系好的时候形影不离,一朝不和,便相互攻击,以致老死不相往来,这对双方心理健康和人际关系发展都很不利。人际交往,不必短期全线突击,炽热烫人,也不必利益稍有冲突,霎时势成虎牛,应该疏密有度。在与异性交往中也同样要适度,正常的异性间交往有助于身心健康和人格发展,但如果过分沉迷于尚不成熟的异性恋情中,也会给学习与社会带来不良影响。因此与异性交往的程度也要恰到好处。

三、大学生人际交往的技巧

(一)加强沟通交流

良好的同学关系需要互相了解。要达到彼此之间了解,就要加强交流,在思想和态度方面加强沟通,课余时间多开展一些文体活动,如打球、下棋、郊游等,增进了解和友谊。

(二)学会关心他人

希望得到他人的关心是一个人的基本需要,你越关心他人,你在他生活中的意义将因此而得到增加,自然他也会转而关心你,一旦彼此之间互相关心,同学关系自然密切了。

(三)学会宽容

“人无完人,金无足赤”,任何人都是有缺点的,也都会做错事情,这些都是正常和不可避免的,对他人的缺点和错误能持一种宽容的态度,不过分计较,对方也会很感激并愿意与你交流。社会趋近多元化,人们相互之间的关系越来越复杂。社会的复杂性导致个性的丰富性,这必然引起个体之间冲突的加剧,要与周围的人保持良好的人际关系,就必须学会求同存异,具备宽宏豁达的心理品质,就必须多为他人着想,做到以诚相待。“大度集群朋”。大学生在日常的生活、交往中应注重宽容品质的培养,以求更好地适应生活、适应社会。

(四)学会赞美他人

如果在人际交往中,人人都善于赞美他人,善于夸奖他人的长处,那么人际间的愉悦度将大大增强。夸奖他人时也应遵守两个原则:第一,赞美应出于真心,所夸奖的内容应是对方确实具有或将具有的优良品质和特点;第二,夸奖的内容应被对方所在意。

(五)距离产生美

人与人之间应适当保持距离,为彼此的心灵留出一点空间,让彼此感觉到都是自由的,这样才有利于继续交往。

心理词典　　心理距离的意义

对方和你的关系如何,可以通过他与你保持的距离来判断。同时,彼此间的对话,也和双方距离的远近有很大关系。根据美国人类学家埃特瓦特·霍尔的观察,人际关系可通过八种距离来断定。

1. 密切距离—接近型(0.15 米):这是为了爱抚、格斗、安慰、保护而保持的距离,是双方关系最接近时的距离。这时语言的作用很小。

2. 密切距离—较近型(0.15～0.45 米):这是伸手能够触及对方的距离,是关系比较密切的同伴之间的距离,也是在拥挤的电车中人与人之间不即不离的距离。

3. 个体距离—接近型(0.45～0.75 米):这是能够拥抱或抓住对方的距离,一方对于另一方的表情能够一目了然。丈夫和妻子处于这种位置是自然的,而和其他女生处在这个距离内,则易产生误解。

4. 个体距离—稍近型(0.75～1.20 米):这是双方同时伸手才能触及的距离,这是对人有所要求时应有的一种距离。

5. 社会距离—接近型(1.20～2.10 米):这是超越身体能接触的界限,是办事时同事之间所处的一种距离。保持这种距离,使人具有一种高雅、庄严的气质。

6. 社会距离—远离型(2.10～3.60 米):这是为便于工作保持的距离,工作时既可以不受他人影响,又不给人增添麻烦。夫妻在家时,保持这种距离,可以互不干扰。

7. 公众距离—接近型(3.67.5 米):如果保持 4 米左右的距离,说明说话人与听话人之间有许多问题或思想待解决与交流。

8. 公众距离—远离型(7.5 米以上):这是讲演时采用的一种距离,彼此互不相扰。

(六)不妨带点"土特产"

寒、暑假返校时不妨带点土特产给舍友,会收到意想不到的效果。一些小礼物是建立良好人际关系的调和剂。

(七)掌握交谈技巧

在与同学交谈时,要注意倾听他的讲话,并给予适当的反馈。聚精会神聆听代表着理解和接受,是连接心灵的桥梁。在表达自己思想时,要讲究含蓄、幽默、简洁、生动。含蓄既表现高雅和修养,同时也起到了避免分歧、说明观点、不伤关系的作用;提意见、指出别人的错误,要注意场合,措辞要平和,以免伤人自尊心,产生反抗心理。幽默是语言的调味品,它可使交谈变得生动有趣。简洁要求在与人谈话时掌握该说的说,不该说的不说。生动是以情动人。

(八)学会"七不"

(1)不讹传别人的短处。在同学交往中,误传别人的短处,不管是有意或无意,甚至是以开玩笑的方式,都是损害人际关系亲和力的"离心剂"。

(2)不凌辱别人的弱点。从道德的角度讲,一视同仁地对待强者和弱者,是做人的基本道德礼仪准则。

(3)不刺探别人的隐私。不好奇,不打听,不刺探别人的个人隐私。每个人都有自己的私密空间,不要擅自介入。

(4)不抹杀别人的实力。每个人都有其存在的价值,都有长处,不要瞧不起别人,自以为是。

(5)不恶语伤人。"良言一语三冬暖,恶语一言六月寒"。不利的言辞常会引起他人的反感,从而影响人际关系的和谐。

(6)不记恨别人的过错。心胸要宽阔,不记恨别人的过错,要允许别人犯错误,也允许别人改正错误。

(7)不无根据地猜疑别人。

第三节 大学生人际交往的问题与调适

一、大学生人际关系与人际交往状态不良的表现

(一)缺少知心朋友

这类大学生通常可以与大多数同学进行正常交往,但缺乏能够互吐衷肠、肝胆相照、默契配合、同甘共苦的知己。因为找不到可以交心的朋友,所以他们有时不免感到孤独和无助。

(二)与个别人难以交往

这类大学生与多数人交往良好、关系融洽,但与个别人交往不良。他们可能是室友、同乡或者与自己关系比较亲近的人,同这些人相处不好,常常会影响自己的情绪,甚至会成为"心病"。

(三)与他人交往平淡

这类大学生能够与其他人进行交往,但是关系非常一般,与人相处的质量不高。因为他们多数仅是"点头之交",没有人值得他牵挂,也没有人会想念他,这类大学生常会感到空虚、迷茫和失落。

(四)感到交往有困难

这类大学生渴望与人交往,但由于交往能力有限、方法欠妥,或者自己的个性缺陷、交往心理障碍等原因,致使交往效果不尽如人意,他们因此经常感到苦恼,希望能够尽快改变社交状况。

(五)社交恐惧症——害怕交往,行为退缩

这类大学生虽有与人交往的愿望,但是常因与人交往时心跳加快、面红耳赤而失败,转而害怕与人接触,自己封闭自己。因此,他们常常陷入焦虑、痛苦、自卑之中,严重影响了日常生活。

(六)不想交往

前五类大学生均有交往的愿望,而这类大学生则较特殊,他们缺乏交往的愿望和兴趣。他们自我封闭,孤芳自赏,性情内向,言语不多,少数人还具有某些怪癖。

二、我们是否缺少朋友

我们在世上不能孤单地生活，我们都需要朋友。人与人可以因为经历相似或处境相同而成为朋友；也可以因为共同的爱好与兴趣成为朋友；也可以因为互相理解和支持、分享生活经验而成为朋友。

(一)好朋友的特征

一个好的朋友是忠诚于你的人，是一个可以与你同悲喜、共相伴和永不相弃的人。好朋友接受你并对你真诚，无论你行事如何，他都信任你。好朋友之间可以彼此牺牲时间、金钱，能够满足我们被爱与被接纳的需要。

(二)没有朋友的原因

如果你没有要好的朋友，这里存在很多原因，应该和你的某些行为方式有关，我们在此提供一些思考的角度，希望对你能有所帮助。

1. 比较

将自己同他人比较，产生自卑和胆怯的心理；或产生与人竞争的欲望；或产生厌恶感。

2. 自我贬低

人如果缺乏安全感，就难以自如地投入到深刻、有意义的交友中。一个自我感觉差的人会经常局限在自我概念中，很难在交友中把注意力放在他人身上；相反，他会不自觉地一再寻求他人的认可，以换得较好的自我感觉。这样很容易令人反感最终使交往关系破裂。

3. 退避

谈话中或者在其他场合，如果一个人不能对友好的话题或举止积极地回应，就不能激发友谊。谈话双方都应该积极听取对方意见并积极给予回应。在与新认识的人谈话时，一定不能退缩，也不能因害羞而乱了方寸。如果你显得退缩支吾，或羞怯而难以启齿，别人可能以为你不想结识他，以为你在赶他走。因此，要学会参与。

4. 自私

这种人总想支配他人，从而为自己谋利益，总想说自己想说的话，做自己想做的事，不关心别人的需要和想法。如果别人不认同自己的想法，他可能会生气或者停止与那人交往。与自私的人交友是极其困难的。

5. 闲言碎语

妄言私人秘密会破坏彼此间的信任，也会使友谊被破坏而无法挽回。所以，一定要记住，有些我们知道的事情是不能说的。与人分享别人的“秘密”看起来好像了不起或者好玩，但这会造成他人莫大痛苦或重大误解。另外，还有一点非常重要，那就是过多谈论消极信息对他人是非常扫兴的事情。人家的问题本来已经够多的了，实在不想再添加新的问题。大多数人喜欢与能够鼓励自己和鼓舞自己精神的人在一起，而不是与那些只能与他分忧的人在一起。

6. 缺乏宽容

友谊的增长迫切需要容忍之心，世界上没有两个完全相同的人。尽管我们与某人可能非常相似，但总会存在着思想、习惯、品位、看法和感觉上的差别。要尽一切可能地多了解他人，在他人身上寻找令我们敬佩的地方。虽然存在着差别，但我们应忽视对方的缺点和不足，待人以耐心和善心，因为我们都有问题和弱点，都需要被理解和接纳。培养友谊的黄金定律是："我们想要别人怎样对待我们，我们也要怎样对待别人。"换言之：与人为善，人自善我。

心理词典　人际关系障碍

人在交往过程中阻碍人际关系建立的各种因素，称为人际交往障碍。它主要表现为三方面：

1. 文化因素：(1)语言障碍，如语言、文字、有意义的符号等在交往过程中的误解、曲解、偏见、歧视的障碍；民族或群体在情感和意识上的倾向问题；(2)教育程度差别上的障碍。

2. 社会因素障碍：(1)地位角色障碍，如所处社会地位、角色、职务、年龄、经济、政治等方面的条件差距；(2)空间距离障碍，双方空间距离太大，中间媒体环节过多，必然阻碍人际关系的建立；(3)沟通网络障碍，在群体结构中人们交往形成的不同沟通网络，因各种因素会造成对人际交往的影响。

3. 个体因素障碍：(1)个性结构障碍，人们的需求、动机、习惯、态度、价值观、人生观等方面的差异；(2)个性品质特征的障碍，如虚伪、冷漠、孤僻、猜疑心等。

三、大学生人际障碍及调适

大学生在人际交往的过程中，常常因为一些客观因素以及主观认知、情绪、人格等心理因素的偏差而走入心理误区，容易造成大学生人际交往的障碍。

(一)恐惧心理

表现为与人交往时，会不由自主地感到紧张、害怕，以致手足无措，语无伦次，严重的甚至害怕见人，常称为社交恐惧症。社交恐惧心理是在社交时出现的一种带有恐惧色彩的情感反应。

社交恐惧心理有的属于气质性恐惧，即抑郁气质类型的人，生性孤僻，害怕与人交往，常常怀有一种胆怯的心理；有的则属于挫折恐惧，如在某一次较大场合的交往中受过刺激、产生恐惧心理，随之形成条件反射，从而构成了一遇到交往就恐惧的不正常心理状态；也有的人害怕别人发现自己的弱点，于是形成一种心理上的自我保护；这种自我保护就是不愿意与比自己优秀的人交往。当然，更多的人是因为社会实践少，心理平衡和调节能力得不到应有的锻炼机会所致。

恐惧心理的调适。首先，要调整好自己的认知结构，改善个人品质，要正确评价、认识自己和他人，提高自己的心理素质，树立成功交往的信心。其次，要弄清自己究竟对什么恐惧，排除自我意识中的消极因素。第三，要明确社交的意义，从思想上弄清楚社交是人的心理和生理需要，是增加才干、了解人生和了解社会的有效途径，也是现代人不可缺少的生活技能。最后，要有意识地寻找外部刺激，增强心理承受力，培养和锻炼自己解决问题的能力，逐渐使自己变得老练起来，这样在社交活动中也会得心应手。

(二)自卑心理

自卑是大学生社交中常见的一种心理现象,是人际交往的大敌。

自卑心理是一种因过多自我否定而产生的自惭形秽的情感体验。一般情况下都是高估别人的优势,而对自己缺乏自信,认为自己不如他人的一种自我意识。自卑的人大都孤独、离群和缺乏交往。这一类人比一般人更敏感,往往表现得像一只随时准备进攻的刺猬,以刺来护卫自己容易受伤的脆弱的自卑"心"。

自卑心理的调适。首先,要正确认识自己,提高自我评价。自卑心理的形成主要来源于社交中不能正确认识自己和对待自己,所以要改变原有对自己的认识,善于挖掘和发挥自己的优势,扬长避短。其次,要使自己从自卑心理中摆脱出来,要学会积极的自我暗示,自我鼓励,"我能行""别人能干的事我也能行",避免使用否定自己的语言。第三,要正确的表现自己,积极与人交往。一个人的生活经验愈丰富,接触面愈广,愈能促进其对自身的了解。

(三)孤独心理

孤独是一种感到与世隔离、无人与之进行情感或思想交流、孤单寂寞的心理状态。过分的自尊、自负、自傲都会产生孤独感。

对于大学生来说,孤独是一种较为普遍的心理现象。在一个新的环境里,陌生的人际环境会使人的心理不安全感加剧、自我防御机制提高,人际交往只是在浅层次上进行,相互间很难做到敞开心扉,再加上大家来自不同的地域、每个人都有自己的价值取向、行为方式和生活习惯,每个人的一言一行都带有各自以往生活阅历的烙印,这些个体差异极易发生碰撞,于是孤独感悄然产生了。孤独的同学常常表现出萎靡不振,并产生孤雁失群式的悲哀,从而影响正常的学习、生活。

孤独心理的调适。孤独感的产生主要来源于个人的自我感觉和评价,要克服孤独带来的危害,首先要开放自我,多与外界交流,把自己融于集体之中。马克思说过:只有在集体中,个人才能获得全面发展其才能的手段。要主动亲近别人,关心别人,真诚待人。其次,要克服自卑情绪,自信地把自己真诚、坦率地交给同学,积极参加交往,尽量缩小与同学之间的差异,拆除自己的心灵屏障,从而克服孤独。第三,要努力培养广泛的兴趣、爱好,为自己安排好丰富多彩又有意义的业余文化生活,享受生活带来的乐趣。

(四)害羞心理

达尔文说,害羞是人类特有的复杂情感。这种心理现象,在青少年中相当普遍。在大学生的交往中,害羞心理也较为普遍。

具有害羞心理的人在交往中由于过分的焦虑和不必要的担心,就会在言语上支支吾吾,行动上手足失措。有严重害羞心理的人甚至怯于交往,对交往采取回避态度,甚至害怕见人。

害羞心理的调适。首先,青年学生要正确认识自己,发现和肯定自己的优点。理解自己或许会在某次活动中失败,但这并不意味着自己毫无价值,失败是成功之母。其次,积极增强自信,结合自身的特点,参加集体活动,培养健全的人格,注意掌握各种有益的交往技巧,提高适应能力和人际交往能力,在集体活动中锻炼自己,积极争取展示自我的机会。第三,要减少依赖思想,坚持自己的事情自己做,多看知识性书籍、多关心身边发生的事和社会热点等,使自己更多的拥有与别人交流的话题,同时可结合有效的心理治疗和技能训练来克服和消除自身的害羞心理反应。

(五)嫉妒心理

嫉妒是一种消极的心理品质。是在人际交往中,发现自己在才能、学习、名誉等方面不如对方而产生的一种不悦、自惭、怨恨甚至带有破坏性的复杂情感。

嫉妒心理的主要特点是对他人的长处、成绩心怀不满,产生嫉恨;看到别人冒尖、出头不甘心,总希望别人比自己差,落后于自己。嫉妒还有一个特点就是没有竞争的勇气,并对他人进行挖苦、讥讽、打击,甚至采取不合法的行为给他人造成危害。这种状况严重地阻碍了大学生的心理健康和交际能力,给大学生成长带来了莫大的困难,因为嫉妒会吞噬人的理性和灵魂,影响正常思维,造成人格扭曲。

嫉妒心理的调适。首先要正确地看待人生的价值,客观的认识自己,既看到自己的长处,又能正视自己的差距,发现并开拓自身的潜能,不断提高自己。其次,要转移注意。嫉妒往往是在闲暇时间产生的,如果我们把主要精力用在积极参加有益的活动上,用在努力学习、勤奋工作上,使自己充实起来,就无暇去嫉妒别人。第三,要积极转化,提高修养。要转化嫉妒心理为力求上进的力量,用正当的手段展开友好的竞争,同时应注意平时多积累有关知识的学习,提高自身修养。

(六)多疑心理

多疑是人际交往中一种不好的心理品质,可以说是友谊之树的蛀虫。多疑是由主观推测而产生的不信任的复杂情感体验。往往是先在主观上设定他人对自己不满,然后在生活中寻找证据,有时甚至把别人的好意曲解为恶意。

多疑是大学生人际交往的大敌,它不仅不利于团结,而且也会使同窗好友因疑心作祟而产生裂痕。常常怀疑别人对自己的真诚,认为这些都是虚假的,整个世界都是罪恶的,自己没有一个可以谈心的朋友,从而感到孤独、寂寞、心慌、焦虑,以致“越看越像,越看越真”,从而造成与交往对象的对立情绪,恶性循环使得人际交往发展受到很大的影响。

多疑心理的调适。首先,要培养理智,切忌感情用事,用理智力量克服多疑冲动的发生。其次,要培养自信心,学会自我安慰。相信自己会处理好人际关系,会给别人留下良好的印象。同时,一旦产生多疑心理时,可以暗示自己“走自己的路,让别人说去吧!”不必在意别人的议论,这样可使自己从中得到解脱。

三、努力发展同学友谊

人与人的相识,并形成相互认可的关系起源于彼此的接触与互动。我们应该通过以下渠道找到我们要认识的人。

(一)会老乡

对于离家在外读书的同学来讲,能在异地遇到几个老乡是非常惬意的事情。老乡的乡情把本不相识的人聚到了一起,形成了同学之间互相联系的特殊纽带,可以说老乡是校园中学生交往的一道靓丽风景线。

老乡给我们提供交往的理由,他们是你建立人际关系的一个巨大的宝藏。

(二)与同班、同寝同学好好相处

我们来自四面八方,能在一起学习、生活很不容易。有的同学把这比作缘分,的确,我们原本互不相识，但现在不需要理由，我们必须在一起生活，相互交往。建立良好的人际关系其实就是要和你身边的同学建立良好的关系，当然不可能全部都发展成为密友。不过，你还得学会和你不怎么认可的人在一起，学会宽容和容忍。

（三）培养广泛的兴趣爱好

很多同学之所以能认识很多人，在交往中显得游刃有余，一个重要的因素是他的兴趣爱好。兴趣爱好不但能让人享受生活的快乐，同时也是人与人联系的纽带。很多同学就是通过共同的兴趣爱好找到了趣味相投的人，有了更多的接触、认识、发展人际关系的机会。

（四）积极参加校园各项活动

在我们的校园里，各种学生组织会经常举办各种活动。参加活动不但能锻炼能力，还会有机会认识平时不太可能认识的同学。

思政元素

以和为贵

中国历史上有个关于“三尺巷”又名“六尺巷”的故事，流传的版本比较多，其中最为著名的是清代开国状元傅以渐的故事版本。山东聊城有一个胡同，名曰“仁义胡同”，又名“六尺巷”，也称“状元街”，在水城东关大街东首路北。胡同的名称来源于清代开国状元傅以渐。傅以渐在京城为秘书院大学士，加封太子太保，授武英殿大学士兼户部尚书。家中因为宅基纠纷，修书一封，希望他能为家中撑腰。傅以渐收到家人来书后，遂修一纸家书：“千里修书只为墙，让他三尺又何妨？万里长城今犹在，不见当年秦始皇。”家人看后，自感惭愧，主动让出三尺。邻居知道后，也深感惭愧，也让出三尺来，于是就形成了“六尺巷”。

“三尺巷”的故事体现了中华传统文化中“以和为贵”的思想。“以和为贵”是重要的为人处世原则，出自《论语·学而篇》“礼之用，和为贵”。“和”意为不同事物之间平衡的一种完满状态，凡事讲究保持必要的和谐。“以和为贵”认为矛盾是普遍存在的，肯定了事物的多样性的同时主张吸纳不同意见，兼容不同观点，营造和谐氛围。对于新时代大学生来讲，在人际关系中也应该弘扬中华优秀传统文化中“和为贵”思想。在与他人交往中，应该提高自身的认识，求同存异，宽容友善，注重和谐，同时传播“以和为贵”思想，构建求大同而存小异的和谐校园环境。

复习思考题

1. 如何理解人际关系？
2. 如何在大学生活中认识更多的人？
3. 如何赢得别人的认可？
4. 你的人际关系如何？
5. 怎样处理人际矛盾？

心灵阅读

记住对方的名字

赛瑞·思克是简兰在多伦多一所设计学院上学时的老师，她教她们设计理论和游戏故事写作。简兰记得自己第一次被她震撼是因为她神奇的记忆力。

那个学期赛瑞教 5 个班，每个班平均 30 个学生。简兰是星期一听的赛瑞的课。到星期五时，简兰在教学楼的走廊里看见赛瑞迎面走了过来。

简兰还没来得及说话，赛瑞·思克已经在欢快地打招呼了："你好，简兰。"简兰当时惊讶极了！要知道对一个西方人来说，记住中国人的名字有多不容易。更何况她们只见过一次，还是在几十人的课堂上.简兰甚至还没记住她的名字。

"你的记忆力真是惊人。"简兰竟然忘了问她好。

"相不相信，现在我可以叫出你们这一届每个学生的名字？"她举着手里的花名册说："下周开始，这个就退休了。"

"你这么自信？"简兰睁大眼睛问。

"因为我是教师，教师是与人交流的职业。我们该具备的素质之一就是准确迅速地记住学生的名字，让学生感觉到被老师重视，这也是他们喜欢上某一门课的原因之一。"她的眼睛里闪动着骄傲。

"我还是第一次听说这个理论。"

"比如说我们吧，你不会否认因为我记住了你的名字而使我们亲近起来，对吗？"

"是的，可是诚实地说，我还没有记住你的名字。"简兰那时满脸的羞愧。

"赛瑞·思克，我叫赛瑞·思克。我想说的是，不管对谁，你记住陌生人的名字，是你走近他们的钥匙。你记得越快，那扇门开得越早。"

显然，这样的沟通很有效。从那时起，简兰发现自己真的在赛瑞·思克的课上格外认真。

她布置给他们的第一个作业是写一个没有时间线索的多媒体游戏故事。这对本来就不喜欢游戏、再加上语言有障碍的简兰来说真是犹如把一个初识水性的人扔进了汪洋大海。

就在布置作业那一天，赛瑞·思克给简兰发了一个电子邮件。她说："许多成年人爱看动画片，为什么？因为动画片语言简练单纯。所以别担心自己英语写作不好，你的英语恰恰好到不会把简单的事情说复杂了。这对我们这些英语精湛的人来说可不容易。我们总想多转弯多用词。相比之下你可有优势哦。"

同时接到邮件的还有其他几位同学，有英语不好的，有图形设计不好的，有对电脑语言恐惧的。而让他们惊叹的是不知道赛瑞·思克是怎样如此细致地走进他们心里的。

学期毕业时，在简兰的留言册上，赛瑞·恩克这样写道："记住对方的名字是最好的沟通，它能获得一连串儿的神奇效果。"

自我测试

大学生人际关系与人际交往状态自我测试

第十章

像雾像雨又像风

——大学生性心理及恋爱心理

学习目标

知识目标	了解大学生性心理和恋爱心理的特点以及表现；了解大学生常见的恋爱困惑；掌握应对恋爱问题的方法
能力目标	正确认识爱情和性心理，掌握应对恋爱问题的方法
素质目标	通过介绍最美家庭刘西拉家庭的家国故事，让学生了解老一辈中国建设者们的故事，树立正确的恋爱观

主题导读 到底是哪里出了问题？

大学生木木来自偏远山区，学习成绩优异，还担任了学生干部，在一次活动中认识了家庭条件优越的女同学佳佳。佳佳认为木木长相帅气，便开始主动追求木木，很快两人成为甜蜜的情侣。但是在交往过程中，由于木木的生活费比较少，佳佳始终觉得他不够“潇洒”，为此两个人也经常闹别扭。为了让佳佳开心，木木还曾和同学借钱给佳佳买高档礼物，请她和朋友出去吃饭。久而久之，木木的学习成绩也一路下滑。临近毕业，佳佳的家人为她安排了不错的工作，但木木却没有找到特别合适的岗位。此后，佳佳就开始以各种借口渐渐疏远木木。后来，木木发现佳佳已经与别人确定了恋爱关系。木木觉得很伤心，他想不通当初主动表白自己的佳佳为什么会这么做，而且自己明明为感情付出了很多，为什么得不到一个好的结果。

第一节 大学生的性心理与性行为问题

一、性心理的一般表现

性健康是人类生存和发展的第一要素，它对人类社会的文明与进步具有不可替代的作用。性贯穿于人的一生，是以性器官和性特征为主要标志，以繁衍后代为原始意义的一种客观生命活动现象。人类的性是一种多维价值体系，如果没有性的生物学基础，也就谈不上它的心理成分。但人类的性心理不仅仅是一个单纯的神经活动及其伴随的生理和生化过程，更是一种生命感受，并受意识形态、道德、伦理等因素控制。这些文化因素的参与和注入，使人类的性心理、性行为更为复杂化，成为当今人们隐蔽很深的心理行为现象。

人类的性在表现过程中，一方面受性激素的影响，构成背景性性欲；另一方面受情感和道德因素的影响，构成应激性性欲。大脑综合分析来自视、听、嗅、味、触等各种感觉的刺激，并把是否喜欢、是否符合道德规范等是非标准融入其中，最后决定是否符合道德规范或如何表现出来。因此，人类的性往往通过性生理、性心理、性行为三个方面表现出来。

（一）性生理

性生理是人类性的基本部分，主要表现为性别、性反应、性能力、性功能、性生殖、生育控制等。

（二）性心理

性心理泛指一切与性有关的心理现象，是人类心理的一个重要领域。它主要表现为性欲望、性意识、性观念、性情感、性兴趣、性幻想、性梦、性别认同等方面。

（三）性行为

性行为是与性内容直接关联的行为。性行为可以分为两大类：独自性行为和人际性行为。独自性行为主要是指性自慰；人际性行为可分为同性性行为和异性性行为。同性性行为主要是指同性恋；异性性行为可分为边缘性行为和核心性行为。边缘性行为包括具有性吸引倾向的握手、拥抱、接吻、爱抚等；核心性行为主要是指性交行为。一般来说，大学生中的性行为主要表现为性自慰、边缘性行为和核心性行为。

二、性心理的一般影响因素

（一）生物因素

影响性的生物因素是指对性发育和发展产生影响的生物遗传物质和生理条件。生物因素决定了性和呼吸、饮食一样，都是人的一种自然本能，是健康男女的正常生理机能和正当合理要求，也是生物有机生存和种族繁衍的必要原动力。青春期是人一生变化最为剧烈的一个时期，是个体生理、心理和智力发展的关键时期，身体的各个系统都在这个时期发生着巨大变化，尤其是生殖系统，在经历了儿童期平稳、缓慢的发展之后，到了青春期出现了一个飞跃。

青春期的成长发育使身体形态和内部机能都发生明显的变化。

1. 身高迅速增长

在青春期，一个人最明显的外形变化是身高迅速增长。青春期以前，身高每年增长 3～5 厘米，而青春期身高每年以少则 6～8 厘米、多则 10～12 厘米的速度增长。一般来说，女性与男性相比较，女性先出现身高的突增，而男性要迟两年或三年才出现。女孩一般在 12～13 岁达到成长高峰阶段，身高定型在 19～23 岁。男孩在 14～15 岁达到成长高峰阶段，身高定型在 23～26 岁。由于青春期发育有早有晚，生长速度各不相同，所以发育早的青少年不必为自己不同于旁人而难堪，发育晚的也不必为自己身材矮小而自卑。

2. 体重明显增加

青春期的少男少女，不但身高迅速增高，体重也会明显增加。体重的增加除了与骨骼生长相关外，还与肌肉和脂肪的增加有关。因此，女性往往显得较为丰满，而男性则因肌肉发达而显得矫健。

3. 第二性征的发育

体现男女两性差别的生理和心理特征叫作性征。每一个人一出生便可以确定是男是女，这与生俱来的两性生殖器官的差别称为第一性征。幼年时期，男孩、女孩除了第一性征外，身体其他部分没有明显的区别。进入青春期以后，性发育使得男孩女孩的身体出现了许多不同的特征，体现了男女的性别，称为第二性征。第二性征主要是指发育的外部表现，例如，男女在身材、体态、相貌、声音方面的性别差异。

男性的第二性征主要表现在毛发的生长、变声、出现喉结等方面。毛发的生长主要是指阴毛、腋毛、胸毛以及胡须。另外，男性进入青春期后，睾丸就开始制造精子，到18～20岁左右达到高峰，“精满则自溢”，遗精是男性成熟的表现和未婚男青年正常的生理现象。

女性第一次月经的来临标志着女性进入青春期。女性进入青春期后，由于不同性腺的发育以及雌激素及孕激素的作用，在体态、音调、骨盆等方面表现出明显不同于以往的特征，这就是女性的第二性征。具体说来，有以下几点：

(1)体态方面。女性逐步形成外观丰满的体形。

(2)说话音调。女性进入青春期后，由于声带变窄，故发音细而尖。

(3)皮下脂肪。皮下脂肪组织明显增厚。

(4)毛发。阴毛逐渐长出，由阴阜向下分布，呈倒三角形，且腋毛也相继出现。

(5)骨盆。骨盆发育并逐渐宽大。

(6)乳腺。先是乳头突出，继而乳房逐渐发育丰满，在乳头周围形成较深的乳晕。

(二)社会因素

影响性的社会因素是指影响性活动和存在状态的社会制度、经济基础、文化传统、风俗习惯、性角色规范及其相互作用。与性直接相关的社会主要因素包括社会性环境、家庭性环境、同龄小群体性氛围等。

1. 社会性环境

社会性环境对个体来说是一种既定的、先在的、不可超越的客观存在。因此，性一开始就是由政治经济制度、社会文化习俗、伦理道德、法律规定决定的，具有强烈的社会必然性和规约性。社会性环境分主流性环境和非主流性环境。主流性环境为社会责任、社会义务等，通过学校教育、新闻媒体、社会舆论广为传播，对每一个社会成员性道德的形成起到正面引导、教育、熏陶、感召、约束和限定作用，维护着婚姻家庭关系的秩序与稳定。而非主流性环境与主流性环境异质异向，常常作为主流性环境的对立面而存在，它对婚姻家庭具有破坏性，对社会成员的主流性道德具有瓦解性。当前非主流性环境主要体现为享乐主义、拜金主义、个人主义和以性保守、性愚昧为核心的腐朽性观念。

2. 家庭性环境

父母的性道德、性观念、善恶荣辱观念以及行为举止、生活作风，无时无刻不影响着子女性观念的形成。家庭性环境对子女性观念和性道德的特殊作用在于：一方面对子女的性角色意识，性心理，性的是非、善恶、荣辱观念的初始定势起着十分重要的作用；另一方面，它是在日常生活中、耳濡目染中、潜移默化中、无意识地示范和模拟中进行的，具有持续深入、具体细微、渗透性强、示范性强的特点。

3. 小群体性氛围

同龄群体由于年龄和发育阶段的同步或相仿，性问题、性关系成为他们关注的重要问题，从而形成了小群体内部特有的性道德价值取向和舆论氛围。群体中的性观念和性规范并非代表每一个人的意愿，但是个人对群体从心理上的依赖和从属，从感情上的亲密和稳定，常常使他们服从小群体的性道德舆论，认同其性道德价值取向。同龄小群体中的性道德舆论是一种强化和放大的舆论，对其成员的性观念的影响力和控制力常常超过家庭、学校和社会。因此，从不良小群体中获得的性道德观念，教育改造起来是非常困难的；反过来，如果从小群体入手来矫正不良的性观念和性行为，则会起到事半功倍的效果。

三、大学生性心理与性行为问题

根据人类个体性心理的发展规律，青少年性心理的发展要经历：疏远异性期（10～11、12岁）、接近异性期（13～15、16岁）、两性初恋期（17、18～20岁）。

（一）大学生性心理发展特点

随着性心理的发展，大多数大学生表现出一系列性心理现象，如对性知识的兴趣、对异性的好感、性欲望、性冲动、性幻想和自慰行为等。一般来说，具有如下特点。

1. 性心理的朦胧性和神秘感

相当一部分大学生，特别是低年级学生的性心理，缺乏深刻的社会内容，基本上还是由于生理急剧变化所带来的本能反应，好像鬼使神差似的对异性发生兴趣、好感和爱慕，但是这种性爱的萌动，似乎披着一层朦胧的轻纱。其中不少学生并不了解多少有关性的知识，只是对性有较浓厚的兴趣。这时他（她）们对异性的兴趣、好感和爱慕，主要是由于异性的吸引。正是在此基础上，在朦胧纷乱的心理变化中，性意识逐渐强烈和成熟起来。

2. 性意识的强烈性和表现上的文饰性

大学生性心理的显著特点是它的闭锁性和强烈的冲动需求性，这也导致他们性心理外显方式的文饰性。一方面他们十分重视自己在异性心目中的印象与评价，另一方面却又表现得拘谨、羞涩和冷淡。他（她）们内心对某异性很感兴趣，但表面上却又有意无意地表现得好像无动于衷，不屑一顾，或做出回避的样子；他们有时表现得十分讨厌那种男女亲昵的动作，但有时又很希望自己能体验……这些矛盾心理的表现，使他（她）们产生种种苦恼。

3. 性心理的动荡性和压抑性

青年期是人一生中性能量最旺盛的时期，但由于大学生的心理不够成熟，还没有形成稳固的性道德观和恋爱观，加上有些人自我控制能力很弱，因而很容易受到外界因素的影响。现实生活丰富多彩，五花八门的性信息、不良的影视镜头、淫秽书刊，很容易使个别青年的性意识受到错误的强化而沉醉于谈情说爱之中，甚至发生性过失、性犯罪。与此相反，另一部分青年由于性能量得不到合理的疏导、升华而导致过分压抑，有少数人还可能以扭曲的方式、变态行为表现出来，如“厕所文学”、同性恋、窥视或恋物癖等。

4. 男女性心理的差异性

大学生的性心理由于性别不同，有明显的差异。在对异性感情的流露上，男性表现得较为明显和热烈，女性表现得含蓄和深沉；在内心体验上，男性更多的是新奇、喜悦和神秘，女性则常常是惊慌、羞涩和不知所措；在表达方式上，男性一般较主动，女性往往采取暗示的方式。

（二）大学生的性心理问题与调试

大学时期是人的生理发育极为旺盛的时期，同时又是人生的十字路口。大学生身心的不成熟、生活的不稳定性等因素，使他们产生了极为深刻的心理冲突。与性有关的心理冲突主要集中在以下几个方面。

1. 性焦虑

这里所说的性焦虑主要是指大学生对自己的外貌体形的焦虑、对自己的性别角色的焦虑、对自己的性功能的焦虑。

案例

小文同学的烦恼

小文是大学二年级学生。两年前曾第一次与自己的男友发生性关系，但是由于紧张、准备不充分和对对方感情不深，小文当时并没有愉快的感觉，那次性生活也并没有成功。自那以后，小文就怕以后和自己爱的人在一起的时候，也会有那种不好的感觉，一想到那个场景就会立刻产生焦虑，总觉得那种不好的感觉一定会发生，和现在的男朋友一有亲密的接触就会紧张害怕。小文努力告诉自己那是个错误想法，并进行过自我调整，可就是控制不了自己。小文很希望将来能有一个美好幸福的生活，现在经常为自己第一次性生活的轻率而懊悔不已。

上述的性焦虑一般可通过性咨询得到解决。对大学生而言，重要的是树立健康的性观念，不冲动、轻率地发生性关系，提高自我保护和调节能力。如果对自身的性生理、性心理方面有什么疑问，应及时寻求咨询和帮助，不要独自敏感多疑，忧心忡忡。

2. 性冲动的困扰

性冲动是男女青年生理心理的正常反应，是在性激素的作用和外界有关刺激下产生的，并不是不纯洁、不道德或可耻的行为。不少学生对性持有不正确的认识，有的视它为下流、肮脏、见不得人、难以启齿、无所适从，以致对自己的性冲动感到羞愧、自责、苦恼和困惑，并产生厌恶与恐惧心理。

产生上述不正确看法的青年如不及时醒悟，会产生心理障碍。所以对性的冲动要靠性道德来约束，采取可行的方法调适。例如，当产生性冲动时，用内心压抑的方法予以排解是一个很有效的方法，适度的压抑是社会化的需要，也是一个人性心理健康的反映。但是，严重的压抑感有害身心健康。另外，还可用一种积极的、有建设性的、能为社会接受的方式来取代性欲，如用绘画、音乐、体育活动、从事劳动，或男女友谊交往等，使性能量得以转移、性情感得以平衡，这种方法即是升华。

3. 遗精和痛经

调查发现，有一部分男青年对遗精有不正确的认知和心理反应。每当出现遗精现象时，他们就感到不安、苦恼、困惑、羞愧和恐惧。其实，遗精是男性青年性成熟的表现和未婚男青年的正常生理现象。因为男性进入青春期后，睾丸就开始造出精子，18～20 岁达到高峰期，“精满则自溢”。

有些人由于某种错误认识，往往产生不良的心态而影响其情绪和健康，甚至产生严重后果，现实中曾有青少年因恐惧遗精而切断阴茎或轻生的现象。

因此，我们要正确认识遗精现象，顺其自然。一旦发现遗精，要及时清洗，保持卫生。多参加文体活动，使生活丰富多彩，不要看色情书刊、录像，减少性刺激。如发现遗精过于频繁，应及时去医院检查，对症治疗。

月经对于青春期性成熟的女性来说，是一种周期性的正常的生理反应。一般来说，少女在月经期间没有什么不适的感觉，但由于各种因素的影响，比如盆腔充血、激素分泌的变化和心理上的不适应，有些女性可能有轻微的下腹及腰骶部沉坠感、腰酸、轻度腹泻或便秘等；有的还有易疲劳、烦躁、情绪不稳、头晕、乳房肿胀等感觉，但一般不会影响工作、学习和生活。

有些女性有痛经反应。痛经在生理上可分为两类：一种是功能性痛经，另一种是器质性痛经。后一类可能是因患有盆腔炎、子宫发育不良、子宫内膜移位等所引起的。

痛经的原因还有心理因素。一般来说，女性月经期间常常出现情绪不稳，如爱发脾气、容易冲动、忧郁和心烦意乱等。上述情绪与内分泌活动有密切关系。当情绪干扰到内分泌系统的生理机制的平衡时，就会出现痛经反应。特别是初来月经的少女，由于无知和情绪上不能自控，可能会经常出现“经前紧张症”，再加上生殖系统尚未成熟而带来的胀痛和不适感，于是形成一种消极心理定式，认为来月经就会疼痛，所以当月经来时，真好像疼痛明显地加剧了。

对于患有器质性痛经的女性，应当及早求助医生，对于偏重于心理因素造成的痛经，要注意以下几方面：一是学习经期卫生知识，了解自己经期规律和特征，打消不必要的思想顾虑。二是要保持精神愉快、情绪稳定。月经期可有意回避一些矛盾，以减少刺激，一旦遇到不愉快的事情，要能控制自己，或是去听听音乐、看看电影，或从事一些令人高兴的活动。三是注意多吃些豆类、胡萝卜等富含维生素的食物，这样不仅可缓解痛经，对身体也有好处。四是必要时可使用些药物，如“痛经栓剂”等。

4. 性自慰

性自慰，我国一直沿用“手淫”这个词，是指用手或其他器具、其他方式刺激性器官获得性快感，疏泄性冲动的一种方式，它是青春期最常见的一种性行为。对于学生来说，对性自慰的错误认识是其不安、烦恼的真正原因，也是难以节制的心理因素。伴随着性自慰快感的消失，悔恨、紧张、多疑、自责涌上心头，越是如此，越是沉湎于其中而不能自拔，于是陷入恶性循环。现在国内外对性自慰的看法越来越趋向无害的观念，医学家、心理学家一致认为性自慰既不是不正常的，也不是对身体有害的行为，并且性自慰是没有正常性生活的一种代偿办法，对于调节烦躁的神经系统有好处。

目前，性自慰虽然已从“恶习”中平反，但终究算不上好习惯。长期频繁的性自慰，会引起大脑高级神经功能和性神经反射的紊乱，从而影响人的身心健康。对于学生来讲，培养良好的兴趣爱好，合理安排学习、休息时间，加强人际交往，在丰富多彩的现实生活中全面发展自己，都可以分散对性的注意力，化压力为动力，实现身心的全面健康。

（三）行为健康

1. 性心理健康标准

世界卫生组织对性心理健康所下的定义是：通过丰富和完善的人格、人际交往和爱情方式，达到性行为在肉体、感情、理智和社会诸多方面的圆满和协调。

性心理健康评定标准必须具备以下四个条件：

（1）个人的身心应有所属，有较明显的反差。如果阴阳莫辨，就难以实施健全的性行为与获得美满的爱情。

（2）个人有良好的性适应，包括自我性适应与异性适应，即对自己的性征、性欲等能够悦纳，与异性能很好相处。

（3）对待两性一视同仁，不应人为地制造分裂、歧视或偏见。对曾因种种历史原因形成的一切与科学相悖的性愚昧、性偏见及种种谬误有清醒的认识、理解并追求性文明。

（4）能够自然地高质量地享受性生活。

2. 谨慎对待婚前性行为

我们认为，大学生婚前性行为不利于自身发展，主要有以下原因：

（1）从主流文化的角度看

我们的主流文化并未对婚前性行为持认同态度，对大学生在大学期间性行为基本持否定性评价。各个高校都制定了相应的规定，利用校规校纪规范大学生的性行为，也是基于对大学生生理、心理的健康成长而考虑的。

（2）从大学生性行为的特点看

大学生婚前性行为具有突发性、自愿性、非理性等特点。由于年龄与观念的影响，一旦发生性行为，便会多次发生，造成未婚先孕等不良后果。一些研究表明：有婚前性行为的人婚姻满意度普遍低于没有婚前性行为者，而且婚前性行为还直接影响婚姻质量。

（3）从医学角度看

和谐性行为需要安全、私密、舒适的环境，而大学生的婚前性行为多数在隐蔽状态下进行，常常伴随着内心的恐惧、紧张、害怕、担心怀孕及不洁感、不道德感、羞愧感和罪过感，容易引起性焦虑的产生，导致男性阳痿早泄和性功能障碍。特别是流产，对女大学生的心理与身体伤害极大。一是手术后身体不能得到很好恢复，又担心被老师和同学发现，还要应付繁重的课业负担，身体与心理的恢复很困难；二是容易损伤外生殖器，发生意外事故，特别是容易引发多种并发症。

（4）从心理学角度看

婚前性行为给双方带来巨大的心理压力，如恐惧、焦虑、自卑、心理冲突加剧等，当具有性行为后，双方更容易争吵，但当事人并不知道性行为是其中的重要原因。由于两性心理的差异，女性在有亲密行为后，容易以身相许，希望与对方走向婚姻，由于性行为使女性由心理上的优势转化为劣势；而对男性而言，婚前性行为会提高他们的心理优势，使他们对容易到手的东西产生厌倦而不承担由此带来的后果，对女性造成更大的心理伤害。

第二节 大学生的恋爱心理

一、爱情观概述

（一）爱情观的含义

所谓爱情观是人们对爱情问题的根本看法和态度。

包括：什么是爱情，爱情的本质，及爱情在社会生活和个人生活中的位置，择偶标准，如何对待失恋等。

马克思主义的爱情观：

男女之间建立于性爱基础上的情感之所以成为爱情，是由人的社会属性决定的，因此男女之间真挚的爱情，不仅是自然生理需求的冲动和相互需要，更是志趣的相投和心灵的相通，而这一切，都是以一定的社会历史条件为背景的，受制于特定的社会关系、经济地位和文化背景，等等。

因此从本质上讲，爱情是指两个异性之间，基于一定的客观物质基础和共同生活理想，在各自内心形成对另一个异性的真挚仰慕，并渴望对方成为自己终身伴侣的强烈的、稳定的和专一的感情。是人的社会属性和自然属性相结合的异性间的崇高感情，是精神和肉体的统一。社会属性处于主导地位，决定爱情的本质。

爱情有着丰富的内容，她通常是由四个要素构成的：

一是性欲，这是爱情的生理基础和自然前提；

二是情感，这是爱情的中心环节，表现为灵与肉融为一体的强烈感情；

三是理想，这是爱情的社会基础，也是爱情的理性向导；

四是义务，这是爱情的社会要求，表现为自觉的道德责任感。

上述四要素相互联系，缺一不可，否则就是残缺的或被扭曲的爱情了。

（二）爱情的本质特征

作为人与人之间特定的社会关系，爱情具有以下几个本质特征：

第一，互爱性。爱情是一种复杂、圣洁、崇高的感情活动，她是由两颗心灵弹拨出来的和弦，彼此互相倾慕，情投意合。真正的爱情是不可强求的，只能以当事人双方的互爱为前提，当事人既是施爱者又是被爱者。在爱情发展中，男女双方必须始终处于平等互爱的地位。单恋虽然也是一种强烈的情感，但它却只是发自一方而另一方却并不接受或不知情的爱慕，它只能内耗一个人的精神力量，并给自己造成心灵创伤，因而是不可取的。

第二，排他性。爱情是两颗心相撞发出的共鸣，男女一旦相爱，就会要求相互忠贞，并且排斥任何第三者亲近双方中的一方。伟大的教育家陶行知曾经形象地说过：爱情之酒甜而苦，两人喝是甘露，三人喝是酸醋，随便喝要中毒。这话是很有道理的。

第三，持久性。爱情是一棵苍松而不是一枝昙花，爱情所包含的感情因素和义务因素，不仅存在于婚前的整个恋爱过程之中，而且延续到婚后的夫妻生活和家庭生活。爱情的持久性表现在爱情的不断深化、充实和提高上，恰如莎士比亚所说：真正的爱，非环境所能改变；真正的爱，非时间所能磨灭；真正的爱，给我们带来欢乐和生命。事实上，爱情的持久性正是建立和保持婚姻关系的基础。

第四，社会性。爱情虽然是男女之间相互爱慕的私情，但具有丰富的社会内容。爱情的内涵、本质以及追求爱情的方式，必然要受到各种社会关系及社会因素的影响。一些学者的研究表明，处于不同文化背景下的人对于爱情有不同的理解。爱恋双方是否幸福，并不取决于他们之间具有哪种爱情，而是取决于他们对爱情的理解是否一致。

第五，道德性。爱情的道德性是指爱情中蕴涵着对对方的强烈的义务感和责任心。

（三）正确恋爱观的特征

要树立正确的恋爱观，就要做到以下几点：

首先，要了解爱的本质。真正的爱情既不是柏拉图式的“精神之恋”，也不是纯粹的异性间的生理吸引。爱情的本质是给予，是承担责任。俄罗斯教育家苏霍姆林斯基这样教导儿子：“要记住，爱情首先意味着对你的爱侣的命运、前途承担责任……爱，首先意味着奉献，把自己的精神力量献给爱侣，为他（她）缔造幸福。”

心理视窗　　爱情的本质

一位网友是这样诠释的：爱情的本质，一旦你明白了，你就会真正懂得去爱，爱一个人应该是无任何条件的，如果你爱一个人就必须接受他今后可能发生的一切变化，不论他今后缺胳膊少腿，身患绝症，一无所有，甚至是移情别恋，你都得去接受他，去原谅他，如果他重新找到了新的爱情，你也应该为他高兴，忠心地祝福他，不然你爱的不是他，而是你自己。

其次，必须树立正确的恋爱动机。恋爱动机是保证恋爱顺利发展的重要基础。

再次，要树立正确的性道德观。平等、自由地恋爱是公民所享有的权利，是受法律和道德保护的。大学生追求恋爱自由，也应当尊重别人的选择自由，不能勉强，不能一厢情愿。只有建立在自由、平等基础上的爱情才是纯真美好的。另一方面，爱情应当追求持久永恒。爱情关系的确立从某种意义上说，就是两个人道德和义务关系的确立，如果两个人在发展这种恋爱关系中彼此和谐一致，没有大的原则分歧，一般不应弃旧图新。当然，要求恋爱双方从一而终也是不合适的。因为，最初的选择难免有偏颇，如果发现自己选择错了，要敢于及时纠正，也要允许对方纠正，这是对自己也是对他人负责任的一种表现。

应当明确的是，爱情是相互的，只有在你情我愿的基础上才能产生。因此，当一方对另一方产生爱慕之情时，不要光考虑自己的想法，更要考虑对方的感受，当最终知道对方对你没有爱意后，应尽快调整心态，不要死缠烂打，或者单相思。因为，前者会给对方造成妨碍；后者会给自己造成伤害。

最后，摆正爱情在人生中的位置。爱情在人生发展中占有重要的位置，对人产生着重大的影响。恋爱会丰富男女的生活体验，促使双方在心理上趋于成熟；处于恋爱中的人总是精神愉悦，充满爱心，这种美好的情感使人乐于承担责任；恋爱中的青年男女为获得恋人的爱，总是力图完善自己，爱成了一种改造人的强大的内在动力，它可以改变人的趣味，升华人的品格，开发人的潜能，促进人的新生。

尽管爱情是人生的重要组成部分，但它不是人生的全部内容。人生大事，除了爱情外，还有事业，如果把爱情摆到至高无上的位置，把爱情看成人生的唯一追求，那么爱情就会抑制事业的发展，而失去事业基础的爱情是结不出人生的硕果的。英国的大科学家培根说过："一切真正伟大的人物，没有一个是因爱情而发狂的人。因为伟大的事业抑制了这种软弱的感情。"对于大学生来讲，就要处理好恋爱与学业的关系，给爱情一个恰当的位置。

真正的爱情可以促进学业的发展，但爱情不是学业成功的必要条件，爱情与学业的双丰收，当然令人向往。但是，当两者发生矛盾时，应将学业放在第一位，不应当被感情所纠缠，被爱情所俘虏。

此外，还要处理好恋爱与集体的关系。有的青年学生恋爱至上，成天卿卿我我，把自己禁锢在两个人的世界中，放弃学习，疏远同学，不参加集体活动。这样下去必然会限制人际交往的范围，影响自身的发展进步，不利于优化个体对社会适应能力的提高。热爱集体、关心他人的人，才会真正给予自己所爱的人以深沉、坚实的爱。因此，恋爱中的大学生应特别注意处理好个人与集体的关系。

总之，对于大学生谈恋爱，禁止是不现实的，提倡也没必要，正确的做法就是顺其自然。大学生要树立高尚的恋爱观，把学业放在首位，使爱情服从于学业，摆正爱情在人生中的位置，这样爱情之花才能开得艳丽、长久。

二、大学生恋爱心理的发展

（一）谈·恋·爱：恋人心理交往三部曲

恋爱是指一对异性之间产生强烈的喜欢爱慕，发生爱情、建立爱情关系直到结婚的过程。这是恋爱健康发展的一般规律。

在恋人心理交往中，是有一定的发展阶段和进展过程的，这样的阶段和过程正是以谈、恋、爱为其标志，可称三部曲，而且它们合成了一个完整的人类交往形态：谈恋爱。

恋人心理交往第一部：谈。

谈是恋人心理交往的主要内容，是恋人初级交往的特点，这一阶段双方进行着相互的了解。

谈是男女双方通过语言彼此沟通的过程，双方在相互接触和交谈中，掌握必要的信息，增进对对方的了解。

首先，谈是获得一般性信息的主要手段。人的文化素质和人格特点可以表现在人的言谈举止中，通过"谈"，双方可以深入、完整或准确地了解对方的人格，看看他（她）的性格、气质和能力等是否和自己匹配、对方是否情绪乐观、性格开朗，谈锋如何，是健谈还是沉默寡言等等，这些都可以"谈"出来。

其次，谈是把握对方价值观的基础和必备条件。"人不可貌相"，单单了解对方的一些外部特征是不够的，男女双方的结合需要更多地以价值观为前提，正所谓"志同道合"。例如，如何处理家庭和事业的关系，如何看待"女强人"和"贤妻良母"，通常，如果双方的认识或态度有很大的不同，对以后的生活是有很大的影响的。

最后，谈本身必须以较高的交往频率和交往质量为前提。如果双方没有交往或交往甚少，怎么谈？所以较高的交往频率是很重要的，它可以保证足够的谈的机会，正好像为什么同学之间容易产生爱情，其中的一个主要因素恐怕就是“谈”的次数多吧。

如果双方勤交往，善交谈，建立了一个良好的感性情感，双方之间的关系就会进一步发展，产生第一次飞跃，进入相恋阶段了。

恋人心理交往第二部：恋。

如果说男女的一般交往和喜欢是白开水的话，那么恋人心理交往的第二部就是浓烈的美酒了。恋是男女青年在深入了解之后，开始彼此吸引，感情渗透，难舍难分的一种强烈的心理体验，是恋人深交的标志，是情感升华的表现。

如果说在“谈”的阶段，男女双方还是躲躲闪闪，开展“地下工作”的话，那么“恋”的阶段则是转入“地上作战”了。两人形影不离，成双成对，出入于公园、大街、电影院或朋友家。

在“恋”的阶段，恋人的交往已有了质的改变，双方心声相连，如胶似漆。

“恋”，主要的是情感的表达，首先是语言的表达。此时双方的语言表达再不是那么干巴巴的了，恋人们搜尽了一切可以赞美对方的语词、用口头的或书面的方式来表达内心对对方的爱慕，人们谓之曰情话、情语或情书，由大胆的或羞于出口的第一句“我爱你”猛地发展到更美丽更热烈的语言。其次是身体的表达，有时双方的情感已发展到无法言传只能意会的程度，于是一个会心的微笑，一个传情的眼神，一次轻轻的拉手，乃至甜蜜的亲吻和热烈的拥抱都被恋人们使用得自然而又贴切。第三是礼物的馈赠。在“恋”的阶段，恋人们在使用了各种沟通手段表达热烈的感情之时，还不时地送给对方一些心爱的礼物，它能胜过一些赞美的话，为他们的爱情锦上添花。

在“恋”的阶段，由于双方更多的是情感的交流，是情感的升华，人世间爱情所有最美好的意义都体现得最深刻、最完美，男女双方的感情亲密无间，真挚而又热烈. 因此人们形象地称其为热恋。热恋是两颗心灵相互撞击的结果，双方产生了一种强烈的依赖感和牺牲感，愿意为对方做出无私的奉献，同时产生了一种强烈的独占性和排他性，追求一种二人独享的最高境界，永远沉醉在醇香的爱河里。

男女青年在了解的基础上感情进一步升华，双方物理上和心理上的距离逐渐缩小到零，创造了一个独占和排他的时空，在这样一个时空中双方的心灵通过相撞合而为一，以一个完美的整体向更高的顶峰进发，这就是爱了。

恋人心理交往第三部：爱。

热恋过后，男女相携走向了一个灵魂和肉体的结合阶段，走进了爱的境界，爱是谈和恋的结合，是恋人心理交往达到相互结伴的阶段的特点。

如果说结婚证书是以法律的形式将一对男女连在一起的话，那么“爱”则是以感情和思想的形式使恋人连在一起，在爱的阶段，恋人之间的感情达到完全的默契，思想达到了高度的统一，男女双方既是征服者又是被征服者。

处于爱的阶段的恋人，已经成熟和现实多了，狂热已经悄悄离去，但又不乏热烈，此时，他们相互有了更多的了解，行为上自如、和谐，由“忘我”而产生了“我们感”，从此，存在于两人之间的不和谐因素基本消除，从法律上和心理上都走向了共同的生活。

通常，在爱的阶段，恋人之间的交往更加丰富，他们要从物质上和心理上为了共同的生活而积极准备，其中尤其心理上的准备更为重要。对婚姻生活的心理准备是婚姻生活幸福美满的重要条件，男女双方应当在爱的阶段对婚姻生活变理想主义为现实主义，对婚后经济支持、事业与家庭、角色等都应当有一个冷静的思考，排除潜在的一切隐患，完成向婚姻生活的过渡，迎来一个清新的生活。

应该说，爱的境界并非每一对恋人都能进入，有些夫妇或貌合神离，或同床异梦，最后走向婚姻的破裂，其中的一个重要原因大概是他们的爱情生活还没有结伴意义上的爱吧。

爱或是无师自通，或是耳濡目染，或是经人点拨，但都是有比较相似的过程，谈、恋、爱三个阶段正是反映了恋人的心理交往从相识、相知到相爱，堪称三部曲。但是真正能达到爱的境界的恐怕不是所有的恋人，这既不是遗憾，也不是不幸，只是告诉相恋的人，爱需要每对恋人用心培育。

(二)大学生恋爱的特点

大学生的心理变化非常剧烈，在恋爱方面具有鲜明的心理特征：

1. 恋爱动机比较成熟

根据调查，大学生的恋爱，27.43%是为了“体验爱情幸福”“充实大学生活”；23.26%的恋爱心理是“不求天长地久，只求曾经拥有”；而48.96%的恋爱动机是指向结婚成家，这是大学生恋爱的主旋律。他们中的大部分人既享受爱情的美好，又敢于承担爱的责任。

2. 主观学业第一，客观爱情至上

在对待学业与爱情的关系上，25.35%的大学生认为“学业高于爱情”；12.85%的大学生认为爱情高于学业；61.81%的人认为同等重要。

从理性上都知道学业是第一位的，感情是第二位的，但在实际行动中，一些大学生用于恋爱的时间远远多于学业的时间。由于大量的时间沉溺于花前月下，卿卿我我，学习成绩一落千丈。有的甚至成了“爱情专业户”，爱情成为大学生活的唯一追求。

3. 传统道德逐渐得到强化

随着时代的发展，当代大学生的恋爱观念日益开放，根据调查，23.96%的大学生认为一生可以有多个情人；17.71%的学生赞成婚前性行为；但59.03%的学生提出发生性行为后的责任问题。可见传统道德观念日益得到强化。

4. 失恋态度比较宽容

由于大学生心理的不完全成熟，价值观、人生观的不完善，面对择业和就业的现实考验，使得大学生难以执着地追求他们的爱。根据调查，94.79%的失恋者能对自己和对方采取宽容的态度，尊重对方的选择；但有一部分人经不起失恋的打击，一蹶不振，沉沦自弃，悲观厌世，甚至做出偏激的行为，伤害对方。因为失恋而失志、失德。

三、用心培育爱情

心理词典 爱情三角理论

美国心理学家罗伯特·J.斯腾伯格1986年提出的著名的爱情三角理论，可以帮助我们准确把握和理解爱情。他认为，爱情有三种基本成分：亲密、激情和承诺。

亲密是相互喜欢、愿意接近的程度；激情是关系中令人激动、感到兴奋的程度，包含身体上的吸引力与性吸引；承诺是愿意爱对方、长期保持关系的决策。三种成分的组合有七种类型：

1.喜欢——只有亲密；2.迷恋——只有激情体验；3.空洞的爱——只有承诺。这三种单纯的成分都不是完整的爱情。4.浪漫的爱——只有亲密关系和激情体验，没有承诺。5.友谊式的爱——亲密与承诺的结合，缺乏激情；6.愚蠢的爱——激情与承诺的结合，没有亲密的关系；7.完美的爱——三种成分的结合。

换一种说法，爱情可以分为以上七种，但是把它组合起来就是基本的三大类：一种是有性无爱的激情，这就是建立在肉体相互需要基础上的情欲满足；一种是有爱无性的感情，这是建立在精神相互理解基础上的柏拉图式的爱情；一种是有性有爱的爱情，就是激情、喜欢与责任的完美结合。

在《马克思恩格斯全集》中有这样一段话："真正的爱情是表现在恋人对他的偶像采取含蓄、谦恭甚至羞涩的态度，而绝不是表现在随意流露热情和过早的亲昵。"爱情是神圣的，恋人在心理交往中，表现出的应是庄重、深沉、彬彬有礼。

（一）规范自己的恋爱行为

1.尊重对方

每个人都有爱和被爱的权利，有选择各自爱人的权利。男女双方首先应彼此尊重对方的感情，不能把自己的意志强加于人。

2.专一忠贞

爱情具有鲜明的专一性和排他性，爱情包含的特有情感和义务只能存在于恋爱双方之中，不允许有任何第三者介入。

3.自尊自爱

在恋爱中，理智的导向是爱情的灵魂。纯净真实的恋爱是两个人彼此欣赏、互相倾慕，是对恋人才能气度、心灵智慧的由衷折服……如果两性关系自由放纵，必然造成严重的后果。

（二）追求健康的恋爱行为方式

现实生活中，人们祈求爱、渴望爱，然而愿意学习爱的人却为数寥寥。爱是一种原始的冲动；爱也是一种人性的情感和智慧的光辉；爱是一种表达与体验的能力；爱与生活相伴而行，生活因为爱而精彩，爱因为生活而生辉。

1.恋爱谈吐要文雅

交谈中要诚恳、坦诚、自然，不要为了显示自己而装腔作势，矫揉造作；不能出言不逊，污言秽语，举止粗鲁；相互了解，不要无休止地盘问对方，使对方自尊心受损。否则只会使之厌恶，伤害感情。

2.恋爱行为要大方

一般来说，男女双方初次恋爱，在开始时常感到羞涩与紧张，随着交往的增加会逐渐放松，各个时期要注意行为举止的检点。有的人感情冲动，过早地做出亲密动作，使对方反感，影响感情的正常发展。

3. 亲密动作要高雅

高雅的亲密动作能发挥爱情的愉悦感和心理效应，而粗俗的亲密动作往往引起情感分离的消极心理效果，有损于爱情的纯洁与尊严，有损于大学生的形象，同时对他人也是一种不良的心理刺激。

4. 感情控制要理智

对于恋爱中引起的性冲动，一方面要注意克制和调解，另一方面要注意转移和升华，参加各种文艺活动，与恋人多谈谈学习和工作，把恋爱行为限制在社会规范内，不致越轨，使爱情沿着健康的道路发展。

（三）培养大学生健康的恋爱能力

了解爱情的人往往会因为爱情的升华而坚定他们向上的意志和进取精神。——培根

惠特曼说："爱，不是一种单纯的行为，是我们生活中的一种气候，一种需要我们终生学习、发现和不断前进的活动。"没有爱，这个世界无法想象。学习和发展爱的能力是贯穿一生的任务，也是受益于一生的。

1. 识别爱的能力

对于渴望爱情的大学生来说，学会识别爱的真伪，是迎接爱情的必要准备。首先，好感不是爱情。好感是一种直觉性的感情，如果将爱的历程描绘为"好感、爱慕、相爱"三部曲的话，好感以直觉和印象为支点，而爱情以心理的融合为基础。其次，感情冲动不是爱情。感情的冲动常常是暂时的、脆弱的，一时的感情冲动可以产生于任何一对男女之间，它是两性吸引的结果，往往使人头脑发昏、忘乎所以，甚至做出愚蠢举动。爱情是一种炽热又深沉、强烈又持久的感情，它使恋爱的双方变得更加完美可爱。再次，异性的友谊与单相思都不是爱情。

2. 迎接爱的能力

爱的能力包括施爱的能力和受爱的能力。前者是主动给予爱，后者是被动接受爱。尽管恋爱的起初是一方施爱、一方受爱，但就恋爱的整个过程来说应是男女双方相互施爱和受爱，否则爱就无法持续下去。一个人心中有了爱，在理智分析之后，要敢于表达、善于表达，这是一种爱的能力；一个人面对别人的施爱，能及时准确地对爱做出判断，并做出接受、拒绝或再观察的选择，这也是一种爱的能力。

大学生要具有迎接爱的能力，应懂得爱是什么，有健康的恋爱价值观，知道自己喜欢什么，需要什么，适合什么；应使自己对他人保持敏感和热情，主动关心他人，热爱他人；当别人向你表达爱时，能及时准确地对爱的信息做出判断，坦然地做出接受爱或拒绝爱的选择；能承受求爱被拒绝或拒绝求爱所引起的心理困扰。

3. 拒绝爱的能力

生活中可能有并不期待的爱情来到眼前，有时还可能出现挥之不去的情况。所以，拒绝爱也是一种能力。拒绝爱要注意两个方面：一是在并不希望得到的爱来临时，要果断、勇敢地说"不"，因为爱情不能有半点勉强。如果优柔寡断或屈从于对方的穷追不舍，发展下去对

双方都是不利的。二是要掌握恰当的拒绝方式。虽然每个人都有拒绝爱的权利，但是珍重每一份真挚的感情是对他人的尊重，也是一种自我珍惜，同时是对一个人道德情操的检验。不顾情面，处理方法简单轻率，甚至恶语相加，结果使对方的感情和自尊心受到伤害，这些做法是很不妥当的。

4. 发展爱的能力

发展爱的能力，就是要培养无私的品格和奉献的精神，要培养善于处理矛盾的能力，有效地化解恋爱和家庭中的矛盾纠纷，对恋人负责，对社会负责，才能创造出幸福美满的婚恋。对于大学生来说，一定要树立正确的恋爱观，选择合适的恋爱对象，培养理智的行为方式，这样才能找到属于自己的真正的爱情。

5. 提高恋爱耐挫折的能力

恋爱受多种因素制约，因而在恋爱过程中遇到各种挫折是在所难免的，单相思、失恋等对大学生承受心理挫折能力是一种考验。如果承受能力强，就会较好地应对挫折，否则就有可能造成不良后果。因此，提高恋爱耐挫折能力对大学生心理健康来讲是非常重要的。

(四)培育真爱

恋爱不等于真爱，但恋爱中的人都渴望获得真爱。真爱不是来源于两个人之间的口头上的海誓山盟，而是来自生活中心灵相通的点点滴滴，它具有如下特点：

1. 忍耐

恋爱的双方彼此要有耐心。如果你把一件事情向对方解释好几遍时，而对方还不明白，你可能会不耐烦，但这时你一定要忍耐。

2. 真正的关心与给予

爱，是想对方之所想，给对方之所需，是无私的给予和关心。这种关心是具体的，一点一滴的，大到关心他(她)的事业前途、命运，小到给他(她)一句鼓励、递一杯水等。

3. 保护对方

爱是绝不将对方置于危险之中，当你们在马路上行走时，他让你在外侧吗？他会为你挡住车窗的阳光吗？

案例

从没说过"我爱你"

他向她求婚时，只说了三个字：相信我；她为他生下第一个女儿的时候，他对她说：辛苦了；女儿出嫁那天，他搂着她的肩膀说：还有我；他收到她病危通知的那天，重复对她说：我在这；她要走的那一刻，他亲吻她的额头轻声说：你等我。这一生，他没有对他说过一次"我爱你"，但爱，从未离开过。

4. 承诺与期待

一个男人说："不是我的诺言不兑现，而是时间和环境改变得太快，出乎我意料。"诺言是用来跟一切的变幻抗衡。变幻原是永恒，我们唯有用永恒的诺言制衡世事的变幻。不能永恒的，便不是诺言。只有在终身的承诺里，人们才会觉得无间的亲密、彻底的安全，才能向对方袒露完全的不完美的自我，让身体和心灵一起放松。有未来可以期盼的感情才是充满希望的。

5. 专注

人的一生可能不只爱一个人，但那是在人生不同时刻发生的事情。真正的爱情不能同时发生在两个对象身上，只有专注才能获得充分的内心感受，爱情更需要一心一意。

6. 尊重与信任

爱情的长久，不取决于谁依恋谁，谁服从谁。尊重意味着一个人对另一方的成长和发展顺应其自身规律和意愿。让对方按自己的目标去成长和发展，而不是服务于自己。

信任是一种尊重，也是一种自信。给对方以自由，不要盘问对方的每个行为细节，更不必去跟踪调查。爱一个人，就要先信任对方，不要凭感觉随意猜测他（她），给对方一个自由的时间和空间，相信他（她）对你的爱。

心理词典

八种不会有结果的爱情

一、你在乎对方比较多

你在谈恋爱时，不确定对方的想法；你觉得你们很适合，他好像不以为意；他不在时你很想他，你在与不在时对他好像没差别，这些表示什么呢？“两人若不同心，岂能同行”？长久下去，你会对爱十分渴望，你会觉得受对方控制，你会感到愤怒、受骗、痛苦。

二、你爱的是对方的潜力

你爱的是对方的潜力，而不是对方真实的样子。你爱的是对方未来可能的样子，那么他根本不是你的伴侣，而是你想改造的对象。

三、你想要帮助对方

你常觉得对方可怜吗？你觉得自己有责任帮助对方振作起来吗？你会不会害怕如果离开对方，他会受不了打击？如果是，你恐怕是个“救难狂”。“救难狂”不会去找一个合适的对象，而是找一个自己所同情、可以帮助的对象。找一个受过重伤、脆弱、依赖、不被爱、委屈的人，你由怜生爱，他会对你心生感激，这样的感情像是一项救援任务，而不是健全、平等的感情。

四、把对方当作崇拜的对象

年轻的女明星爱上导演，大学生爱上教授，秘书爱上老板……爱上所崇拜的对象，这种感情很难维持正常，因为两个人之间无法平等相待，这里的平等主要是态度问题，不能过度崇拜对方。

五、你只是被对方的外表所吸引

如果你发现自己被对方的某个特质深深吸引，要问自己，若对方没有那双蓝色的大眼睛、磁性的声音……若对方不是模特儿……你还会跟他（她）在一起吗？

六、短暂的朝夕相处的机会

你和对方常常要一起工作，于是你觉得爱上了对方……你去度假三周，认识一个也来度假的男人，你觉得好像坠入情网……短暂的朝夕相处，是指在特殊情况下凑在一起，这种感情不能持久。因为短时间的朝夕相处，无法使你完全了解对方的个性。

七、为了赶时髦才选择这个对象

如果你发现宿舍里同学们都有对象，为了赶时髦自己也要找一个。你看到周围很多青年男女花前月下，很是羡慕，自己却单身一人，要找一个恋人。如果你怀着大学不谈恋爱是一种遗憾的想法去勉强和别人建立恋爱关系，会陷入恋爱的痛苦之中。

八、对方不是自由身

选择恋爱对象的第一个前提是对方是“自由身”。“自由身”就是可以自由和你交往，没有结婚、没有订婚、没有固定的交往对象、单身、只和你交往的人。

（摘自《身边的心理学》，北京师大辅仁应用心理发展研究中心，有删改）

第三节　大学生恋爱的心理困惑与调试

一、单相思

（一）关于单相思

心理学认为，人的认知是客观事物在人脑中的反映，这种反映有时因为受主观因素的干扰而出现偏差。单相思一般有两种情况：一是误解对方的言行、情感，把友情当作爱情；二是深爱对方，却不知道对方的感情，又怯于表达。

单相思者往往对倾慕的对象一往情深，希望得到对方爱情的动机十分强烈。在这种心理的支配下，常常会把对方的言行举止按照自己主观需要来理解。有时候，对方一个眼神、一个微笑、一句模棱两可的话语，在第三人看来微不足道，但在单相思者看来，却似乎在暗示着什么。因此，单相思是指男女一方倾慕于对方，苦于不被对方知道或接受而产生的一种强烈的渴望。

单相思并不一定意味着都是悲剧。爱情的开始可以分两大类：两人一见钟情到永远钟情，这是最完美的爱情，但这种完美爱情很难发生，发生了也很难维持。其实，大多数的恋爱都始于单相思。一个人先于另一个人坠入爱河，首先要感动的是自己，使自己处于一种激情中，然后以这份激情去感动对方，最后两人共享爱与被爱的感觉。而悲剧的单相思是以一厢情愿开始，以一厢情愿结束，被相思的人最终没有被感动。

单相思是每个人都可能经历的一种心理状态。单相思本身并不算心理障碍，但盲目的、非理性的单相思如果得不到合理的疏导与调试，就可能导致心理失调，甚至更为严重的后果。单相思的人渴望爱情而得不到它，在情绪上自然是郁郁寡欢的。他们的视野和情感世界变得狭隘，对生活失去乐趣，甚至茶不思饭不想，精神恍惚。久而久之，失望、怨恨、自卑、固执、悲伤多种多样的心理都会出现，心理会逐渐失衡，轻者会导致强迫性精神病，重者会导致抑郁症，更严重的在行为上会出现攻击倾向。这种攻击如指向外部，可能是对思念对象的攻击；这种攻击如指向内部，可能出现自杀倾向。

（二）单相思的调整

对于大学生来说，单相思常常是初恋的触发点。这一阶段的单相思少有顾忌，并带有很大的盲目性，主要是以感观为基础。大学生可能会因为单相思而感到害羞，其实同龄人差不多都可能正在单相思。如果你是处在一种淡淡的、甜甜的单相思中，这是很正常的，并不是一种病。这里需要改变的是被单相思搅得天翻地覆的那种状态。我们最后想要达到的目标并不是要完全断绝单相思，而是要把单相思控制在一个适度的范围内。

(1)摆脱单相思最简洁和安全的选择就是，将心事告诉你的密友。你会发现你的密友会帮你出谋划策，甚至还会告诉你他的单相思故事。这样，你会感到自己在单相思路上并不寂寞。不管你的密友的谋划对你的“爱情”有没有帮助，能倾吐一下心中淤积的爱意，将自己的焦虑和忧愁与他人分享，就会感到轻松。

(2)摆脱单相思的直接方式是向意中人明白地表达爱慕之情。当你向意中人直接表达爱慕之情后，有可能会出现几种结果：接受、劝慰、拒绝。如果他接受你的爱当然是最好的，单恋转化为双恋，爱的欢乐就取代了爱的痛苦。如果他找出种种理由劝慰你放弃对他的爱，你就应该知道你们很难有进一步发展，但交个普通朋友他是不会拒绝的。这样，你单相思的苦恼也可解除不少。如果他拒绝了你，你可以大哭一场或大怒一场，这对你来说也是人生必要的磨炼和情感体验。

(3)摆脱单相思需要自己的理智与自信。有的大学生一旦陷入单相思，连向对方表白的勇气都没有，只好把爱慕之情压抑在心底。这种单相思者往往比较内向、害羞、自卑，他们对意中人或抱着高不可攀的畏惧心理，把对方当作高贵、完美的神灵一样来崇拜；或因为对方早就心有所属，本不应该在自己的追求范围之内，却又情不自禁，陷入深深的矛盾之中。如果是这样，你必须静下心来分析一下自己，重新恢复理智与自信。

伊萨科夫斯基曾经说过：恋爱不是用一颗心去敲打另一颗心，而是两颗心共同撞击的火花。单相思的感情固然真挚、强烈，要想斩断缠绵的情思固然很难，但如果任情感执着下去，自己会受到更大伤害。因此，对已经陷入单相思的大学生来说，必须加强自我保护，只有早日使自己走出单相思的漩涡，才能拥有一个健康的人生。

二、一见钟情

（一）科学认识一见钟情

一部分科学家认为，男人和女人各自把梦想的对象特征储存于大脑之中，就像把数据储存于软盘中一样，称为“爱之图”。这张图最早由父母勾画，并不断受到外界的修正与补充，年龄越大，图像越具体。由于某种契机而第一次目光相触，眼睛就捕捉到对方身高、体形、眼神、发色、发型、风度以及服饰等信息，与所储存的图像信息越是相吻合，大脑产生的信息就越强烈，体内的“化工厂”便加足马力产生大量兴奋物质，在头脑中形成幸福刺激，引起诸如心跳加快、手心出汗、颜面发红等变化，心中激情涌荡。生活中的配偶与“爱之图”并非完全一样，但人们总是孜孜不倦地追求着。“众里寻他千百度，蓦然回首，那人却在，灯火阑珊处”，这就是存在于现实生活中的“一见钟情”的恋爱过程。

(二)现实生活中的一见钟情

应当承认，生活中确实存在着不少由一见钟情而缔结婚姻并且后来生活得很美满的事例，但也有不美满的。

案例

浪漫之后

一眼真的能万年吗？女生黎黎有一天路过水果店时遇见了一位学长，他俩都想买走最后一串菠萝。令黎黎一瞬间心动的，是学长早她一步握在竹签上的手，还有她顺着胳膊看上去时，一下子对上的学长的眼睛。黎黎最开始也不大敢相信这个偶像剧般的邂逅，但是也按捺不住自己的少女心情，在学校的寻人启事里发布了故事，没想到找到了那个学长。学长居然也因为那天的一个对视对她有些好感，所以在认识的第二天就飞速地确认了关系。黎黎以为自己遇到了一直憧憬向往的一见钟情，浪漫无比，一眼万年。但现实却完全没有按照她的预想发展。在一起没几天，俩人之间就产生了不少矛盾。黎黎觉得男生不贴心，不够了解她，不知道她口味偏甜不能吃辣，自己有事就不回微信，没事的时候又太黏人。而男生又觉得黎黎做得过分，不管他在干吗都要求保持联络，即使事情再多也得陪她做这做那，也觉得黎黎不信任他，多和其他女生说一句话就疑神疑鬼，问他和那些女生到底什么关系。在连续争吵中两人陷入冷战，彼此僵持了一周后，黎黎提出了分手。恋爱的时间不长，带给黎黎的打击却很大。度过分手颓废期后，她开始回看这段恋情，将错误归结在了恋爱的开头上。

(三)大学生应正确对待恋爱中的一见钟情

一见钟情是大学生恋爱中比较常见的现象。一般来说，男人比女人更容易一见钟情。这是因为男生选择对方往往最注重女方的外貌长相等外在特征，只要女方貌美，就把女方的一切理想化。而女生恋爱时，一般较为注重男方的内心世界，选择对象时一般较为慎重，但她们若对男方产生了好的印象，也很难轻易改变。总而言之，每个人的性格、理想、信仰、情操和道德观点都是不同的。“一见”只能了解对方的外在，而要了解对方的内心世界，并确定是不是自己理想中的爱人并不是一件容易的事。我们并不反对一见钟情式的爱情，但不要仅仅满足于此。一定要保持冷静的头脑，要在相互了解中检验和巩固这种“钟情”，使之得到健康的发展。

三、失恋

失恋是痛苦的，失恋会在失恋者身上留下久久难以愈合的创伤，失恋是青春期最为严重的挫折之一。

(一)失恋的原因

1. 性格不合

这种情况在大学生恋爱中是常见的。经过很长一段时间的接触、交往，一方发现另一方在思想意识、性格、生活习惯等方面与自己不适合而提出分手，而另一方却依然留恋，放不下对对方的感情。

2. 见异思迁

在实际生活中，随着生活阅历的增加，恋爱的一方发现了比现在恋人更可爱的人，出现了见异思迁、移情别恋的现象。一方有了新欢，而另一方就得承受很大的痛苦。

3. 一厢情愿

也就是落花有情流水无意，当你鼓足勇气跟对方表白的时候，却被对方拒绝。这种情况在大学生恋爱过程中占有相当大的比例。

4. 社会舆论压力

相爱的双方缺乏勇气和信心，迫于社会的偏见和父母的威严，在外界干预之下痛苦分手。

5. 恋爱动机不纯

恋爱动机的纯洁和健康是保证恋爱顺利的重要基础。有些学生的恋爱动机不是出于爱情本身，而是出于生活的单调、寂寞、烦恼、虚荣心等。不良的恋爱动机往往会导致恋爱双方感情的破裂。

（二）失恋可能导致的不良心理行为

爱情是美妙的。当爱情悄悄来临的时候，一切都是那么美好；可当爱情遇到阻碍而被迫“刹车”的时候，失恋的打击又是那么令人难以接受和心碎，由此引起的心理波动会异常剧烈，有的会产生极度的失落感、孤独感和虚无感。失恋者往往会有以下不良心理特征和行为反应：

1. 攻击行为

攻击行为可分为自我攻击和攻击他人两种。一些大学生在失恋以后，万念俱灰、心灰意懒，自以为“看破红尘”或者觉得活着没意思，情绪极度悲观和绝望，内心充满着难堪和羞辱感，甚至羞于见人，自尊心受损。为了摆脱各种负面情绪引起的心理痛苦，有的人容易走上轻生之路。这是自我攻击；有的大学生出于发泄或泄愤的目的，失恋的一方往往产生报复的心理，对使自己恋爱失败的人进行打击报复，有的指向第三者，有的直接指向恋爱的另一方，造成破坏性的结局。

2. 抑郁

一些大学生失恋以后，把痛苦埋在心底，对生活极度冷淡，长期心情抑郁，为人冷漠、孤僻，严重者可导致精神分裂；还有一些为寻找精神寄托，用酒精和尼古丁来麻醉自己；或从此嫉俗厌世，怀疑一切，看什么都不顺眼，爱发牢骚；或从此玩世不恭，得过且过、寻找刺激、发泄心中不满。

3. 盲目补救

失恋后，有极少数人仍然对抛弃自己的人一往情深，对爱情生活充满了美好回忆和幻想，自欺欺人，否认失恋的存在，从而陷入单相思的泥潭，甚至做出一些与年龄智力极不相符的幼稚行为。在异性面前哭哭啼啼，苦苦哀求与对方重归于好。若有第三者，有时会恳求第三者不要破坏他们过去的感情。有的为了填补空虚，随便找一个异性，安慰自己，刺激对方。

（三）失恋的心理调适

1. 倾诉

失恋者精神遭受打击，被悔恨、遗憾、愤怒、惆怅、失望、孤独等不良情绪困扰，应主动找朋友倾诉，释放心理负荷，并听听他们的劝慰和评说，这样心里会平静一些。也可以用书面文字，如日记或书信把自己的苦闷记录下来，自我发泄一下，这样也能释放自己的苦恼，并寻得心理安慰和寄托。

2. 移情

及时适当地把情感转移到失恋对象以外的其他人、事或物上。如发展密切的朋友关系，交流思想，倾吐苦闷，陶冶性情或者投身到大自然的博大胸怀中，从而得到抚慰。当然，密切自己与其他异性的交往，也不失为一个合适的途径。

3. 疏通

借助理智来获得解脱，用理智的“我”来提醒、暗示和战胜感情的“我”。要明白，爱情是以互爱为前提的，不可因一厢情愿而强求，应该尊重对方选择爱人的权利。也可以进行反向思维，多想对方的不足点，分析自己的优势，鼓足勇气，迎接新生活。还可以这样设想，失恋固然是失去了一次机会，然而却让你进入了另一个充满机会的世界。正如海伦·凯勒所言：“一扇幸福之门对你关闭的同时，另一扇幸福之门却在你面前打开了。”

4. 升华

失恋者积极的态度会使“自我”得到更新和升华，全身心地投入到工作中，许多失恋者因此而创造出辉煌的成就。

心理视窗　　贝多芬的失恋与《第一交响曲》的问世

“乐圣”贝多芬31岁时深深爱上了一位少女，恰在这时他患了耳聋症，这使贝多芬无法娶到他钟爱的姑娘，两年后姑娘出嫁了。病痛的折磨，失恋的打击，使他痛不欲生，但贝多芬并没有被挫折压倒，而是更加投入音乐事业，从音乐中找到感情的寄托。正是在这次失恋之后，贝多芬用他的天分和情感创造了著名的《第一交响曲》，这就是升华。

四、网恋心理问题及调适

网恋具有比例高、公开化、速度快等特征，有些大学生仅仅聊过一次，便开始恋爱，有的还在网络上进行虚拟婚姻登记。因此，应正确认识和对待网恋。

（一）网恋的危害

网恋双方缺乏真正的了解，没有任何感情基础，这样的关系是脆弱的，容易破裂。会造成感情上的伤害，也会对人际关系的认识造成偏差。网恋对象的身份是隐匿的，有的网恋很久后才发现，原来双方是同一性别的恋人，这对于正常人来说是不能接受的事情，还有的是骗财骗色的犯罪分子。这些都不利于大学生正常的学习生活和个人的身心发展。

（二）网恋的调适

要尽早明确学习目标，为自己的将来早做打算。在校期间应努力提升人际交往能力，参加各类社会活动，以丰富课余生活，提高个人综合素质。同时培养自己高尚的生活情趣，提高自尊与自信，促进自我意识的健康成长。大学生还要自觉培养健康的爱情观，引导自己做有意义的事情，切莫将宝贵的时间和精力浪费在网恋中，不可自拔。

思政元素

2021 年全国“最美家庭”揭晓！上海交大这对伉俪入选

2021 年全国“最美家庭”揭晓，其中，上海交大刘西拉家庭获评“全国最美家庭”之一。

刘西拉，上海交通大学船舶海洋与建筑工程学院教授、博士生导师；妻子陈陈，上海交通大学电气工程系教授、博士生导师。20 世纪 80 年代，夫妇俩拒绝了美国各大公司和实验室的邀请，毅然回国。他们是我国改革开放以来公派留美取得博士学位后回国的第一对夫妻，回国后双双进入上海交通大学任职。几十年来，刘西拉夫妇获得过不少来自国内外的奖项，但对于真正的荣誉，他们有自己的定义。在刘西拉看来，作为教师，最大的喜悦莫过于教育出一批能为民族强盛奉献终身的学生。

结婚 50 多年，刘西拉常说，我和妻子没有什么罗曼蒂克的故事，我们都太忙了……然而回首过往，他们的相识、相恋和相守，却成为大家羡慕的教科书般的爱情典范。

刘西拉 9 岁的时候，在上海开始学琴。陈陈在上海中西附小上学，7 岁就课余学琴，家里还为她专门购买了一架钢琴。

大学时，每周六晚 7 点到 10 点，刘西拉和陈陈相约在音乐教室练琴，一个拉小提琴，一个弹钢琴，从贝多芬的“春天奏鸣曲”到莫扎特的“第五协奏曲”，一共十几个曲子，练了大半年。那段时间的刘西拉和陈陈，几乎都是用音乐来交流。

秋天，刘西拉临近本科毕业，到了去向难定的时候。一是去大庆——这是他的第一志愿；二是留校读研究生。刘西拉把自己的志愿告诉了陈陈。一个星期六，练完琴，陈陈弹了 F 大调浪漫曲，问刘西拉怎么理解？刘西拉说：“乐曲中有不安分的情绪。”这一天是 9 月 3 日。

到了冬天，刘西拉独奏音乐会顺利进行，他们之间的关系也确定了。

不久，他们俩响应国家号召，被分配到四川参加大三线的建设。刘西拉在成都西南建筑研究所，陈陈在德阳一机部东方电机厂，两地相距 71 公里。

孩子出生后，因工作太忙，刘西拉和陈陈经常顾不上照顾他。有一次，陈陈在实验台工作，白班连二班。半夜，6 岁的儿子光着脚丫在走廊里大声哭，邻居把他带回家，陈陈下班再接回来。刘西拉心疼儿子，思索再三，决定把他送到爷爷奶奶身边抚养。

刘西拉、陈陈和儿子三地分居，曾经也有机会调动到一起，只是工作相关度不高，但陈陈说：学这么多年就是想干点事，舍什么也不想舍专业。于是未成行。

1978 年，国家选送留学生出国，陈陈考上公派留学生，前往美国普渡大学电机系做访问学者。普渡大学的土木工程系也很有名，刘西拉也请陈陈带去了他写的论文。很快，那里的教授愿意接受他为研究生。就这样，刘西拉也获得了普渡大学土木系读研究生的机会。

出国时候，刘西拉夫妇都已过 40 岁，为了读学位，他们每天早上吃完面包，带着三明治赶到校园去上课，傍晚回家做顿中国饭吃。饭后睡一个短短的“觉”，晚上 8 点再回学校，直到深夜一二点，才相伴一路回家。

收获是沉甸甸的：陈陈获得美国大学妇女联合会国际奖学金，还攻下了硕士和博士学位。刘西拉除了拿到硕士、博士学位，还获得了美国土木工程师学会的结构科研奖——雷曼·瑞斯科学研究奖。

1985年，陈陈和刘西拉先后回到国内，他们两个是改革开放以来双双取得博士学位后第一对回国的留美夫妻。

陈陈回国后就职于上海交通大学。交大素有工业强国的传统，后又和电力部联合办学，陈陈工作十分投入。

不久，刘西拉回国，交大也欢迎他来校工作。只是交大的土木工程系刚刚恢复，还不能培养研究生。刘西拉又到了北京，清华大学希望他留下，这里的土木工程系有开拓前沿的理想位置，他的事业能在这里扎根。

1998年，刘西拉从清华大学转到了上海交大，工作三十多年后，夫妻俩总算是调到了一起。他们都快要六十的年纪了，外人看来是要退休享福了，可他们依然奋战在科研和教学的第一线。除了完成一个接一个的国家重点科研任务外，他们积极投身于学科建设和培养博士、硕士研究生，至今各培养了百余名博士和硕士。陈陈70岁退休，刘西拉80岁退休。

刘西拉曾经两次获得上海交通大学"最受学生欢迎的教师"奖。退休前，他一直保持着每周五节课，每次上课前，都要重新备课，所有的板书都是手写，有的课程还是全英文的。刘西拉一直认为，教师最重要的工作就是教学。2020年，陈陈由于终身致力于我国电力事业，获得顾毓琇电气工程奖。

（资料来源：上海交通大学微信公众号）

复习思考题

1. 什么是爱情？怎样理解爱情的本质特征？
2. 简述你对大学生培育真爱的观点与看法。
3. 联系实际谈谈你对大学生恋爱行为方式的选择。
4. 你对"婚姻是爱情的坟墓"如何理解？

心灵阅读

爱情与婚姻

有一天，柏拉图问老师苏格拉底什么是爱情？老师就让他先到麦田里，摘一棵全麦田里最大最金黄的麦穗来，只能摘一次，并且只可向前走，不能回头。

柏拉图于是按照老师说的去做了。结果他两手空空地走出了田地。老师问他为什么摘不到。

他说：因为只能摘一次，又不能走回头路，中间即使见到最大最金黄的，因为不知前面是否有更好的，所以没有摘；走到最后时，又发觉总不及之前见到的好，原来最大最金黄的麦穗早已错过了；于是我什么也没摘。

老师说：这就是“爱情”。

之后又有一天，柏拉图问他的老师什么是婚姻，他的老师就叫他先到树林里，砍下一棵全树林最大最茂盛、最适合放在家做圣诞树的树。同样只能砍一次，同样只可以向前走，不能回头。

柏拉图于是照着老师说的话去做。这次，他带了一棵普普通通，不是很茂盛，亦不算太差的树回来。老师问他，怎么带这棵普普通通的树回来，他说，有了上一次经验，当我走到大半路程还两手空空时，看到这棵树也不太差，便砍下来，免得错过了后悔，最后又什么也带不回来。

老师说，这就是“婚姻”！

启示：人生就正如穿越麦田和树林，只走一次，不能回头。要找到属于自己最好的麦穗和大树，你必须学会选择和放弃。

自我测试

爱情温度计——你的恋爱观

第十一章

我的未来不是梦

——大学期间生涯规划及能力发展

学习目标

知识目标	了解职业规划的定义和意义；理解个性心理特征与职业倾向的关系；了解能力特点、分类；掌握提高能力的方法；掌握制定职业生涯规划的方法
能力目标	掌握制订职业生涯规划的方法，科学进行职业规划，更好地适应未来职业发展
素质目标	通过介绍大国工匠洪家光的故事，传承“国为重、家为轻，择一事、终一生”的家国思想

主题导读 大学生的职业规划

小婷是工业工程专业大三学生，在毕业时以专科生的身份进入一家世界500强的快速消费品行业做管理培训生，成为众多同学甚至硕士研究生羡慕的对象。在介绍经验时，小婷坦诚地说，她没有社会关系，没有超常的智力，没有非凡的能力，之所以能顺利应聘到该职位，靠的是认清自我、早定目标、坚持行动、积极关注。她从刚进大学的时候就参加院系职业发展中心组织的职业生涯规划训练营活动，通过这个活动对自己进行了一次彻底的梳理，之后经过深入思考和实践，基本确定了进入快速消费品行业的外企做管理培训生的职业目标。确定这个目标后，小婷又对这个职业目标进行了研究，确定了英语口语、表达能力、团队合作能力、外企的实习经历等作为自己大学期间要努力积累和提升的东西。在做好前期功课后，小婷又给自己订了一个非常详细的行动计划，包括英语口语的练习、社团的选择、人际关系扩展、实习计划等。在行动计划的指引下，小婷一步步提升自己，终于在毕业的时候顺利地拿到了心仪企业、心仪职位的录用通知书。

大学阶段是迈向成人的关键时期。这一关键期的重要任务就在于合理地进行职业生涯规划，选择好自己的人生之路。选择适合自己的职业，从事自己喜欢的工作，充分发挥自己的潜能，是每一个大学生梦寐以求的事。没有规矩，无以成方圆；没有远大的抱负，无以成就伟大的事业;没有规划,自己的人生同标就会模糊不清。职业生涯规划是每一位大学生所面临的共同课题,同时也是大学生最迷茫的一个课题。无论你最终迈向哪里,都需要从进入大学之初就开始学习认清自己,明确自己的发展方向和目标,并在四年的时间内不断督促自己,挖掘自身潜力,切实提高自己的综合素质,不断挑战自我,超越自我,为走向社会打下坚实基础。面临选择与被选择,以及竞争日益激烈的就业市场,大学生做好职业心理准备显得非常重要。因此,对于在校大学生来说,建立起一个职业发展的观念是极其重要的。事实证明,"正确"的生涯将带来快乐、成功和充实的生活。本章主要介绍职业规划概念及相关理论,如大学生能力概述、发展目标、生涯规划制定以及如何进行时间管理等。

第一节　大学生活的特点及生涯规划

一、大学生活的特点

(一)大学生生活特点

大学生活具有多内容多层面的特点,这些不同层面的特点,具有迥异于中学生活的情况和条件,因而表现出各自不同的特点。认识这些特点,对适应环境有积极的意义;顺应这些特点,有利于同学们选择合理的行为方式。

大学学习同中学学习相比,是更富有独立性和创造性的活动。

1. 学习上的自主性

从中学到大学,大学生在学习生活方面都发生了很大变化。从学习的内容看,中学的课程内容属于单层次(基础性)的知识,大学的课程内容属于多层次(分基础课、专业基础课和专业课三个知识层次)的知识,高等教育要求同学们在掌握知识的同时,锻炼适应于创造活动的能力,建立合理完善的智能结构,这方面的要求也远远超过中学;从学习的方法看,作为大学生,既要学习科学文化基础知识,又要学好专业知识和掌握专业实践技能,同时还要了解专业发展并时刻洞察科技最新动向,要克服依赖性,依靠学生自己去主动学习、思考和探索;从学习的形式看,大学学习阶段是中学学习阶段的继续和提高,大学学习中,课堂讲授与教学辅助活动相互配合,各教学环节紧密相连,构成完整的教学体系。其中,自学和实习都被放在重要的地位,要求大学生具有独立学习、独立工作的意识和能力,具有创新的精神和实践的能力。

2. 生活上的独立性

中学时不少学生吃住都在家,生活起居、衣食住行、看病就医等一切都由父母安排妥当,学生本人既不干家务,也不会花钱,当然也就不可能培养出自理能力。而在大学则是过集体生活,上述所有的事情都要自己去安排和处理,要想将学习、生活、保健都安排得很满意,就必须培养较强的独立生活能力。

3. 业余时间的富裕性

相对中学紧张的学习生活,大学课程安排上,学生自我支配的时间很富裕,学生能积极地发挥自己的能动性。但这也是双刃剑，在业余时间较丰富的情况下，对学生自我约束能力的要求就越高，而外界丰富的社会诱惑，也在一步一步地蚕食着部分大学生的心灵。

4. 人际交往的广泛性

大学，尤其是全国招生的大学，其生源分布是五湖四海，不同地区的学生为了一个共同的目标（求知）而走到一起成为同窗，要在一起共同度过四到五年。由于学习、生活、工作以及各种各样的文体娱乐活动等，同学之间、各班之间、年级之间、不同系、不同专业之间需要相互交往，有的同学还要参与一些社团活动。通过参加不同形式的活动，增加了同学之间的交往，大大拓宽了视野。各自都结识了一些新的朋友，增进了同学之间的友谊，同学之间的文化交流相互取长补短，使各自也都会学到很多知识，这些对一个人的成长会产生很大影响。

5. 管理上的制度性和自律性

大学规章制度一般都比较健全。学校要通过这些规章制度来规范学生的行为。大学管理既强调严格的制度，同时在日常管理中更注重培养学生的自我管理、自我教育、自我服务和自我约束的意识和能力。大学新生要认真学习学校的各项规章制度，自觉遵守校纪校规，既不要在学习上被罚黄牌（如不及格、留级、定量淘汰），又不要在纪律方面闯红灯（如因考试作弊、打架等违纪现象而受处分）。制度是用来规范人们行为的，带有一定的强制性，而作为大学生更重要的要树立自律意识。

6. 无网不在的便利性

信息时代的大学生，无论是外出离校，还是公交内、饭桌旁以及课间等，交换信息十分便利，随时随地“网络在线”“机不离手”，手机交流成为他们的主要“营生”。他们通过各种技术平台，进行浏览新闻、网游拼杀、网络购物、下载信息、传输思想等。开放的网络兼容的既有金子，也有泥沙，在体验信息生活带来的种种便利的同时，也充斥着消极颓废的内容，鱼龙混杂的网络图文、惊险刺激的网络游戏，令不少涉世未深的部分大学生沉溺于网络不自拔，致使他们“可以一天不吃饭，不可一天无网络”，既影响学业又影响身心健康。大学生要学会去其糟粕，取其精华，既充分利用好网络信息，又能保护好个人的精神和物质领域的安全。

（二）大学生需要面对的问题

联合国教科文组织于 1986 年提出了教育的四大支柱，也可以说是教育的四大目标，即学会求知、学会做事、学会合作、学会生存与发展。

1. 学会求知

对于大学生而言，为了适应社会发展和个人自身成长的需要，大学期间需要积攒大量科学文化知识及实践经验，为自身奠定知识和能力的基础。同时，还要学会求知，即“会学习”、“懂得学习”的能力，只有掌握主动求知的能力，不断地充实、不断地提高、不断地更新自己的知识和技能，适应时代的需要，自身可持续发展才有可能，才不致被社会所抛弃。不会求知，就不可能获取新的知识，就可能成为新时代的“文盲”。

2. 学会做事

知识再渊博，如果不懂得利用，不具备做事能力也没有价值，这要求学生需要积极的实践，去应用。另一方面，大学生作为社会的一员，面对社会，除了知识以外，道德、法律、民俗民风都需要学习，而这些主要通过社会实践学习获取。因此，大学生不仅要会求知，还要会做事。做事是人生必备的能力。不能想象一个在大学生时代什么事都不能做的人将来能干出什么大事来。

3. 学会合作

大学生应学会与人交流能力，具备对外交际能力。沟通交流是拉近人与人之间距离的基本方式。善于沟通，乐于沟通，勤于沟通的人才能融于集体中，不孤立。大学生必须具备这个能力，而要具备很好的社会交往能力，大学生就要大胆地把握各种交流机会，培养自己与他人交流与合作的能力。不会与人合作，将来只能一事无成，甚至要遭到社会的遗弃。

4. 学会生存与发展

现代社会中，竞争十分激烈，生存的机遇和困难并存，面对的需要处理和解决的问题很多。在这样的生存条件下，只满足于念过多少书、取得什么文凭、获得什么证书是不能得到很好的发展的，甚至连生存都会发生困难。在接受教育的过程中就要有这方面的准备。这里最重要的就是创新意识和创新能力的培养。

二、大学生的职业生涯规划

（一）什么是职业生涯规划

案例

何去何从？

小林毕业于一所本科院校的土木工程专业。毕业后他在校园招聘会中看到房地产销售员待遇丰厚，于是就去应聘。一年后，他不堪销售任务压力被迫辞职。而后，他又干过保险推销员、办公室文员等好几份工作，但做了几个月都觉得不适合自己。三年后同学聚会，见到很多毕业后到建筑公司实习的同学都已经荣升项目负责人，他心生羡慕，也想去应聘，结果建筑公司以年龄偏大又没有专业工作经验为由拒绝了他，他感到很迷茫，不知所措。

很多大学生盲目就业，给自己带来了危害。由于没有长远打算，毕业时只是随波逐流地换工作或仅以薪资待遇为选择工作的标准，到了 30 多岁还没有职业定位，不得不陷入一种尴尬的境地。

职业生涯在人的生命历程当中占有极为重要的地位，职业生涯是否成功直接影响人生价值能否得到充分的体现，直接决定了生命内容的精彩抑或平淡。因此，做好职业生涯的规划，对每个人来说都是十分重要的，它关乎个人的前途与命运。

虽然很多人在临近毕业时才会考虑就业问题，但职业选择并不仅仅是大学生在毕业前这一特定时期思考的问题。人的职业生涯发展是贯穿一生的任务，职业生涯的发展与人的发展相伴而行。幼年、童年时期对未来人生的幻想埋下了职业理想的种子，随着心理的发展、人格的逐渐形成，人们对自己的职业目标越来越清晰，即使在就业之后，仍需要不断调整，以找到最适合自己的位置。

尽管人一生都处在职业生涯发展的不同阶段，终生都要进行职业的探索，但大学阶段是职业生涯发展的关键时期。美国职业生涯发展理论的代表人物之一舒伯(D. E. Super)认为，一个人如能在各个阶段完成相应的任务，表明他是一个职业成熟的人。大学生正处于职业生涯探索期和建立期的转换阶段，主要任务是通过探索发现自己的职业偏好。

(1)职业是指一个人赖以生存和发展的社会劳动岗位。

(2)生涯是指人生的发展道路，是个体在一生中所扮演的一系列角色与职位。可以说生涯包含了人生的长度和宽度。职业生涯规划大师舒伯认为：生涯是生活里各种事态的演进方向和历程，它统合了人一生中的各种职业和生活角色，因此表现出个人独特的自我发展形态。

(3)职业生涯是指一个人终生经历的所有职位的整个历程。在人生发展历程中，职业生涯占据着核心位置，是人生中最重要、最辉煌的阶段，人生成就、人生价值等都是在职业生涯中体现出来的。

(4)职业生涯规划简称生涯规划，又叫职业生涯设计，是指个人与组织相结合，在对一个人职业生涯的主客观条件进行测定、分析、总结的基础上，对自己的兴趣、爱好、能力、特点进行综合分析与权衡，结合时代特点，根据自己的职业倾向，确定其最佳的职业奋斗目标，并为实现这一目标做出行之有效的安排。简单来说，职业生涯规划就是你打算从事哪个行业，找一份什么样的工作，想取得怎样的成就，想过什么样的生活，以及如何通过学习与工作达到这个目标。

生涯设计的目的绝不仅是帮助个人按照自己的资历条件找到一份合适的工作，达到与实现个人目标，更重要的是帮助个人真正了解自己，为自己定下事业大计，筹划未来，拟订一生的发展方向，根据主客观条件设计出合理且可行的职业生涯发展方向。

优秀的职业生涯规划是在充分考虑兴趣、能力、性格及社会需求的基础上形成的。个人投身自己钟爱的职业活动中，自然充满乐趣和动力；同时，由于它切合实际，扬己所长，也最有可能取得成就，使人享受到成功的欢快。

(二)职业生涯的发展

在人的一生中，职业生涯占据了较大比例。职业生涯伴随着人的成长及人的心理的发展。舒伯认为人的职业发展过程分成长、探索、建立、维持和衰退五个阶段。

1. 成长阶段(从出生到14岁)

这一阶段主要根据儿童自我概念形成的特点，发展儿童的自我形象，发展他们对工作的正确态度以及对工作意义的认识。此阶段分为幻想期、兴趣期、能力期。

(1)幻想期(4～10岁)，以“需要”为主要因素，在幻想中，角色扮演起着重要作用。

(2)兴趣期(11～12岁)，对某一职业的兴趣是个体抱负和活动的主要决定因素。

(3)能力期(13～14岁)，以“能力”为主要因素，个体能力逐渐成为个体活动的推动力。

2. 探索阶段(15～24岁)

这一阶段个体通过学校生活和社会实践等途径，逐步对自身的兴趣、能力以及对职业的社会价值、就业机会进行探索。开始进入劳动力市场或开始从事某种职业。这个阶段包括三个时期：

(1)试探期(15～17岁),考虑需要、兴趣、能力和机会,可能会做暂时决定,并在幻想、讨论、学业和工作中尝试。

(2)过渡期(18～21岁),开始就业或进行专业训练,更重视现实,并力图实现自我观念,将一般性职业选择变为特定的选择。

(3)承诺期(22～24岁),开始进行生涯初步确定,并验证其成为长期职业的可能性,如果不合适,则重复上述各时期进行调整。

3. 建立阶段(25～44岁)

这一阶段的任务是根据人们的职业实践,协助进行自我与职业的统合,促进职业的稳定,即通过调整、稳固力求上进。此阶段大致分为两个时期:

(1)承诺稳定期(25～30岁),个体开始寻找安定的工作,如果工作不满意则力求调整。

(2)建立期(31～44岁),个体致力于工作上的稳固,大部分人处于富有创造性的时期。

4. 维持阶段(45～64岁)

这一阶段劳动者在工作中已经取得了一定的成绩,维持现有的成就,提升自己的社会地位。

5. 衰退阶段(65岁以上)

这一阶段职业生涯接近尾声或退出工作领域。由于个体心理与生理机能的日益衰老,逐渐离开工作岗位,个体发展新的角色,寻求新的生活方式替代和满足个人发展的需求。

在上述舒伯的生涯发展阶段中,每一阶段都有一些特定的发展任务需要完成,每一阶段需达到一定的发展水准或成就水准,而且前一阶段发展任务的达成与否关系到后一阶段的发展。

子曰:“吾十有五而志于学,三十而立,四十而不惑,五十而知天命,六十而耳顺,七十而从心所欲,不逾矩。”(《为政》)

三、个性心理特征与职业倾向

苏格拉底曾说过这样一句话:“人啊! 首先要认识你自己!”若想获得择业的成功,首先要认识自己,发现自己的优势和才干。

事实上,一个人选择什么样的职业,常与他的兴趣、爱好、性格、气质及能力等有密切关系。从某种意义上说,兴趣、爱好、性格、气质、能力等是一个人在选择职业时要首先考虑的问题。所以,求职者在择业时,应对自己各方面的情况做出客观且全面的自我分析。这时不妨问问自己:我是谁? 我的优势在哪里? 我需要什么? 我能做些什么? 不妨了解一下自己的兴趣范围、气质类型、性格特征、能力水平、知识结构、血型特点等。在这里我们主要介绍气质、性格、兴趣、能力与择业的关系问题。

(一)气质的职业倾向选择

气质是指人们心理活动的速度、强度、稳定性和灵活性等方面的心理特征,以及人的神经活动的类型及特征在人的行为上的表现。心理学把气质大致分为胆汁质、多血质、黏液质、抑郁质四种类型。气质并不标志一个人的智力发展水平和道德水平,更不能用某种气质来评判每一个人的优劣,因为每种气质均有优缺点。如胆汁质型直率热情、精力旺盛,但鲁莽、易于冲动、准确性差；多血质型思维灵活、反应迅速、好交际、敏感，但易浮动、急躁不稳；黏液质型安静沉稳、自制忍耐，但反应缓慢、朝气不足；抑郁质型踏实细致，但多愁善感、孤僻迟缓。每一种气质都有它的积极方面和消极方面。

由于每个人的气质都不相同，其行事、待人也就各不相同，同时，气质也影响每个人的工作成效、速度。

1. 典型胆汁质特点及职业倾向

胆汁质的人精力旺盛，热情直率，激动暴躁，情绪体验强烈，神经活动具有很强的兴奋性，反应速度快却不灵活。他们能以极大的热情去工作，克服工作中的困难，但若对工作失去信心，情绪即会低沉下来。胆汁质的人一般来说与细致性工作无缘。他们更专注于行动，喜欢向自己的极限挑战。此类人适宜竞争激烈、冒险性强、风险意识强的职业，如探险、地质勘探、登山、体育运动等。

2. 典型多血质特点及职业倾向

多血质的人活泼好动、性情活跃、反应敏捷、易适应环境、善于交际。这类人工作能力较强，情绪丰富且易兴奋，但注意力不稳定，兴趣易转移。多血质的人更容易充满自信，有较强的活动能力，喜欢体验和锻炼，对所有的职业都具有适应性。多血质的人重大局、不贪小利、不感情用事，这是多血质的人的长处，适合的职业如政治家、外交家、商人、律师等。在商业活动中，多血质的人比其他气质类型的人能钻研得更深入，能使工作向前推进，因而他们可以胜任管理工作。要是再有一个好助手就可以成为一个成功的管理者。多血质的人对于新环境适应能力较强，对谁都能坦诚相待，他们能适应社会的进步，以发展的眼光进行谋划、设计。多血质的人精力充沛、意志坚强、不达目的不罢休，往往能在那些缺乏适应性就无法立足的领域内大显身手。对于简单、细致和琐碎、缺乏竞争和刺激的工作，多血质的人一般不感兴趣。多血质的人对所有职业都有适应性，无论哪一门类的哪一种工作，他都可以胜任。而且，多血质的人很快就可以成为一个团体中独当一面的人物。

3. 典型黏液质特点及职业倾向

黏液质的人情绪兴奋性低，安静沉稳；内倾明显，外部表现少，反应速度慢，偏固执、冷漠；比较刻板，有较强的自我克制能力，能埋头苦干，不易分心，对新职业适应慢，善于忍耐。黏液质的人出色之处是他们中大多数人都能很好地利用协调性、积极性、社会性及感情稳定性表现自己的才能，发挥出卓越的才能。而且不论职位高低，都能在各自的岗位上占有重要位置。这类人适合从事稳定、细致、持久性的工作，如会计、法官、管理人员、外科医生等，但不适宜从事具有冒险性的工作。

4. 典型抑郁质特点及职业倾向

抑郁质的人内心有孤独倾向，遇事时不是单凭聪明去处理事情，而是把自己所掌握的工作内容在头脑中组合、计算，确定方针，然后在这个范围内一个一个地去做，把问题处理好。遇事积极认真，努力向上，毫不懈怠，富有协调精神与合作精神，无论置身于什么岗位，只要担负了责任，就以所从事的工作为荣，努力解决因不太适应而造成的困难，努力去做好，这是抑郁质人的长处。抑郁质的人适合一般事务管理、记账、资金统计、工资管理、教育培训等工作。

(二)性格与职业选择

案例

适合自己的才是最好的

小张是某大学大三的学生,临近毕业,一直忙着到处找工作。小张学的是会计学专业,专业课成绩中等,他平时爱好社交,爱参加各种课外活动。每次面试的时候,他都能与面试官侃侃而谈,但是在实习时就总因为工作小失误被领导批评。他自己也总觉得日复一日地处理那些凌乱的票据和账簿特别枯燥乏味,碰了几次钉子的小张,感到非常沮丧,对自己的信心明显不足了。老师知道了他的情况后,建议他到心理辅导老师处进行职业兴趣测试。经过老师的测试,发现小张的职业类型属于社会型,并不适合从事会计类型的工作,老师建议他可以找与专业较接近的比如教育、医疗等社会性工作。最终,小张如愿地在一家会计学资格证书培训学校担任课程顾问。

性格是个人稳定的态度和习惯的行为方式。可以说,性格是气质和其他心理特征的外在表现形式。莎士比亚曾说:"性格决定命运。"这句名言深刻揭示了性格与人生的关系。人们要把握自己,就必须认识性格。只有正确认识自己性格的优势和不足,才能做到扬长避短,不断优化和完善自我。性格不仅影响人们的生活态度和行为方式,而且影响人们对职业的选择和适应程度,也就是说,一定的性格适应一定的职业,不同的职业对人有着不同的性格要求。很多心理学专家认为:事业的成败,性格有很大一部分因素,甚至比能力更重要。如果一个人能力不足,可通过后天培养提高,但如果一个人的性格与职业不匹配,要改变起来就很困难了。比如各类公众服务业,要求服务人员在接待顾客时,必须表现得亲切、热情、周到,而很多求职者并不具备这类性格特点,有的比较孤僻、有的比较内向、有的比较暴躁,这些性格特点都是与服务业不相匹配的。因此,选择一个适合你性格的职业,才能使你在工作中得心应手,充分享受职业与工作带来的快乐。

美国心理学家约翰·霍兰德根据多年的研究提出了性格类型-职业匹配理论。他将人的典型的职业性格分为六种:现实型、研究型、艺术型、社会型、企业型和常规型。

1. 现实型

这类人喜欢有规则的具体劳动和需要基本技术的工作,这类人擅长技能性职业、技术性职业,但往往缺乏社交能力。他们粗犷、强壮、务实,情绪稳定,有吃苦精神,生活上求平安,不激进,倾向于用简单的观点看待事物和世界。适合职业主要有需要用手工工具或机器进行工作的手工工作和技术工作。

2. 研究型

研究型的人喜欢智力的、抽象的、分析的、推理的、独立的定向任务。这类人喜欢独立,不愿受人督促,对自己的学识与能力充满自信,擅长解决抽象问题,尊重客观事实而不愿毫无疑问地接受传统。具有创造精神,不喜欢做重复工作,但往往缺乏领导能力,这类人擅长科学研究和实验工作。

3. 艺术型

艺术型的人喜欢通过艺术作品来表达自己的思想和情意，爱想象，感情丰富，不顺从，有创造力，习惯自省，擅长艺术、文学方面的工作，但往往缺乏办事能力，适合艺术创作工作（包括音乐、摄影、绘画、文字、表演等）。

4. 社会型

社会型的人喜欢社会交往，喜欢有组织的工作，喜欢能发挥社会作用的工作，喜欢讨论人生观、世界观、人生态度等问题。他们关心他人利益，关心社会问题，愿为团体工作，对教育工作感兴趣。社会型的职业主要指为大众服务的职业（包括教师、医生、服务员等）。

5. 企业型

企业型的人喜欢竞争，乐于使他们的言行对团体行为产生影响。自信心强，善于说服别人，喜欢加入各种社会团体，喜欢权力、地位和财富，性格外倾，爱冒险，喜欢担任领导角色，具有支配和使用语言的技能，但缺乏耐心和科研能力，擅长管理、销售等工作。

6. 常规型

常规型的人喜欢有系统、有条理的工作，具有安分守己、务实、友善和服从的特点，此类人适宜从事办公室、文件档案管理、出纳、会计、秘书等工作。

一般而言，具有六种典型的职业个性的人是极少数的，多数人的职业个性具有多重性，是这六种典型个性的交叉。

（三）兴趣与职业

案例

小米的335号员工，决定去做猫的饮水机

小吴2007年毕业后开始北漂，2011年成为某软件公司员工，之后又在某知名智能硬件公司工作。按照正常的逻辑，她将遵循这条路径，在互联网大厂拼杀，收获世俗意义上的成功，但她本人却从未真正喜欢过这种坐着办公室敲代码的生活。她本人是一位忠实的“铲屎官”。她喜欢养猫，也为此投入了很多精力。在一次观察猫咪喝水的过程中，她萌生了一个为猫咪设计制作饮水机的想法，这个想法让她倍感振奋。她于是辞职开始了创业之路。如今，她的公司已经研发出了多款适合猫咪使用的产品，公司规模也逐渐壮大，她也乐此不疲，总是有用不完的工作动力和热情。

爱因斯坦曾说：“兴趣是最好的老师。”兴趣是成功的重要推动力，它能将你的潜能最大限度地调动起来，使你长期专注于某一方向，做出艰苦的努力，取得令人瞩目的成绩。美国曾对两千多位著名的科学家进行调查，发现很少有人是出于谋生的目的而工作的，他们大多是出于个人对某一领域问题的强烈兴趣，不计名利报酬，忘我地工作，他们的成功与他们的兴趣紧密相连。

兴趣是人力求认识、掌握某种事物，并经常参与该种活动的心理倾向。或者说，兴趣是人积极探究某种事物的认识倾向。人对某种职业感兴趣，就会对该种职业活动表现出肯定的态度，并积极思考、探索和追求。

具体来说，兴趣对人的职业生涯的影响主要表现在以下三个方面。

1. 兴趣是你的职业生涯选择的重要依据

正像你在日常生活中喜欢从事自己感兴趣的活动一样，具有一定兴趣类型的你更倾向于寻找与此有关的职业（类型），特别是在外界环境限制较小时，你更倾向于选择自己感兴趣的职业。对你的兴趣或兴趣类型有了正确的评估后，就可以预测或帮助你进行职业生涯选择。

2. 兴趣可以增强你的职业生涯适应性

因为兴趣可以通过工作动机促进你能力的发挥，兴趣和能力的合理结合会大大提高工作效率。曾有人进行过研究：如果你从事自己感兴趣的职业，则能发挥你全部才能的80%～90%，而且能长时间保持高效率而不感到疲劳；如果对所从事的工作没有兴趣，则只能发挥你全部才能的20%～30%。

3. 兴趣影响职业的满意度和稳定性

兴趣影响职业的满意度和稳定性，在某些情况下甚至具有决定性作用。一般来说，从事自己不感兴趣的职业很难让你感到满意，并由此导致工作的不稳定。

（四）能力与职业

能力是指才干、技能或能胜任某项工作的主观条件，是人们成功地完成某种活动必须具备的个性心理特征，是人们在社会实践中所表现出的身心力量。一个人的能力高低会影响他参加各种活动的成绩，影响一个人的活动效果。

能力是在先天素质的基础上，在生活环境和教育等的影响、熏陶下，在个体的生活实践中形成和发展起来的，对从事任何职业都是十分必要的。能力包括一般能力和特殊能力，不同的职业要求人有不同的能力。人的职业能力通常可分为一般语言能力、数理能力、空间判断能力、察觉细节能力、书写能力、运动协调能力、动手能力、社会交往能力、组织管理能力九个方面。如教师、播音员、记者等职业要求有较强的语言能力；统计、测量、会计等职业要求有较强的数理能力；而画家、建筑师、医生等职业对空间判断能力、察觉细节能力要求颇高；动手能力较强的人则适合外科医生、乐师、雕刻家等职业。

能力还存在着性别差异。女性在哲学界、经济学界、自然科学界所占比例较小，而在文学、新闻、医学、教育、艺术等领域所占比例较大。也就是说，需要形象思维和细致情感的工作更适合女性。

能力是择业的重要依据，是求职者开启职业大门的钥匙。我国近代职业教育的倡导者黄炎培先生说：“一个人职业和才能相不相当，用经济眼光看起来，要是相当，不晓得会能增加多少效能，要是不相当，不晓得会埋没多少人才；就个人而论，相当，不晓得有多少快乐，不相当，不晓得有多少怨苦。”因此，大学生对自己的能力要有一个自我评价，在择业时，大学生应根据自己的能力，扬长避短，选准与自己职业能力倾向相同的职业，才能在强手如林的竞争中立于不败之地。

第二节　大学生能力概述及发展目标

人的素质是多方面的，主要包括政治素质、思想道德素质、科学文化素质、身体心理素质、能力素质等。能力素质是指人在认识世界和改造世界的过程中所表现出来的一种能动性，是人们运用知识和智力认识事物和处理问题的一种能力。能力素质是核心，是培养、提高其他素质的关键。

一、什么是能力

能力，通常指个体顺利地完成某种活动所必须具备的个性心理特征。大学生的能力，是指在大学学习阶段，在一定科学理论和文化知识指导下，大学生完成学业、奠定成长成才基础活动所具备的一种个性心理特征和实际技能。

能力不同于知识和技能，二者各有区别。能力是一种个性心理特征，是个体身上固定的概括化的东西。知识、技能虽然也有一定的概括性，但两种概括化的性质不同。一般说来，知识是对客观现实的反映，是对相应经验的概括，只能迁移到与之相似的场合中去。技能是由于反复练习而得以巩固的行为方式，是对相成行为和活动的相应心理过程的概括。而在反映客观现实过程中所获得的观察能力、记忆能力以及合作、综合能力，一旦成为个人的特点时，即可迁移到不同场合中去，作用范围非常之广。由于两者概括化的性质不同，因此迁移的程度也不同，前者迁移的范围较窄，后者迁移的范围较广。

能力、知识与技能之间虽然有所区别，但又是相互联系、可相互转化的。能力，是掌握知识和技能的必要前提，没有起码的感受能力、记忆能力，就无法接受感性知识；没有一定的比较、抽象和概括能力，就难以领会理性知识。因此，一个人能力的高低，在很大程度上取决于知识水平的高低。但是，知识并不等于能力，只有不断积累知识，把知识应用于实践，才能将知识转化为能力。知识素质，是人的知识系统中量与质的综合表现，而能力素质才是正确认识世界和改造世界的本领。同时，能力的高低也会影响一个人学习和掌握知识、技能的快慢、深浅、难易和巩固提高的程度。

正确地认识能力与知识、技能的关系，才能更好地胜任将知识转化为能力的工作。如何促进知识向能力转化，很重要的一点就是树立自觉转化的观念，坚持学与用的统一、自觉把所学到的书本知识转化为自己的认识能力和实际工作能力。

二、能力的分类

根据能力在大学生学习等活动中的具体表现形式，可将其分为以下不同的类型，见表 11-1。

（一）按能力的表现方式

可把能力划分为一般能力和特殊能力。一般能力是指每一个大学生在学习等各种活动中所必须具备的一些素质能力或基础能力，如体力、意识能力、认识能力、听课能力、阅读能力等。特殊能力是指大学生在某些专业学习中表现出来的能力，适用范围较窄，只在某一专

表 11-1 能力的不同分类标准及类型

分类标准	能力类型
按能力的表现方式	一般能力
	特殊能力
按能力的特性	心理能力
	应用能力
按能力的聚合方式	个体能力
	群体能力
按能力的功能倾向	再造性能力
	创造性能力
按能力的显现方式	现实能力
	潜在能力

业中发挥作用，如物理专业学生的实验能力、生物专业学生的解剖能力、社会学专业学生的社会调查能力等。

（二）按能力的特性

可把能力划分为心理能力和应用能力。心理能力一般包括大学生个人具备的心理素质及其特征，如记忆能力、思维判断能力等。应用能力是指大学生的实际能力，是心理能力外化的综合体现，如表达能力、写作能力、创造能力等。

（三）按能力的聚合方式

可把能力划分为个体能力和群体能力。个体能力是指能力在单个学生身上的表现方式及学生的个体行为能力特征。群体能力是指能力在学生群体中的表现形式及学生群体的综合行为能力特征。

（四）按能力的功能倾向

可把能力划分为再造性能力和创造性能力。再造性能力是指学生在学习等活动中，能够迅速掌握知识、善于借鉴前人的经验并能根据现有知识和经验提供的理论、原理和科学方法，正确地分析和解决活动中的问题的能力。创造性能力是指学生在学习等活动中，能够尽快迁移和转换知识，“想人之未所想，见人之未所见”，具有提出新思想、新方案、新措施的能力。

（五）按能力的显现方式

可把能力划分为现实能力和潜在能力。现实能力是指在学生学习等活动中，学生直接表现出来的一种实践能力。潜在能力是指在学生学习等活动中，学生间接表现出来的一种能力发展趋势。

三、培养、提高能力的方法

（一）发掘自己的优势能力

美国管理大师德鲁克曾说，大部分美国人都不知道他们的优势能力何在。如果你问他们，他们就会呆呆地看着你，或答非所问地大谈自己的具体知识。这个现象不仅在美国，在中国也很普遍，很多人都不曾考虑自己的优势能力是什么。美国盖洛普公司认为，在外部条件给定的情况下，是否成功的关键在于能否准确识别并全力发挥个体的优势。

发现了自己的优势能力，还要善于运用。人最大的成长空间在于其最强的优势领域。要多花点时间把自己的优势发挥到极致，而不要花很多时间去弥补劣势。很多同学在找工作时，总是放大自己的劣势，看不到自己的优势。

其实从统计学的角度来看，十全十美或一无是处的同学都很少，大部分人只是在某一方面比较突出。在找工作时要尽量突出自己的优势，假如学习成绩不好，则可以突出参加多项社会活动。无论是简历制作，还是面试，都要尽量从社会活动中挖掘自己的优势。如果一个人缺乏空间想象能力，却从事建筑设计，对数字不敏感，却在当会计，那么他不但很难取得好成绩，甚至工作也会很吃力。

许多心理学家都发现，长久的兴趣是一个人事业取得成功的关键。这里的重点就在于“长久”二字，每个人都有些一时的兴趣，但长久的兴趣往往来源于自己的优势能力。当一个人做某件事能够体会到成就感，并能较轻松地做好时，那么他就会更有兴趣做这件事，形成良性循环。

（二）了解自己的独特能力

大学生要认识自己的优势能力，同时发掘自己的独特能力。只有当一个人清楚了解自己的独特价值是什么的时候，才更愿意在这方面投入更多精力，并逐渐发挥最大的潜力，进而将这种成就感扩大到其他能力的培养上。了解自己的独特价值是建立自信，并做好其他事情的重要因素，有时，认清并挖掘自己的独特能力比弥补自己的能力不足更重要。

（三）开发自己潜在的能力

人还有许多潜在的能力。心理学家认为，大部分人只发挥了自己所拥有的5%～10%的能力。尝试有一定困难的工作与活动，把潜能激发出来，那么成就会大大超过预期。一位英语教师在长期接触中国和美国中学生的过程中发现，美国孩子有的是梦想，而中国孩子有的是实际的目标。人既需要成为梦想者，也需要成为实践者。梦想与实践相结合，有助于发现自己没有意识到的能力。就像一个学生说的，如果不是课堂上需要每个每个同学都用五分钟来展示自己，我从不知道自己的想法会引起那么多同学的共鸣，原来自己也具有感染别人的能力。

（四）态度决定命运

观念，观决定念。观是看，念是想，看到的内容决定了想到的内容。换句话说，信息的输出源于信息的输入。因此，大学生需要做的，就是尽力抓住机会，去开阔眼界，即扩大信息输入的“量”，进而讲究输入的“质”。有了这样的基础，才有可能改善能力“输出”的问题。

在大学期间，如果想让自己具有以后工作中所需要的各种能力，但又不能确定哪些是需要具备的能力，那么，可以去做一件具体而有效的事——“职业生涯人物访谈”。去访谈几位未来希望从事的工作领域内的不同层次的人，去了解这一工作领域需要具备的能力。如果想以后从事心理方面的工作，而且比较希望在高校工作，就可以去访谈高校从事心理教学的教师、任职心理咨询中心的工作人员，了解他们在工作中需要具备的能力和素质，对比自身情况，进而了解如何培养相关的能力。

(五)理论联系实际

能力的获得来源于两方面:学习与实践。高能力的获得应该反复在这两者之间转换。比如大学毕业工作一两年后,再根据工作所需,有目标参加地学习或培训,然后再工作,这样将会飞速提升。“唯学历论”和“唯实践论”都是静止而孤立地看待问题。知识“脱节”则意味着两边的努力都化为乌有,知识还是知识,可知识无用武之地就显得很可悲了。

第三节　大学期间生涯规划的制订

一、职业生涯规划的意义

大学生首先要认识到生涯规划的重要意义,人生刚开启一段新的征程,职业生涯活动将伴随我们的大半生,拥有成功的职业生涯才能实现完美人生。因此,职业生涯规划具有特别重要的意义。

(一)职业生涯规划有利于自我定位

职业生涯规划的重要前提是认识自我。只有认识自我、了解自我,才能有针对性地明确职业方向,而不盲目化。认识自我是对自我深层次的解剖,了解自己能力的大小,明确自己的优势和劣势,根据过去的经验、经历,选择未来可能的工作方向,从而彻底解决“我想干什么”和“我能干什么”的问题。在此基础上,通过了解行业的特性、所需的能力、就业渠道、工作内容、工作发展前景、行业的薪资待遇等外部环境,理性地确定自己所具备的资本。这是人生所有规划和行动得以成功的基本依据,正所谓“知己知彼,百战不殆”。

(二)职业生涯规划可以增强发展的目的性与计划性,提升成功的机会

生涯发展要有计划、有目的,不可盲目地“撞大运”,很多时候我们的职业生涯受挫就是由于生涯规划没有做好。好的计划是成功的开始,古语讲,凡事“预则立,不预则废”就是这个道理。

(三)职业生涯规划有利于大学生尽早明确自我人生目标

表面上看,我们每个人每天都在忙忙碌碌,每一个行动似乎都有目标,但是,只有在发现和确定了人生奋斗的大目标之后,围绕这个中心,我们平常的行为才会更有效率和价值。而进行职业生涯规划有利于确定人生的奋斗目标。职业生涯规划为我们的人生之旅设定了导航仪,指引我们走向成功。哈佛大学的一项追踪研究表明,只有4%的人能获得成功,而他们成功的共同点在于,他们为自己的职业生涯早早确定了明确的目标,并且始终坚持。

(四)职业生涯规划可以提升应对竞争的能力

当今社会处在变革的时代,到处充满着激烈的竞争。物竞天择,适者生存。职业活动的竞争非常突出,尤其是我国加入WTO后。要想在这场激烈的竞争中脱颖而出并保持立于不败之地,必须设计好自己的职业生涯规划。这样才能做到心中有数,不打无准备之仗。而不少应届大学毕业生不是首先坐下来做好自己的职业生涯规划,而是拿着简历与求职书到处乱跑,总想会撞到好运气找到好工作。结果是浪费了大量的时间、精力与资金,到头来感

叹招聘单位是有眼无珠，不能“慧眼识英雄”，叹息自己英雄无用武之地。这部分大学毕业生没有充分认识到职业生涯规划的意义与重要性，认为找到理想的工作靠的是学识、业绩、耐心、关系、口才等条件，认为职业生涯规划纯属纸上谈兵，简直是耽误时间，有那时间还不如多跑两家招聘单位。这是一种错误的理念，实际上未雨绸缪，先做好职业生涯规划，磨刀不误砍柴工，有了清晰的认识与明确的目标之后再把求职活动付诸实践，这样的效果要好得多，也更经济、更科学。

心理视窗　　**未选择的路**

黄色的树林里分出两条路，
可惜我不能同时去涉足，
我在那路口久久伫立，
我向着一条路极目望去，
直到它消失在丛林深处。
但我选了另外一条路，
它荒草萋萋，十分幽寂，
显得更诱人、更美丽；
虽然在这条小路上，
很少留下旅人的足迹。
那天清晨落叶满地，
两条路都未经脚印污染。
啊，留下一条路等改日再见！
但我知道路径延绵无尽头，
恐怕我难以再回返。
也许多少年后在某个地方，
我将轻声叹息把往事回顾，
一片树林里分出两条路，
而我选择了人迹更少的一条，
从此决定了我一生的道路。

——[美]罗伯特·弗罗斯特

在人生的旅途中，我们时常须在两条道路、两种思想或两种行动中做出选择，不同的选择将决定不同的人生方向。我们知道只能选择一条路，却舍不下另一条路。我们虽然做出了选择但心中仍旧踌躇这条路是正确的吗？弗罗斯特没有告诉我们答案，没人能拍着胸脯保证这是一个你绝对不会后悔的选择，因为这是你自己的路，你必须用自己的双脚去走过、去验证。重要的是我们应该怎样去思考以及怎样去走好这条路。

二、职业生涯规划与校园生活学习定位

陶行知先生说：“人生天地间，各自有禀赋。为一大事来，做一大事去。”其实，人来到世间，也许不能都做出惊天动地的大事，但我们却不能不想清楚自己生命中的大事：“我是什么

样的人？我的理想是什么？我素质中的长处和弱点是什么？我适合什么样的职业？我憧憬怎样的生活？为了实现理想，我需要储备那些知识和技能，我该培养自己怎样的素质与能力？为了实现这个理想，我今年该做什么，今天该做什么？……”经常想想这些问题，人能够变得成熟，人生能够更加充实，幸福会更加长久，我们的人生境界会更加高远，很多现实中的困惑与挫折也就不能够阻止我们前进的步伐。

职业生涯定位就是要为职业目标与自己的潜能以及主客观条件谋求最佳匹配。良好的职业定位是以自己的最佳才能、最优性格、最大兴趣、最有利的环境等信息为依据的。不要追求十全十美的职业，审时度势，及时调整。对于在校的大学生来说，从大学一年级就要开始认清自己，明确自己的发展力向及目标，并在大学四年内不断挑战自我、超越自我，挖掘自身潜力，切实提高综合素质，为走上社会打下扎实的基础。而不是到大四快毕业了，才开始思考自己究竟想要干什么。

（一）从专业开始

应该说，一个人完成基础的高中或初中学习，准备进入大学或职业学校，选择某一特定专业学习时，就已经为今后做什么职业做了准备，这一阶段也可称为职业准备阶段。这是个人职业生涯的起步阶段，是决定能否赢在起点的重要阶段，是人生的第一个转折点。虽然一个人最初选择的专业并不代表他未来的职业，但在经过职业生涯规划基础上的有针对的选择，会为人一生的事业奠定基础。如果你未来的职业和所学专业一致的话，那么你的职业将更加稳定和有发展前途，你的职业生涯将更精彩。对个人而言，既符合自己的能力特点，是自己兴趣所在，又是社会所需要的专业方向，是较为理想的选择。其实每一个人都需要有一个重新选择和定位的问题，此问题解决得好坏，直接影响在校生的学习和以后的工作职业。在选择的过程中，应弄清楚下列问题。

1. 想做什么，未来希望做什么

西方有一句谚语说：如果你不知道你要到哪儿去，那通常你哪儿也去不了。同样，一个不知道自己想干什么的人通常什么也干不好。所以，确立一个具体的职业目标和专业方向，清楚地知道自己未来想干什么，是在校大学生进行职业准备的前提条件，是学习、努力的基础。做到这一点的关键就是认清自己，找到自己的兴奋点和兴趣所在。俗话说，兴趣是人最初的动力，是最好的老师，是成功之母，从事一项感兴趣的工作本身就能给人以满足感，未来的生活也会从此变得妙趣横生。一代球王贝利以视足球为生命的执着成为世界瞩目的球星，这说明浓厚的职业兴趣是一个人事业腾飞的引擎，而对兴趣的无悔追求是事业成功的巨大推动力。对于处在职业准备阶段的大学生来说，了解自己，培养职业兴趣并据此选择专业攻取方向至关重要。

2. 能做什么，适合做什么

职业的选择仅凭兴趣选择是不全面的，感兴趣的事情并不代表你一定有能力去做，因此，清楚自己能干什么、适合干什么是进行专业学习的必备条件。因为不同能力的人适合从事的职业是有所区别的，如空间能力强的人适合机械制造、工程设计、建筑等理工科专业和艺术方面的专业，以及从事与这些专业相对应的职业；语言能力强的人适合学习语言文学、文字编辑、翻译、文艺创作等专业和从事相应的职业。大学生要明确自己的才能大小，看清自己的能力优势和个性特征，就需要进行自我剖析。只有在充分认识自己的前提下，才能恰

当地选择好适合自己的学业和专业发展方向。根据过去的经验，选择、推断以后可能的工作方向与机遇，从而解决“我能做什么”的问题。同时，不同的职业理想也为我们明确了现在学习发展的方向和内容，使我们的学习有的放矢，目标具体而清晰。

3. 你的优势(你所拥有的能力与潜力所在)

你学到了什么？这主要是考虑自己的知识结构是什么。上学期间，你从学习的专业中收获了些什么，学得扎不扎实；参加过什么社会实践活动，提高和升华了哪方面能力；自己的知识面广不广。在一定程度上，专业决定你的职业方向，因而大学生应尽自己的努力学好每门专业课程，这是生涯规划的条件之一。

你有哪些经历？即你已有的人生经历和经验，如在上学期间担任学生干部，曾经为某知名组织工作过，取得的成功及经验的积累，获得过的奖励等。经历是个人最宝贵的财富，往往可以从侧面反映出一个人的才能、潜力状况，因而备受招聘组织的重视。这也是简历的亮点所在，绝对忽视不得。对招聘者来说，经历往往要比知识更为重要。判断一个人的才能，只有在实践的时候才会真正发现其优势与不足。

最成功的是什么？你可能做过很多事情，但最成功的是什么？为何成功的，是偶然还是必然？是否自己能力所为？通过对最成功事例的分析，可以发现自我优越的一面，譬如沉稳、果断、智慧超群，以此作为深层次挖掘自我能力的动力之源和魅力所在，形成职业规划的有力支撑。寻找职业方向，往往从自己的优势出发，以己之长立足社会。

4. 你的弱势(目前的不足或能力的欠缺)

无法避免与生俱来的性格弱点，对其必须正视，并尽量减少其对自己的影响。比如，一个独立性强的人可能很难与他人良好合作，而一个优柔寡断的人则难担当领导者的重任。人生的弱点并不可怕，关键要正确认，认真对待，尽量寻找弥补、克服的办法，使自我趋于完善。

大学生对自身所欠缺的能力应持正确态度：认真对待，善于发现并努力克服和提高。“金无足赤，人无完人。”由于自我经历的不足、环境的局限，大学生无法避免一些经验上的欠缺。欠缺并不可怕，可怕的是自己还没有认识到或认识到却一味地不懂装懂。

此外，经常听取父母、老师、朋友、同学谈谈对自己的看法，了解他们对自己的优势和不足的评价，征求他们对自己在选择职业方面的意见是很有益的。有的人只爱听好话，对批评意见、逆耳之言过于敏感，这都不利于正确认识自己。他人的评价往往比自我评价更具有客观性和真实性，可以从别人的评价中认识和发现自己的优势和劣势。

大学生还应该从其他方面来评估自己。具体内容主要是：兴趣爱好、性格特征、气质特征、能力水平、社会交往。在自我评价的时候，还要善于在与同伴的比较中认识和发现自己的优势和劣势。“不识庐山真面目，只缘身在此山中。”自我认识难免有局限性，大学生可以把同伴作为大学生的“参照物”，这样，就可以从中认识并发现自己的优势、劣势各在何处了。

5. 社会需求什么，能提供什么

在明确自己想干什么、能干什么的同时，还应考虑社会的需求和未来发展前景等外在因素。如果对于所选择的职业准备方向既感兴趣又符合能力要求，但社会没有需求或需求极少，未来就业机会渺茫，这样的职业生涯规划的起步是失败的。由于社会人才需求、劳动力市场变化发展的不确定性，衡量社会需求以及发展前景不是简单的事情，因而在选择发展方向时,应综合权衡、统筹考虑,力争做到在择己所爱、择己所长的同时,择社会所需,理智地走好职业生涯规划的第一步。

(1)组织分析

这也是个人着重分析的部分,社会组织将是你实现个人抱负的舞台。西方关于职业发展有句名言:"你选择了一个组织,就是选择了一种生活。"特别是现代组织越来越强调组织文化的建设,对员工的适应环境生存能力要求越来越高。因而,大学生应对自己将寄身其中的组织的各个方面进行详细了解,在知己知彼的基础上,融入组织才是最佳的选择。

(2)人际关系分析

个人处于社会环境中,不可避免地要与各种人打交道,因而分析人际关系状况显得尤为重要。人际关系分析应着眼于:个人职业发展过程中将交往的人,以及这些人对自身发展所起的重要作用。如工作中会遇到什么样的上下级、同事及竞争者,他对自己会有什么样的影响,如何相处、对待等。

(3)社会分析

社会在进步、在变革,作为即将步入社会的大学生,应该善于把握社会发展的脉搏。这就需要大学生进行社会大环境的分析:当前社会、政治、经济发展趋势;社会热点职业门类分布及需求状况;所学专业在社会上的需求形势;自己所选择职业在目前与未来社会中的地位情况;社会发展对自身发展的影响;自己所选择的单位在未来行业发展中的变化情况,在本行业中的地位、市场占有及发展趋势等。对这些社会发展大趋势问题的认识,有助于把握职业社会需求,使自己的职业选择紧跟时代脚步。

6. 我选择做什么

通过以上自我分析,大学生应明确自己该选择的职业方向,即解决"我选择做什么"的问题,这是个人职业生涯规划的核心与前提。职业生涯目标的确定,是个人理想的具体化和可操作化。职业方向直接决定着一个人的职业发展,选错了行业,可能会毁掉自己本该有所作为的人生。选择职业,就是根据前面所介绍的职业选择理论,将自己的特点与社会能够提供的机会和岗位进行匹配,选择适合自己的职业,并确定自己的职业目标。

职业目标的选择并无定式可言,关键是要依据自身实际,适合于自身发展。值得注意的是,伴随现代科技与社会的进步,个人要随时注意修订职业目标,尽量使自己职业的选择与社会的需求相适应。在选择了自己的职业以后,还要考虑将来如何开展自己的职业生活,不断地完善自我,使匹配达到最佳。

(二)剖析自我现状

自我认识是进行职业规划的主要依据,应主要从以下几个方面来考虑:

1. 个人的社会条件

个人的社会条件有人称为人脉,即指家族关系、姻亲关系、同事(同学)关系、社会关系。应该承认,不同的个人家庭和社会条件,给每个人带来的职业帮助是不同的,甚至是难以取代的。

2. 个人的自身条件

个人的自身条件包括个人的身体素质、学习能力、兴趣爱好、性格、理想追求等。

(三)构建合理的知识、能力结构

知识的积累、能力的形成,是学生成才、就业的基础和必要条件。

人们常常把一个人掌握知识的多少作为衡量水平高低的标准,但它不是衡量人才的绝对标准。单纯的知识量并不足以表明一个人真正的知识水平,大学生不仅要具有相当多的知识,还必须要形成合理的知识结构,没有合理的知识结构,就不能发挥其创造的功能。

培养职业需要的实践能力。许多用人单位不仅考核学生的专业知识和技能,而且还考核其综合运用知识的能力、对环境的适应能力、对文化的整合能力和实际操作能力等。从某种意义上说,能力比知识更重要,大学生只有将合理的知识结构和适应社会需要的各种能力统一起来,才能立于不败之地。一般来说,大学生应重点培养满足社会需要的决策能力、创造能力、社交能力、实际操作能力、组织管理能力和自我发展的终身学习能力、心理调适能力、随机应变能力等。

参加有益的职业训练。当前,大学生进行的职业训练较少,即使是职业测评,也只有少部分人运用它为自己职业设计做参考。目前,很多高校组织大学生参与的暑期“三下乡”活动、青年志愿者活动、毕业实习活动、校园创业活动等都是职业训练的很好形式。同学们应结合自己学院的特点,广泛积极地参与此类活动。

心理视窗　　鸡群里的雏鹰

一只雏鹰被主人牧养,放在鸡群中养大。小鹰整天混在鸡群中,已经忘记自己有翅膀,忘记了自己会飞翔,无论主人怎么训练它,它就是飞不起来。最后主人觉得它已经毫无用处,就把它带到悬崖边上,把它丢了下去。就在落地之前,小鹰扑打着翅膀飞起来了。每一只生活在鸡群中的小鹰,你还认识自己吗?

感悟:雏鹰习惯于现有的环境和生活方式,不知道自己的翅膀能够飞翔。面对新的情景、新的压力,它终于飞上蓝天。这篇寓言告诉我们,有许多的能力我们没有发现、没有开拓。要在逆境中发现、开发潜能。从而开创新的环境、新的局面、新的生活。

三、大学生职业生涯规划的制订

人生最大的幸福莫过于可以从事自己喜欢并擅长的职业。因此,对自己的职业生涯进行科学设计和规划,选好落脚点,把握好方向,对每一个人的成功都至关重要。面对竞争激烈的人才市场,如何做好自己的职业生涯规划,如何找到适合自己的职业发展道路,对于学生而言就显得非常关键。

大学生职业生涯规划就是在充分了解自己的兴趣、爱好的前提下,在认真分析当前环境形势的基础上,结合自己的专业特长和知识结构,对将来从事的工作所做的方向性的计划安排。大学生从跨进校园起,就需要结合实际,制订一份阶段性或长期性的规划。给自己的职业生涯一个清晰的定位,并以此不断地鞭策自己,激励自己,这是成功迈入社会,实现自己人生抱负的关键性一步。

大学生职业生涯规划的制订分以下五个步骤进行。

(一)正确评估

大学生职业生涯规划的第一个关键环节是进行正确的评估,包括自我评估和环境评估。

自我评估即“知己”，环境评估即“知彼”。在职业生涯规划中，“知己知彼”是非常重要的。制订一个有效的职业生涯规划，一方而要充分并且正确的认识自身条件，即弄清楚我喜欢干的事、我能干的事；另一方而要充分认识环境中存在的机会和挑战，即弄清楚环境给提供的可以利用的条件和不利的因素。

1. 正确的自我评估

自我评估就是对自己进行科学、全面、彻底的解剖，包括对现在的我，过去的我的剖析，对将来的我的设想。自我评估的目的是认识自己、了解自己。因为只有正确认识自己，才能根据自己的特点制订适合自己的职业生涯发展规划，才能寻找到最适合自己发展的职业之路。自我评估是对自己的个性倾向性（需要、兴趣、理想、信念、世界观）、个性心理特征（气质、性格、能力）、自己的身体条件以及自己拥有的知识、技能、经验等等方面进行评价。对大学生而言，特别是对大一新生，他们刚步入新的环境，正处于自我意识的困惑期，自我评价容易发生重大波动。此时，大学生应该从职业规划的角度出发，探索适合自己的职业。比如，通过一些专业的心理学测试去了解自己的性格特征、优势、弱点、最大的兴趣爱好等。自我评估可以通过回答以下三个最古老的问题来进行。(1)“我是谁?”(2)“我从哪里来，到哪里去?”(3)“我要做什么?”

2. 客观的环境评估

所谓环境，主要是当前的整体就业环境和就业形势。每个人都处在一定的环境之中，离开了环境便无法生存和成长。大学生所处的客观环境包括学校环境，如专业的发展和课程设置、学校提供的各种软硬件设施以及各种资源（特别是图书资源、实践资源）；社会环境，如社会对岗位的需求、各种政策法律法规、职业的社会评价；家庭环境，如经济状况、人为因素、区域因素等。所以，在制订职业生涯规划时，应该充分考虑到环境因素。大学生应当在学会关注社会政治、经济等大环境的基础上，充分了解各种职业的发展状况及就业形势，评估环境对自己职业生涯发展影响，特别要了解自己所学专业和自己感兴趣的行业的形势以及发展前景，结合自己的优势和劣势，寻找一份适合自己的、有发展前景的工作。

（二）确定目标

一个人事业成败，很大程度上取决于有无正确、适当的目标。没有目标就如同行走在一望无际的沙漠中，视野开阔，却没有方向，不知道自己该走向何方。而目标就犹如沙漠中的北斗星，引导自己走出沙漠，走向成功。哈佛大学曾经对一群智力、学历等背景相似，目标不同的年轻人进行跟踪调查，结果发现，有清晰且长期目标的人，25 年后都成了社会各界顶尖成功人士；有清晰短期目标的人，大都是生活社会的中上层；目标模糊的人能安稳地生活与工作，但都没有什么特别突出的成绩；没有目标的人几乎都生活在社会的最底层。因此，为自己设立职业目标，对于人生、事业发展有重大的意义。

职业生涯规划的目标包括长期、中期、短期目标。长期目标一般是将来 5～10 年想要达到的目标，是今后职业发展的最高点，它让人看到未来发展的美好前景；中期目标的时间为 3～5 年，主要是指在大学期间应当达到的目标，它是人们经过努力所要达到的阶段性目标；短期目标的时间很灵活，可以是一年、一月、一周、一日等。

大学生在确立职业目标时要注意以下几点：其一，长期目标的确立要立足现实，既具有前瞻性又具有现实性；中期目标的确立要切合实际，具有一定的操作性，不能过于空洞；短期目标在设定时要细化至具体的工作、具体实施的时间，便于操作与检查。其二，在设定目标的过程中把中、长期目标分解为多个短期目标，这样既可以将中、长期目标可操作化，又可以建立实现中、长期目标的信心。

随着时代的变迁，就业形势的变化，以及大学生个性的彰显，当代大学生的职业目标已经越来越多元化。大学生的职业目标已经不再是单一的“3 年内成为白领，5 年内成为经理，10 年内做到 CEO”。

（三）职业定位

职业选择正确与否，直接关系到人生事业的成败。因此，选择一个适合自己的职业对于职业发展至关重要。大学生在进行职业选择的时候，要全面考虑内外部的环境与职业的适应性。有些大学生在择业的时候，只考虑到自己的兴趣，比如，他们喜欢做生意，完全不考虑自己是否具有这方面的能力就放弃就业机会而选择创业；有一些大学生迫于就业环境的压力，而低估自己的能力，总是担心自己在巨大的竞争中找不到工作，于是“廉价”地就把自己签给自己并不喜欢的公司；还有些大学生，选择职业时总是盯着高薪、热门的职业等。大学生要在全面衡量各方面因素的基础之上做出选择，而不是单凭兴趣、能力或者环境选择职业。要依据客观现实，比较职业的条件、要求、性质与自身条件的匹配情况，选择自己更感兴趣、能够胜任且有发展前途的职业。

（四）制订并实施职业生涯目标的行动方案

行动方案的制订是职业生涯规划付诸行动的重要环节，在确定了职业生涯目标后，就要根据这个目标制订相应的行动计划，并按照计划开始行动。没有行动，职业目标只能是一种梦想，也就谈不上事业的成功。为了实现职业目标，大学生应该明确：采取什么措施以提高专业知识；掌握哪些技能以提高业务能力；采取什么措施去开发潜能；参加哪些社团活动以提高实践能力。这些方面都要考虑清楚，并制作成清晰、明确的行动计划，计划要具体、可操作，要包括每项活动的时间分配和具体落实的措施，以便指导行动。要制订周详的行动方案，更要严格执行，坚持不懈，持之以恒。

（五）反馈与修正

所谓“实践出真知”。职业生涯规划是否合理、有效，必须通过实施的效果反馈才能检验，来诊断整个规划的科学性、实效性及针对性，及时找出生涯规划各个环节存在的问题，采取相应对策，对规划进行调整与完善。

以上这五个步骤是相对独立，但又是相辅相成的，往往要经过多次的反复才能形成一个较为合理的职业生涯规划。当然，职业生涯规划是一个动态的过程，任何规划都是在实施过程中不断完善的。

四、大学四年的具体规划

（一）大一为试探期

（1）特征：新环境、新学习和生活方式；人际关系复杂化；目标缺失或模糊。

（2）规划任务：尽快熟悉、适应新环境、新学习和生活方式；融入新的集体中，锻炼自己的沟通能力；明确大学的下一步——就业、工作。

(3)策略指导:向老师和高年级同学请教;有选择性地参加学生会和社团活动;熟悉本专业的培养目标和就业方向;开始接触、进行职业规划、树立职业意识

(二)大二为定向期

(1)特征:环境已经熟悉,但对未来依然迷茫;有了相对稳定的交际圈子;对大学生活和就业有了自己的看法

(2)规划任务:确定合适的定位;制定能力提升计划;对职业环境和职位进行探索

(3)策略指导:全面分析自身特点;明确自己的兴趣和目标;通过职业实践发现自己适合做什么;参加社会活动锻炼自己的组织能力、团队协作精神等。

(三)大三为冲刺期

(1)特征:开始专注于自己的目标;专业课的学习进入深化阶段;开始反思自己的规划,并进行调整

(2)规划任务:在不断实践中深化对自己的认识;有意识地进行能力、职业素养的提高和经验积累

(3)策略指导:主动积极地投入学习和生活;学会科学合理地安排时间;多参加与专业和目标职业、职位相关的社会实践;相关职业资格证的考取。

(四)大四为分化期

(1)特征:面对抉择对未来的思考更加现实;充满幻想和担忧。

(2)规划任务:就业、考研必须选择;检验自己的职业目标是否明确;前 3 年的准备是否充分;了解就业政策、学习就业相关的技巧和方法。

(3)策略指导:充分利用各种渠道收集信息;学习各种技巧(面试、简历);调整心态,以开朗而积极的心态去迎接挑战。

第四节　学会时间管理

俗话说,时间就是金钱,时间就是效率。一个人要想获得成功,管理好自己的时间是一个很重要、很关键的因素。从某种意义上说,一个人的成就跟他时间管理得好坏是成正比的。因此大学生大学除了正常地学习专业知识以外,还应学会自我学习,自我管理,合理有效地安排时间,逐渐养成一个良好的时间观念,这对以后的工作将有很大好处。

时间是一个很特殊的概念,他无法储积,无法取代,更无法失而复得。任何人都无法阻止其向前;它不会因人的高低贵贱而变长或变短,也不会因为某个个体的喜爱而变得可以被收藏;时间一旦逝去则无法追回,它不会停滞在我们想要它停留的某一点上。我们只能善加利用,虽然我们无法改变时间的长度,但是可以改变我们人生的宽度。下面将结合大学生活的实际谈谈如何合理有效地管理时间,实现时间的相对增值。

一、什么是时间管理

所谓时间管理,是为了提高时间的利用率和有效性,而对时间进行合理的计划和控制、

有效安排与运用的管理过程。由于时间所具有的独特性，时间管理的研究对象并不是时间，而是与时间密切相关的"自我管理"。

大学生在校期间的时间主要由日常生活琐事、上课、学学习以及娱乐四部分组成，如不对其进行合理规划与安排，大学生可能就不会按照自己制定的目标发展。大学生应尽早地进行职业生涯规划，以时间为单位，确定不同时期的奋斗目标，有目标地进行时间管理，一步步地按计划采取有效行动，就有可能取得成功。

二、大学生时间管理中存在的问题

(一)时间管理的禁忌

在时间管理上，人们常常会犯一些错误，从而浪费了时间这一最为宝贵的资源。为此里斯(Rice，1992)提出了时间管理的七条"禁忌"。

1. 迷惑

当人们抱怨浪费的时间太多但又不知时间都浪费在哪里时，就可以肯定他们不知道自己该做什么。如果不知道自己要做什么，时间管理就失去了意义。没有为后期的事情做计划，是时间管理中的一大错误。

2. 犹豫不决

犹豫不决意味着一个人对某一任务不是一次完成，而是要花许多时间。犹豫不决的后果不只局限在影响个人效率的范围内，还影响了团队的效率。

3. 精力分散

精力分散是企图做超出需要的甚至超出可能的过多的事情，往往造成人无法集中精力，对最简单的工作也缺乏动机，且引起个体精神和体力的疲劳。

4. 拖沓

拖沓是偷窃时间的贼，是时间管理中最主要的罪恶。常见的拖沓包括拖沓不愉快的事情，拖沓困难的事情，以及拖沓需要做难以决定的事情。对大学生来说，拖沓是较差的学习习惯和较弱的时间管理。

5. 逃避

个体可以找到许多逃避工作的方法，比如延长休息时间、找人闲聊、发呆或沉溺于网络世界等。

6. 中断

在计划中不断被打断是让人烦恼的消耗时间的事情之一。研究发现，一般的管理者平均每8分钟被打断一次。在宿舍学习的同学也常遭遇类似的问题。中断对复杂的工作伤害最大。复杂的工作往往需要一段时间来找到节奏，而不断的中断则要求附加的时间来重新定位和再启动。

7. 完美主义

不少人为自己确定的目标很不现实。完美主义在生活中或许让个体受益，但是为了完美而完美的完美主义所起的作用就与强迫性的过分工作差不多。克制“完美主义”的关键是对需要和过分加以区分。

(二)大学生时间管理不合理的表现

大学生在四年的大学生活中，学习专业知识、参加社团活动、考取各种资格证书等是其必经的事情。在时间管理方向，大学生常常出现以下几个方面的问题。

1. 时间分配不合理

多数学生上课时间与日常生活时间安排不够紧凑，课余时间充裕但安排不科学，上网、聊天、影视、聚会等娱乐时间过长。

2. 时间安排不均衡

在学期和年级的不同阶段，时间安排不均衡，学期初期用于学习的时间比例小，期末考试前用于学习的时间比例才增加。

3. 目标的缺失

很多大学生对未来的思考非常不确定。很少大学生能对自我进行清晰的定位，大多对就业或者深造的相关知识了解甚微。缺乏明确的信念与目标指引，从而直接导致很多大学生对大学四年的生涯缺乏规划，没有明确的长期目标。同时在短期目标的设置上，也有很多大学生不给自己制定时间计划，对每天及每周的学习、工作、生活日程的安排带有很大的随意性，根据感觉和心情而定。

4. 缺乏时间管理方法

许多大学生没有掌握有效的时间管理方法，缺乏良好的学习和生活习惯。大学生拥有了大量自己支配的闲暇时间。闲暇时间是一种宝贵的财富，在现代社会，个体对于闲暇时间的利用，很大程度上决定了其生活质量和事业成败。如果大学生在校期间没有好好地珍惜和管理自己的可支配时间，掌握大学生应有的关键能力，在选择职业时，可能错失合适的就业机会。

5. 显性和隐性的双重浪费时间的现象严重

除了上述提及的显性浪费之外，大学生的时间管理还存在严重的隐性浪费，那就是学习与工作时的三心二意和心不在焉。在课堂上，你会看到部分大学生精神萎靡不振，昏昏欲睡。或是玩手机，发短信，用手机 QQ 聊天；而完成作业时，大多是一边听着音乐，一边做作业。更有甚者是抄袭他人作业或是干脆不做，造成的浪费并不亚于显性浪费。因此要强调大学生专注做事的习惯养成，同时养成规律的生活作息习惯，科学地用脑，才能在做事情时专心致志，从而提高时间利用的效率。

三、时间管理方法

时间管理好的人，是时间的主人，否则就是时间的奴隶；时间管理得好，能提升人的生活品质；时间管理好的人，是一个很忙碌的人，忙而有序，忙而有效。人与人的区别就在于对时间的利用，如果每天能省出一些时间花在学习上，你的学习进步将是惊人的，有很多学生经常上网，如果你是每次一开电脑就在网上先学习十分钟外语后再来干别的，我想外语水平肯定会有所提高。如果善于在不同事务之间进行迅速切换，就能更加有效地利用好每一细小单元的时间。如果在每一个时间单元里保持专注，就能产生高效益。

大学生在校期间只有掌握了高效的时间管理方法，管理好自己的学习和生活时间（特别是由个人支配的课外时间），才能使学习效率大为提升，使学习变得更为轻松，生活变得更为充实。利用有限的在校时间尽可能多地培养综合职业能力，提升就业核心能力，是大学生迈向成功人生的第一步。大学生在校期间的时间管理应从以下几个方向进行。

（一）确定优先权

做事要有技巧，把事情分出轻重缓急、有主有次，“你必须知道应该先做什么后做什么”，按照一定规律和顺序完成。确定优先次序，从最重要的事情开始做起，重要紧急的事马上做；其次是做重要而不紧急的事；紧急但不重要的事，要学会放弃，能放就放；对于不重要也不紧急的事，尽量不去做。在所要做的事情中，先做最有价值的事情。人的价值一般是通过他所做的事情的价值来体现出来的。

（二）做好学业规划

从大一开始就树立正确的人生价值观，主动设计人生规划，积极规划大学期间的学业，并将规划分解到每个学年。可以将自己的专业、志向、兴趣作为人生规划的方向和动力，再根据自己的性格特点和能力进行自我评估和生涯机会评估，找出自身的不足之处，明确职业方向，做出改进和完善计划。

（三）制订学习目标

大学生应先根据自己的职业生涯规划确定具体的学习目标，再将目标分解到每个学年，再在学年的学习目标中找出一个核心目标，依照目标排列重要程度，设定详细的计划，并按照计划执行。目标制定要量化，要有挑战性，由大到小，由高到低；时间分配要合理，长短结合，由远到近，要有实现目标的时限。

（四）掌握几种有效的时间管理的方法

（1）记事本和日程表。记录自己的时间，找到时间消耗的地方，减少无效工作时间。把事情按轻重缓急进行分类，确定优先顺序，先做在校期间的临考准备、按期完成作业这样“重要且紧急”的事，再做大学应尽早掌握的综合职业能力这样“重要但不紧迫”的事，放弃接待不速之客、朋友的临时邀请等“不重要但紧迫”的事，不做阅读无聊小说、收看无价值的电视节目等“不重要且不紧迫”的事。

（2）“二八定律”法。意大利经济学家和社会学家帕瑞托指出，20%的目标具有80%的价值，而剩余80%的目标只有20%的价值。为了有效管理时间，应该根据价值来投入时间，换句话说，就是要将时间投入到有较大意义的目标中。如列出本月要完成的事情清单，把多数时间分配给其中最重要的两三项，对其他任务则可以给予较少注意。

（五）培养良好的学习和生活习惯

管理、利用时间的良好习惯是步向成功的钥匙。大学生在校期间应养成一些良好的生活方式和学习习惯。

（1）第一次就做好。任何事情，争取一开始就要把它做对、做好；能一次做完的事情一定要一次做完，绝不拖拉，重复和反复做同一件事情是很浪费时间的，也就是说二个小时的事情，一次用两个小时做完和分两次各做一个小时是不一样的，要有时间成本的概念。

(2)专心致志。每天给自己一个不被干扰的时间，关掉手机、拔掉网线，消除所有可能分心的事，专心做自己的事，想想自己该做的事情，这个时间应该是质量最好的时间，一般以早上起床后的时间为最好，这不是自私，把好的留给自己，因为这时头脑是最清醒、最清静的时候，容易把事情想好、办好、想全、办全，这样时间安排是比较合理的，因此作为学生，养成每天早起床的习惯对学习的帮助也是很大的。

(3)马上行动。“当日事，当日毕”，在书桌前面贴上“马上行动”四个大字，运用视觉的力量刺激潜意识，迫使自己马上行动、杜绝拖延。除了不果断、办事拖拉是明显的浪费时间的现象外，同时还必须控制你的电话时间、上网时间，这是不经意中，最容易浪费时间的。在电脑上做事，没必要时不要打开 QQ，以防别人不知情时的干扰，有时尽管你是隐藏的，但在好友登陆时也会让你分心。

(4)做事有条理。尽可能将复杂的事情简单化，简单的事情条理化。养成东西从哪里拿往哪里放的好习惯，把同类、同时使用的东西放在一起，把文件夹和整理箱贴上标签。

(5)善用零碎的时间。合理利用等车、排队等时间做一些背单词等有意义的事。培养良好的时间管理习惯不是一朝一夕的事，关键在于认真制订一份好的计划，积极行动并及时总结、修正，才能不断地进步和提高。

另外，大学生在进行时间管理的过程中还需要注意劳逸结合，保持充沛的体力和精力，维持积极的心态和良好的人际关系，用最短的时间学习和吸收成功者的经验等，都会取得事半功倍的效果。

思政元素

从车工逆袭为大国工匠——洪家光

洪家光，男，汉族，1979 年 12 月生，中共党员，沈阳工业大学数控技术专业毕业，大专学历。沈阳黎明航空发动机(集团)有限责任公司首席技能专家，中国航发黎明高级技师，多次参与辽宁舰舰载机等多项国家重点航空发动机科研项目，拥有 7 项国家发明和实用新型专利。

在车工岗位上工作 20 多年来，洪家光从一个“毛头小子”成长为一名掌握精湛加工工具工装技能的高级技师，能独立撰写车工技能操作法的优秀模范，这些成绩离不开党组织的培养和航空发动机事业的磨砺。

发动机是飞机的心脏，航空发动机被誉为现代工业“皇冠上的明珠”，是衡量一个国家综合国力的重要标志之一。洪家光团队加工的是用于航空发动机制造的工装工具产品，这些工具主要用来加工航空发动机的零部件。发动机用的零件精度要求非常高，洪家光对每一个微小尺寸都精益求精。他一次次观察记录，并比对调整。4 年多时间里，经过无数次尝试，洪家光最终研发出一套用于打磨叶片砂轮的滚轮工具。这一砂轮工具被叶片加工厂使用后，加工叶片的质量得到明显提升。

洪家光心中“大国工匠梦”的背后，是“航发人”代代传承的家国情怀——“国为重、家为轻，择一事、终一生”。

（选自东北新闻网，有删减）

复习思考题

1. 谈谈如何认识职业在人生发展中的作用。
2. 如何理解大学期间的职业生涯规划。
3. 谈一谈你在大学期间的目标与作为。

心灵阅读

四只毛毛虫的故事

毛毛虫都喜欢吃苹果，有四只要好的毛毛虫，都长大了，各自去森林里找苹果吃。

1. 第一只毛毛虫

第一只毛毛虫跋山涉水，终于来到一棵苹果树下。它根本就不知道这是一棵苹果树，也不知树上长满了红红的可口的苹果。当它看到其他的毛毛虫往上爬时，稀里糊涂地就跟着往上爬。没有目的，不知终点，更不知自己到底想要哪一颗苹果，也没想过怎样去摘取苹果。它的最后结局呢？也许找到了一颗大苹果，幸福地生活着；也可能在树叶中迷了路。不过可以确定的是，大部分的虫都是这样活着的，没想过什么是生命的意义，为什么而活着。

2. 第二只毛毛虫

第二只毛毛虫也爬到了苹果树下。它知道这是一棵苹果树，也确定它的“虫”生目标就是找到一颗大苹果。问题是它并不知道大苹果会长在什么地方。但它猜想：大苹果应该长在大枝叶上吧！于是就慢慢地往上爬，遇到分支的时候，就选择较粗的树枝继续爬。于是它就按这个标准一直往上爬，终于找到一颗大苹果，这只毛毛虫刚想高兴地扑上去大吃一顿，但是放眼一看，它发现这颗大苹果是全树上最小的一个，上面还有许多更大的苹果。更令它泄气的是，要是它上一次选择另外一个分支，它就能得到一个大得多的苹果。

3. 第三只毛毛虫

第三只毛毛虫也到了一棵苹果树下。这只毛毛虫知道自己想要的就是大苹果，并且研制了一副望远镜。还没有开始爬时就先利用望远镜搜寻了一番，找到了一颗很大的苹果。同时，它发现当从下往上找路时，会遇到很多分支，有各种不同的爬法；但若从上往下找路时，却只有一种爬法。它很细心地从苹果的位置，由上往下反推至目前所处的位置，记下这条确定的路径。于是，它开始往上爬了，当遇到分支时，它一点也不慌张，因为它知道该往哪条路走，而不必跟着一大堆虫去挤。这只毛毛虫应该会有一个很好的结局，因为它已经有自己的计划。但是真实的情况往往是，因为毛毛虫的爬行相当缓慢，当它抵达时，苹果不是被别的虫子捷足先登，就是苹果已熟透而烂掉了。

4. 第四只毛毛虫

第四只毛毛虫可不是一只普通的虫，做事有自己的规划。它知道自己要什么苹果，也知道苹果将怎么长大。因此当它带着望远镜观察苹果时，它的目标并不是一颗大苹果，而是一朵含苞待放的苹果花。它计算着自己的行程，估计当它到达的时候，这朵花正好长成一个成熟的大苹果，它就能得到自己满意的苹果。结果它如愿以偿，得到了一个又大又甜的苹果。

感悟：

第一只毛毛虫是只毫无目标，一生盲目，没有自己人生规划的糊涂虫，不知道自己想要什么。其实我们大部分的人都是像第一只毛毛虫那样活着。

第二只毛毛虫虽然知道自己想要什么，但是它不知道该怎么去得到苹果，在习惯中的正确标准指导下，它做出了一些看似正确却使它渐渐远离苹果的选择。而曾几何时，正确的选择离它又是那么近。

第三只毛毛虫有非常清晰的人生规划，也总是能做出正确的选择，但是，它的目标过于远大，而自己的行动过于缓慢，成功对它来说，已经是明日黄花。

第四只毛毛虫，它不仅知道自己想要什么，也知道如何去得到自己的苹果，以及得到苹果应该需要什么条件，然后制订清晰实际的计划，在望远镜的指引下，它一步步实现自己的理想。

其实我们就是毛毛虫，而苹果就是我们的人生目标——职业成功。爬树的过程就是我们职业生涯的道路。毕业后，我们都得爬上人生这棵苹果树去寻找未来，完全没有规划的职业生涯注定是要失败的。

现代社会，规划决定命运。有什么样的规划就有什么样的人生。我们的时间非常有限，越早规划你的人生，你就能更早成功。

自我测试

什么职业适合我

第十二章

托起生命的希望

——生命教育与心理危机应对

学习目标

知识目标	理解生命的意义和价值；了解大学生心理危机的发展阶段、类型以及表现；掌握大学生心理危机预防及干预的方法；掌握大学生自杀行为的预防与干预
能力目标	掌握心理危机预防与干预方法，提高大学生心理健康水平
素质目标	介绍雷锋事迹，赓续雷锋精神，树立远大人生目标

主题导读

关于“生命的意义”的讨论

有一次上哲学课，老师问大家：你究竟为什么而活？你生命的意义是什么？同学们的回答如下：

“好好活，做有意义的事。”

“为了生活得更好！”

“我想生命的意义也许是在你即将离开人世的时候可以很从容地对自己说，我这一生虽然没有什么大的成就，但是不后悔人生中的每次选择！”

“实现自己的人生价值，做自己想做的事。”

“为了我的父母，父母希望我幸福、快乐地活着。”

“为了爱我们的人而活着，为需要我们帮助的人而活着，为看见自己最灿烂的笑容而活着。”

“活着就是为了拥有一段真挚的爱情。”

“活着为了证明自己存在的意义和价值，做一个对社会有用的人。”

“为了传宗接代，让我优良的基因有人继承，证明这世界我来过。”

“生命的意义就是将生命延续和传递下去。”

“活着是为了追求，是为了拼搏，是为了证明自己，是为了诠释生命的意义。”

“活着的意义是什么？”很多人都曾在人生的某些阶段思考过这个问题，其中绝大部分人是在思考“生命有何目的”这个问题。大学阶段正是人对生命充满迷茫、好奇和探索的阶段。找到自己生命的意义，可以让自己的生活更为充实和多彩。

第一节　生命的意义和价值

一、生命的意义

生命究竟是什么，人们一直在问这个问题。人是生存在各种思想与行动之中的，人在能意识到死亡的悲哀中依然生存，他的生命肯定为某种非同寻常的东西所吸引，这非同寻常的东西便是一种生命的意义。

关于生命意义的界定，不同学者从不同角度提出了对生命意义的不同理解。

Frankl（1963 年）提出生命意义因人而异，因时而变，是一个人在某一特定时间内生活的特定意义，每个人在他的生活里都拥有需要完成的特定的任务或使命。Hedlund（1977 年）认为生命的意义指的是个人存在的意义，也就是个人存在的理由。当个人能意识到自己存在的理由时就会感到有力量，并觉得自己的存在是有价值的。Baumeister（1991 年）认为人们满足对目的的需求、对自我效能感的需求、对公平的需求和自我价值的需求会让人觉得富有意义。宋秋蓉（1992 年）认为生命意义是种能赋予个体存在有方向感与价值感的目标，并借此目标使我们获得一种身为有价值任务的认同感。

虽然不同的学者对生命的意义从不同的角度进行了不同的解释，但他们的解释中有共同的东西，那就是生命意义是很个人性的，是可以感受到自身的存在与价值的，是人类自我所赋予的，是在人们根据某个总体计划，或者说是依照某个总体的生命蓝图来勾画自己的生命方向时才附加上去的，也就是说每个人所选择总体生命蓝图的不同，所勾画出的生命意义也有所差异。

因此，生命的意义是在每一个人勾画自己生命的活动中赋予的，责任在每一个赋予生命意义的人，只有人们去勾画自己的生命，并努力成就自己的生命，生命才会活出意义。

心理视窗　　**人生没有迈不过去的坎**

关于生命的意义，李玫瑾在中国青年报有以下表述：

这两天上网看新闻，总有些令人叹息的消息：清华、北师大、人大，令许多学子向往与敬仰的知识传播圣地，接二连三地发生学生跳楼事件，这不仅对其家人是噩耗，对社会也是如此。

自杀，是怯懦？是不满？是抗争？还是自由意志？

记得在一次对某研究所的硕士、博士生的讲座中我曾接到一张字条，提出的问题是：“生命是自己的，我为什么不能决定了断自己的生命？”我当时的心情是悲哀！生命究竟是谁的？一个人凭什么长大？这个世界上最灿烂的现象是什么？生命究竟意味着什么？

许多儿童不快乐，因为他们没有自由的活动时间，他们的时间都被父母按伟大的理想做了全方位的安排；许多中小学生不快乐，他们的生命已被科学的教育体系所安排；许多大学生不快乐，他们对未来，对人生充满了畏惧。

所以，生命的意义首先需要一种告知：

我们是否告诉过孩子：生命是情意的牵连，从出生起妈妈每天的期待就是看着你一天一种变化，生命在于源源不断，生命更在于一种报恩与情意的美……

我们是否告诉过孩子：个人生命虽然有限，但有限的生命可以创造无限的奇迹，这世上最伟大的奇迹都是生命活动的痕迹，从思想名著，到令人陶醉的音乐，从让全世界受益的电的发明到深究生命起源的科学探索，生命的价值就在于让这个世界丰富多彩……

我们是否告诉过孩子，生活也像莫测的天气，疾风暴雨后才会有绚烂的彩虹。人生没有过不去的坎，磨与难能使生命更有力量，而有力量的生命才有更多的生命感受与奇迹……

生命的意义，为何不留给孩子们竞相寻求答案呢？

生命的意义还在于人生中的种种体验，这些体验有父母的精心设计，也有教育工作者的精心设计，生命教育与生命体验教育是人的所有知识的地基，若缺失这种教育，那么，所有的学科知识都是没有地基的大厦。

体验，应该如何进行？

首先，在体力训练的吃苦体验中培养人的意志力。生命的意义是健康。这种健康从生理到心理。所以，生命的早期不仅仅是智力的开发与培养，更重要的是体力的培养。建议在孩子幼年时一定要让其参加某项体力训练，人只有忍受过体力之苦，才会承受生活之难。培养意志力应从体力训练开始。

其次，在付出体验中培养人的社会责任感。父母要学会示弱，要让年幼的孩子分担家中部分责任。凡包办生活的父母一定得到的是个自私并不知感恩的孩子。在学校，学生也要付出，他们在接受学习的同时就要义务参与社会服务活动，使其懂得这个社会是彼此互助才可生存的社会，在互助中知道人字是相互支撑的道理。

第三，在成功与快乐体验中培养人的价值感。现代教育最大的弊病就是拔尖教育，那些非智力尖子的孩子充满着压力并使其备尝失败感。教育的第一项任务不是灌输知识，而是辨别每一个学生的才能。帮助孩子发掘其特有的才能，让其才能显露并超越他人，让其在接受教育的过程中感受自己的价值与骄傲！由此，活着才能有意义，生命才会有创造！

（资料来源：中国青年报）

二、生命的价值

认识生命的价值需要从生命价值观入手，大学阶段是学生生命价值观形成的关键时期。随着文化、经济、政治的全球化，大学生的生命价值观取向也渐渐呈现多元化趋势。我国绝大多数大学生的生命价值观是积极健康的，但少数大学生仍存在消极狭隘的生命价值观。他们以自我为中心，缺乏人际交往能力，遇到挫折与不顺心就盲目地选择逃避或不理性地归因，常归因于别人，而较少审视自己的欠缺。社会风气、经济压力、就业压力等因素，对大学生积极的生命价值观的形成造成了一定的影响。

（一）生命价值观的含义

生命价值观是指个体关于生命存在及生命价值的基本观点和看法，也是个体对生命及其意义的总体观点和个体体验。具体来看，生命价值观是指个体对有关生命及生命价值、生命意义、人生理想、人生信仰和人生态度等重大问题的根本看法和态度。关于生命价值的认识，总体上可以概括为两个层面。一是认为生命的价值首先应该体现在追求生命自身的全面发展。二是认为生命的价值还应体现在对社会的贡献及文化的传承上，并认为社会价值是生命价值的最高体现。

（二）生命价值观的内容

一般来说，生命价值观的内容包括基础层面的生命本体意识和精神层面的生命价值意识。生命本体意识是指对生命的物质形式的认识，强调的是珍惜自然生命。大学生应该培养积极的生命情感和人生态度，树立远大人生理想，不但要热爱、珍惜自己的生命，也要热爱、珍惜他人的生命和其他的一切的自然生命。生命价值意识是指为了追求生命的存在意义而积极创造、提升生命价值，强调的是提升精神生命。生命是一个不断追求与超越的过程，在这个过程中，生命需要不断充实、发展和完善，不断实现生命价值，不断提升个体的精神生命。提升个体的精神生命，可以说是提升自我生命价值的核心。大学生应该积极培养自己的奉献精神、创造意识和社会责任感。

心理视窗　　萤火虫的价值

有一只萤火虫非常羡慕路灯，因为在路灯下它自己的光芒就显得很微不足道了。

于是它便去赞美路灯，“路灯伯伯，您的光好亮啊！我好羡慕您啊！”

路灯说：“我有什么好羡慕的，我的光都是由发电厂提供的，只要月亮一出来，我的这点光就黯然失色了……”

萤火虫听了这话，赶紧去赞美月亮，“月亮姑娘，您的光好亮啊！我好羡慕您啊！”

月亮说：“我有什么好羡慕的，我的光都是太阳给的，太阳一出来，就看不见我了。我倒是很羡慕你。”

“我？”萤火虫惊讶地问，“我有什么好羡慕的呀？”

月亮会羡慕萤火虫什么呢？为什么萤火虫会羡慕别人？

萤火虫羡慕路灯，因为路灯的光比他的亮；萤火虫也羡慕月亮，因为月亮的光也比他的亮，因此在萤火虫的心中谁亮谁就有价值。但是月亮却羡慕萤火虫，因为萤火虫的光虽然弱，但却是萤火虫自己发的光，所以月亮认为萤火虫有他自己的价值。

因此，在生活中我们发现，如果一个人总认为自己的生命没有价值，那他也会像萤火虫那样羡慕这个，羡慕那个，唯独看不到自己的价值。

第二节　大学生的心理危机

一、大学生心理危机概述

（一）什么是心理危机

根据危机刺激的来源，心理危机大体上可以分为三类：境遇性心理危机、发展性心理危机和病源性心理危机。

境遇性心理危机主要指由各种外部环境造成的危机，通常是出现罕见或超常事件，且个体无法预测和控制时出现的危机。如地震、火灾、洪水、海啸、龙卷风、疾病流行、空难、战争、恐怖事件等。

发展性危机又称为内源性危机、内部危机、常规危机，指正常成长和发展过程中的急剧变化或转变所导致的异常反应，如儿童与父母的分离焦虑，身心发育急剧变化的青少年的情感困惑，青年期的职业选择和经济拮据，对婚姻生活缺乏足够心理准备和处理夫妻角色能力的新婚夫妇等。

病源性心理危机指面对躯体疾病和精神疾病时的心理应激反应。

大学生心理危机是指大学生个体或者群体面临或认为自己面临某种重大生活事件，不能或认为自己不能解决、处理和控制时产生的严重心理失衡状态。

（二）大学生心理危机的特征

1. 突发性

心理危机常常是出乎人意料的，而且具有不可控制性。

2. 紧急性

大学生心理危机的出现如同急性疾病的爆发一样，需要紧急应对、及时反应和给予帮助和服务。

3. 痛苦性

心理危机给大学生带来的体验是痛苦的，而且有可能涉及人格尊严的丧失或者受羞辱等。

4. 无助性

对于心理危机的突然降临，一些大学生突然会感到无所适从，使自己的生涯规划与生活设计等受到破坏和威胁。

5. 危险性

这种危险可能涉及大学生的日常学习与人际交往，严重的可能危及人身安全和生命。

二、大学生心理危机的发展阶段及影响因素

（一）大学生心理危机发展的阶段

心理学研究发现，在面对危机事件时，人们的心理反应通常会经历四个不同的阶段，即冲击阶段、防御阶段、解决阶段和成长阶段。

1. 冲击阶段

在危机事件发生的当时或发生之后不久，激烈的、与日常生活完全不一样的经历与体验会极大地冲击人们的视觉、听觉、嗅觉、触觉等感觉器官，人们会感到震惊、惶恐、不知所措。

2. 防御阶段

人们在应对突发的、从来没有遭遇过的危机事件时的本能行为就是在“逃避－拼搏”之间做选择。当人们发现无法以自己的力量来抗衡的时候，就会选择“逃避”。逃避之后，人们

会在心理上努力恢复平衡，控制自我的焦虑和情绪紊乱，恢复受到损伤的认知功能。当危机事件的冲击超出了个体的承受能力时，人们通常会采取否认、合理化等应对反应。

3. 解决阶段

心理危机解决阶段通常是在危机事件警报解除，人们离开危机事件现场后开始。当回到日常生活环境后，人们会积极采取各种方法接受现实，努力寻求各种资源来设法解决问题。如果一切顺利，人们的焦虑就会开始减轻，自信增加，各种社会功能得到恢复。

4. 成长阶段

在经历了危机事件后，如果我们能很好地重新认识整个事件的发生过程，重新体验和反思自己的心理变化过程，我们会变得更成熟，获得更多的、更有效的应对危机事件的技巧。但是，如果没有这样一个过程，一些人就会出现消极应对的方式，出现种种不健康的情绪和行为。

（二）影响对危机事件反应程度的因素

影响人们对危机事件反应程度的因素主要包括：个体的个性特点、对事件的认知和解释、得到社会支持的程度、以前的危机事件经历、个人的身体健康状况、个人适应变化的能力、有关危机事件信息的获得渠道和可信程度、在危机事件中所处的环境。

面对危机事件而产生心理危机冲突是人的一种正常生活经历。当我们面对危机事件时，所有的各种本能性反应都应当看作是对不正常状态的正常反应。

心理词典　　如何判断自己是否处于危机状态

一般来说，危机具有以下特点，你可以对照判断自己是否处于危机状态。

1. 一种关键的压力事件或长期的压力情境。
2. 个体的悲伤经历。
3. 存在损失、危险和羞辱。
4. 有一种无法控制的感觉。
5. 事件的发生是预料之外的。
6. 日常学习或工作遭到破坏。
7. 未来的不确定性。
8. 紧张持续时间过长(2～6 个星期)。

如果这些特征都呈现出来，那么你处于危机状态的可能性会相当高。如果你能够意识到自己处于压力之下，并充分调动个人的和社会的力量来解除压力的话，说明你还没有处于危机状态。

三、大学生心理危机的类型及表现

大学生心理危机是指大学生个体或群体面临或认为自己面临某种重大生活事件，不能或认为自己不能解决、处理和控制时产生的严重心理失衡状态。大学生的心理危机主要由以下几种：

(一)学习危机

案例

小浩之“伤”

小浩是大学一年级的学生，入学不久就因为打球受伤而办理了请假休息一个月的手续。重返学校后，小浩发现自己跟不上老师讲课的进度，听课就像听“天书”。一开始，他还有些着急，找班级学习委员问一些问题，随后他担心别的同学会笑话他，就索性不问了。上课听不懂他就睡觉，或者干脆逃课出去打游戏。期末考试结束后，他有3门课程不及格。面对这个结果，他很失落，觉得同学们肯定会嘲笑他很没用，他自己也觉得没什么可能再把学习成绩提上去了，索性跟父母说退学算了。

学习是大学阶段里的首要任务。同学们既要达到学位所要求的计算机、英语等级的硬性规定，又要充分利用各种资源，来发展自己的专业知识和技能。即使是在没有多少升学压力的大学，学习也不是一件容易的事情。许多大学生面对学习、考试上的失败，会产生痛苦的情感体验，通常伴有退缩、落寞、不愿与人接触等行为，严重者还可能出现自伤、自杀等行为。

(二)人际交往危机

案例

闺蜜的“冷战”

晴晴和瑶瑶住在同一宿舍的上下铺。两个人都来自同一个城市，平时也经常一起吃饭和学习，是无话不谈的好朋友。前不久，晴晴交了男朋友，每天晚上睡前都和男友打视频电话聊天，有时候聊到夜里11点还意犹未尽，打扰了宿舍其他同学的休息。瑶瑶就把宿舍同学的意见和晴晴说了，希望她能多顾忌一下室友的感受。晴晴听后非常生气，她觉得瑶瑶作为自己的好朋友就要帮着自己说话，不应该和其他室友一起来指责她，甚至觉得瑶瑶是嫉妒她比自己更先拥有了甜蜜的爱情。瑶瑶和晴晴都觉得很委屈，两个人至此很久都没有再说话。但她们既是同学又是室友还是老乡和闺蜜，见面始终特别尴尬，但她们都不知道该如何结束这场“冷战”，重归于好。

人际交往是大学生感到棘手的问题之一。大学生来自五湖四海，一方面他们要积极建立和适应大学的人际圈，另一方面要面对和处理好各种关系。当因性格、生活方式或交往技巧等原因产生人际危机时，如友情突变、宿舍矛盾、与老师发生冲突等，大学生就需要运用各方面的力量去排解危机，获得心理平衡。

（三）情感危机

1. 亲情危机

案例

这一切都怪我

某男，在单亲家庭长大，他妈妈患有癌症多年，但病情也比较稳定。某男高考后被A大学录取，学校与家相隔近千公里，他担心妈妈的身体，犹豫要不要放弃入学。妈妈坚决支持他去读书，而且说自己可以照顾好自己。后来，他怀着忐忑的心情开始了大学生活。入学后，学校对他进行了资助，他的学习成绩也一直不错，还参加了市技能大赛。在大赛期间，他将手机委托给同学保管。赛事结束后，他获得了特等奖的殊荣。正当他欣喜万分，想将这个喜讯告诉妈妈时，他发现电话中有几个舅舅打来的未接来电。他急忙回电话询问，得知妈妈已近弥留之际。他即刻和辅导员请了假乘最近一班火车往家赶，却还是没有来得及见妈妈最后一面。

如今，妈妈已经过世半年多了，他依旧经常以泪洗面。他常常认为这一切都是自己的错误。如果自己不选择去那么远的城市读大学就能在家照顾妈妈，如果自己不去参加大赛就能第一时间接听舅舅的电话，说不定能早点赶回家……这些“如果”压得他喘不过气，尤其是在深夜里，折磨他无法入睡，更无法安心上课，他甚至觉得自己应该陪着妈妈一起走，才能赎清身上的罪，尽好孝道。

大学生在校期间突然接到亲人重伤、亡故、家庭遭遇火灾、重大自然灾害等噩耗时所引起的心理危机。这种危机一是急性的反应，在听闻噩耗后会陷于极度痛苦中。严重者会情感麻木或昏迷，也可能出现呼吸困难，或是痛不欲生、呼天抢地，或是处于极度的激动状态。二是长期的悲伤反应，会出现长期沮丧、悲伤，焦虑、抑郁，或是认为自己对亲人或是家庭不够关心，感到自责或产生负罪感，进而影响日常生活，出现失眠、食欲不振、疲乏、肠胃疾病等状况，严重者甚至会出现自杀观念或是行为。

2. 爱情危机

案例

恨他，更恨我自己

小王和小李是大学四年级的学生，他们相恋已经2年了，感情一直很甜蜜。毕业实习期，小王选择了留在家乡，而小李则收到了上海一家上市公司的实习通知。在经过了几个月的“异地恋”后，小李还是提出了分手。小王觉得痛不欲生，她恨小李为了工作而“抛弃”了自己，同时也恨自己没用，没办法把小李挽留下来。

大学生的爱情观尚不成熟，一旦遇到失恋等感情受挫问题时，就会引起严重的痛苦和愤懑情绪，性格过于内向、偏执或是有人格障碍的学生，有可能会由爱生恨，导致自伤行为，甚至会出现自杀，攻击、伤害他人等恶性事件。

(四)就业危机

案例

我的运气太差了

本科毕业前夕，看着同宿舍其他几位同学都签约了不错的工作单位，小张心里又着急又懊恼。他总想着要尽快找到一个待遇好的工作，这样才有“面子”。可招聘会参加了不少，简历也投出了上百份，面试入围的也不在少数，但是最后不是岗位工资达不到小张的预期，就是小张的专业或者工作经验等不符合单位的要求。总之，他的工作迟迟得不到落实。看着室友们陆陆续续地收拾行装奔赴职场，只留下他一个人在空荡荡的寝室里，他觉得自己的运气太差了，工作找不着，也索性就不找了。此后，他便每天不出门，常常靠饮酒、打游戏度日。

当前大学毕业生的就业形势非常的严峻，许多同学辗转于不同的城市和地区，为的就是寻找到一份理想的工作。但是由于毕业生人数众多，竞争激烈，现实的工作条件难以达到大学生的理想要求等原因，许多同学在找工作的时候处处碰壁。可能有的同学会因为一次次的失败，自信心受到很大的打击就灰心丧气，如果不能及时调整，就会产生过度自卑、消极厌世的情绪，甚至走向极端，结束自己的生命。

第三节　大学生心理危机的预防与干预

一、大学生心理危机的预防

(一)大学生心理危机易感群体

实践研究表明，大学生中心理危机主要发生于一些特殊人群，而且对这些大学生的危害程度也远远大于普通大学生。

1. 贫困大学生

调查显示，最近几年，贫困大学生的绝对数字和比例呈现增长的趋势。贫困生的月生活费约为普通学生的二分之一。他们在生活上大多比较拮据，时常陷入窘境。为了缓解经济压力，他们常常压缩自己各方面的开支，并千方百计地找机会打工赚钱，同时拼命地学习，以期得到较高层次的奖学金。打工跟学习费时间，费精力，很多贫困大学生因此身心俱疲，久而久之，人格发生变化，甚至出现精神失常症状。可见，贫困大学生在学习、生活中要面临比其他人更大的生活压力和心理压力，容易造成一些贫困大学生心理上的过度敏感、自卑及自我封闭等，从而贫困大学生易于引发心理危机。

2. 恋爱中的大学生

大学生所处的生理和心理阶段，使得恋爱成为大学生必然要经历或面对的成长问题。然而，由于在大学前的教育过程中对学生恋爱问题的敏感和抑制，使得大学生在处理恋爱问题及性心理等方面都存在很多问题，一旦感情受挫或是处理不当就容易引发心理危机并可能出现行为上的异常。

3. 就业困难的大学生

在日益激烈的社会竞争中，毕业阶段的大学生面临着严峻的就业压力。从学生时代的轻松安逸到寻找工作的艰难困苦，大学生需要承受巨大的转变和适应压力。在这一过程中，大学生往往容易对社会、生活及整个人生失望乃至陷入绝望，有的甚至选择自杀等极端的手段来摆脱压力。

4. 学习困难的大学生

高校的不断扩招，使一部分学习基础相对薄弱的学生在进入大学之后遇到学习上的困难而成为大学里的学困生。大学学困生群体可以根据学困原因的不同大致分为五类。第一类是学习动机不足或缺乏的学生；第二类是对所学专业不感兴趣的学生；第三类是学习方法不当的学生；第四类是基础薄弱，学习能力较差的学生；第五类是沉迷网络或其他活动而贻误学业的学生。由学习困难而导致的学科不及格及不能毕业等问题容易使大学生产生心理困境并引发心理危机。

5. 有人格障碍的大学生

研究表明，心理承受能力差、人格偏执、易于冲动或怯懦退缩的人，一旦面临危机就会手足无措，心理崩溃，找不到正确的解决办法。自闭、孤僻的人不愿与人交流，使外界帮助无法及时跟进，容易丧失接受干预的机会，从而产生非理智的过激反应。自尊心太强的人常常担心不顺利的事情发生，他们怕露丑，容易产生心理危机。

（二）大学生心理危机的识别

只有了解心理危机的表现，才能对心理危机做出识别，以确定个体是否需要帮助。正确识别心理危机信号是对大学生心理危机进行有效干预的基本前提。

1. 学习与生活层面

成绩大幅度下滑甚至出现多门课程不及格的现象，却找不出原因；经常旷课或者在课堂上常睡觉，不愿意接受别人协助；对自己要求甚高，过分看重分数或无法完成毕业论文，个人承受挫折力又低；对就业抱有很大的期望却未能如愿；沉迷网络难以自控，对其他生活都失去了兴趣；生活忽然变得散漫、没有规律，说不出理由；有既往自杀未遂史或家族中有自杀者；遭遇突发事件而出现心理或行为异常。

2. 心理与身体层面

心理上无缘无故地感到惊慌、恐惧与焦虑；对自己失去信心，否定自己，常与别人说到死亡之类的事情；身体上常常感觉不舒服，医学检查却一切正常；患有严重的慢性躯体疾病，治疗周期长，当事人痛苦难忍。

3. 行为与情绪情感层面

个人坐立不安、注意力不集中、缺少安全感，却说不出所以然；有妄想、幻听、自言自语表现，畏惧与社会接触；生性孤僻、独来独往，落落寡合，拒绝辅导员、班主任与同学的关心；经过多次做思想工作，学生口头上同意改进，但是行动上没有任何进展；长期咨询并超过八次以上，但心理咨询师感觉进展不大；恋爱最近出现重大波折，难以走出失恋的阴影，痛不欲生；患有严重精神疾病，主要是抑郁症、精神分裂症、双向情感障碍等，具有明显的自杀倾向；出现明显的、突然的行为改变，如曾经情绪一直不好，突然变得很平静，甚至比较高兴或者日常生活中较为邋遢，忽然穿着非常整洁等；无缘无故地将自己珍贵的东西送人或有计划地安排后事。

心理视窗　　预防是最好的干预

魏文王问名医扁鹊说："你们家兄弟三人，都精于医术，到底哪一位最好呢？"

扁鹊答："长兄最好，中兄次之，我最差。"

魏文王再问："那么为什么你最出名呢？"

扁鹊答："长兄治病，是治病于病情发作之前。由于一般人不知道他事先能铲除病因，所以他的名气无法传出去；中兄治病，是治病于病情初起时。一般人以为他只能治轻微的小病，所以他的名气只及本乡里。而我是治病于病情严重之时。一般人都看到我在经脉上穿针管放血、在皮肤上敷药等大手术，所以以为我的医术高明，名气因此响遍全国。"

二、大学生心理危机干预

大学生心理危机干预是指采取紧急应对的方法缓解或消除处于心理危机状态的大学生的压力，让其心理功能恢复到正常水平，并获得新的应对技能，以预防将来危机的发生。心理危机干预是在心理学指导下对有心理危机的个体或群体的一种短期的帮助行为，其目的是及时对经历个人危机、处于困境或遭受挫折和将发生危险的对象提供支持和帮助，使之恢复心理平衡。心理危机干预是从短程心理治疗基础上发展起来的心理治疗方法，是以解决问题为目的，不涉及对求助者的人格矫正。心理危机干预一是使危机得以化解，并使个体心理恢复到平衡状态，促进个体心理成长，获得应对危机的能力；二是暂时实现了平衡，但随时可能会反弹或爆发。

（一）大学生心理危机干预原则

1. 预防和教育为主原则

目前大部分高校的心理危机干预仍处于"补救性"的干预阶段，多数是在危机事件已造成不良后果后再做些"亡羊补牢"的事情。这其实是一种被动的干预，结果也只能局限于缓解当事人的心理失衡状态，或恢复其正常的心理功能。大学生心理危机干预的理想目标是要建立基本的预防机制，以预防和教育为主，以达到不需要进行危机干预的状态。

2. 及时性原则

心理危机的发生本身就是突发性的，所以在心理危机干预中时间最为关键，所以不允许做一些无谓的尝试。必须做到及时发现、及时上报、及时干预与及时转介。干预者要及时跟踪了解学生的各种思想动态及变化，根据需要有针对性地提供辅导与帮助。

3. 持续性原则

为了巩固干预效果，干预者必须注意到心理危机干预的长期性与反复性。危机干预虽是短期帮助行为，但绝不是"一次性"的。有些心理危机具有一定的潜伏性，再加上如今大学生的心理复杂性和多样性，使得心理危机干预不可能一步到位，因此干预者一定要站在一定的高度，将当事人经历的心理危机转变为帮助其迅速成长的教育契机，适时建立跟踪、定期回访制度，从根本上对学生的心理危机进行引导与干预。

4. 特殊性原则

特殊对象特殊干预原则。特殊对象主要包括学习困难者、就业受挫者、感情脆弱者、家庭贫困者、人格障碍者等。对于以上各种特殊对象，尤其是那些兼有两项及两项以上情况的学生，干预者应给予有针对性的特殊照顾，更多地为他们提供关怀与支持，必要时还需要主动为其提供个别心理咨询服务，或采用团体心理辅导的形式帮助那些具有大致相同问题的学生，使他们能够正视所面对的心理危机，重新树立战胜困难的信心。

5. 发展性原则

危机，既意味着“危险”，又意味着“机遇”。表面上是客观存在的“危险”，潜在的是发展变化的“机遇”。因此，危机干预不仅要以解决当事人所面临的心理危机为目标，还应遵循“促进当事人和当事人所在团体的发展”的基本原则。同时，当今的大学生正处在一个飞速发展的社会中，知识的更新、环境的变化无时无刻不在影响着他们，也在不断地给他们带来新的心理问题。因此，危机干预者也应不断适应社会的发展与变化，不断加强心理健康教育和危机干预基本知识的学习与训练。

(二)大学生心理危机的自我干预方法

当我们自己遭遇危机时，可以用以下几种方法进行自我干预。

(1)不要等待，要主动寻求帮助。

(2)要相信会有人愿意帮助你。但必须将自己真实的困难和痛苦告诉给所信任的人，否则他们会对此一无所知。

(3)如果倾诉对象不知道如何实施帮助，可以向学校的心理咨询人员寻求帮助。

(4)如果担心心理问题被发现，可以向心理热线或校外专业心理咨询人员寻求帮助。

(5)有时为找到一个真正能实施帮助的人需要求助几个不同的人或机构。应该坚持下去，提供帮助的人一定会出现。

(6)解决心理危机通常需要一个过程，可能需要反复多次地见心理咨询人员或心理医生。

(7)如果医生开药，应按医嘱坚持服用。

(8)避免使用酒精或毒品麻痹你的痛苦。

(9)不要冲动行事。强烈的痛苦会使人更难做出合理的决定。

(三)帮助他人化解心理危机的方法

当发现身边的同学出现了心理危机，可以做以下的事情。

(1)向他们表达关心。询问他们目前所面临的困难及困难给他们带来的影响。

(2)多倾听，少说话。给他们一定的时间说出内心的感受和担忧。

(3)要有耐心。不要因为他们不能很容易沟通就轻言放弃。允许谈话中出现沉默，有时重要的信息会在沉默之后出现。

(4)不要担心他们会出现强烈的情感反应。情感爆发或哭泣有利于他们的情感的释放。

(5)保持冷静。要接纳,不做评判,也不要试图说服他们改变自己内心的感受。

(6)给予希望。让他们知道面临的困境能够有所改变。

(7)要留心任何自杀念头,不论他们用什么方式流露感情。不要怕询问他们是否考虑过自杀,这样不会使他们自杀,反而会挽救他们的生生命。如问“你的心情是否如此糟糕,以致想结束自己的生命?”

(8)在结束谈话时,要鼓励他们再次一起讨论相关的问题,并且要让他们知道自己愿意继续帮助他们。

(9)事先知道他们可能会拒绝帮助。有心理危机的人有时会拒绝承认他们无法处理自己的问题。不要认为他们的拒绝是针对个人。

(10)如果认为他们需要专业帮助,向他们提供转介信息。如果他们对寻求专业帮助恐惧或担忧,应花时间倾听他们的担心,告诉他们大多数处于这种情况的人需要帮助。

(11)如果发现他们有自杀危险,不要承诺会对此保密,应请其他人一起承担帮助他们的责任。

(12)如果发现他们会立即自杀,不要让他们独处。要把他们送到能提供心理服务的诊所或医院。

(13)如果他们已经采取了自杀行为,立刻把他们送往医院抢救。

心理视窗　　南瓜的力量

在美国麻省 Amherst 学院进行过一项很有意思的实验。试验人员用很多铁圈将一个小南瓜箍住,以观察当南瓜逐渐生长时,能够对这个铁圈产生多大的压力。最初,他们估计南瓜最大能够承受大约 500 磅的压力。在实验的第一个月,南瓜承受了大约 500 磅的压力;实验到第二个月时,这个南瓜承受了 1500 磅的压力,并且当它承受到 2000 磅的压力时,研究人员必须对铁圈加固,以免南瓜将铁圈撑破。最后当实验结束时,整个南瓜承受超过 5000 磅的压力后,瓜皮才会破裂。当他们打开南瓜时,发现它已经无法再食用,因为它的内里充满了坚韧、牢固的纤维,这完全是为了想要突破包围它的铁圈。为了吸收充足的养分,以便于突破限制它生长的铁圈,它的根部甚至向泥土里伸展了几万英寸。

通常我们都会有这样的认识,南瓜在铁圈面前处于绝对弱势,因为南瓜不过就是纤维素组成的,被金属切割是理所当然的事,然而就是这样一个看似不堪一击的南瓜,居然可以承受几千磅的压力,如果不是科研人员加固铁圈,我想南瓜会是最终的胜利者,因为它的“心”和“根”都已变得无比坚实。

第四节　正确面对自杀危机

一、大学生自杀行为的特点和类型

自杀是指主体蓄意或自愿采取各种手段结束自己生命的行为。据统计,在我国,自杀已经成为排序第五位的死亡原因,尤其是在 15～30 岁年龄段的青壮年中,自杀已经成为居首位的死因。大学生是自杀的高危人群，并且自杀率有逐年上升的趋势，大学生自杀不仅给个人及其家庭造成了巨大的损失，而且也给社会和国家带来了不良的影响。

(一)大学生自杀的特点

目前对于大学生自杀特点的分析并不多，一些研究者认为大学生自杀主要呈现出以下特点：

1. 自杀时间的集中性

开学初期是自杀的高发期，高校大学生自杀显示出2～4月和9～10月两个小的高峰。

2. 自杀学生年级分布的集中性

低年级学生约占自杀总数的72.7%，尤其是一年级学生问题最多；此外，毕业班学生由于即将踏上社会，常常面临着各种压力，从而导致自杀率也较高。

3. 自杀手段的集中性

据研究显示，70%的大学生选择跳楼的方式自杀，跳楼自杀伤害性大、死亡率高。另外，还有自缢、割腕等自杀方式。

4. 自杀性别上的差异性

女生自杀率高于男生，而男生自杀成功率高于女生。

(二)大学生自杀类型

关于大学生自杀的类型，目前心理学界通常按自杀的原因把大学生自杀分为三类，即患身体或精神疾病者的自杀、冲动型自杀和理智型自杀。

1. 患身体或精神疾病者的自杀

对于患身体疾病，认为前途无望而自杀的大学生并不多见。但是由于患精神疾病而自杀的大学生较多，约占自杀者的10%左右。

2. 冲动型自杀

也称情绪型自杀，通常是因突发性的激情而引起的，是偶然间引起的激愤、悔恨、内疚、羞愧等激情状态下失去控制的冲动行为。这种类型的自杀进程比较快，发展时间短，具有突发性。

3. 理智型自杀

与冲动型自杀相比，理智型自杀不是由偶然的刺激引起的，而是在经过长期的自我冲突，进行了充分的推理和判断之后，逐渐萌发的自杀意念，并且是在有目的有计划地进行自杀准备之后而采取的自杀行为。这种类型的自杀进程较慢，发展时间长，在自杀发展过程中有比较复杂的心理表现。

二、大学生自杀的心理过程及认识误区

(一)大学生自杀的心理过程

虽然大学生的自杀行为乍看起来是突然发生的，但是事实上自杀是许多因素复杂纠缠的结果，自杀大学生在采取自杀行为之前，要经历一个较长的过程，此过程包括三个阶段，每

个阶段都有比较明显的心理表现。

1. 自杀动机的形成阶段

当大学生在客观环境中遇到挫折和打击时，由于人格不健全、情绪调节失调、意志品质薄弱等主观原因，没有办法去应对这种挫折和打击，为了逃避现实，就将自杀作为解脱的手段，这样自杀的动机就随之形成了。另外还有些大学生为了引起人们的注意和获得同情或者为了发泄自己的不满和表示反抗，他们感觉到其他的途径和方式没有奏效，就希望通过自杀这种极端、最具震撼力的方式达到他们最后的目的，也形成了自杀动机。这一阶段主要表现为在生活中遇到难以解决的问题，把自杀当作一种可能的解决手段。在许多自杀的案例中，当事人错误地把自杀当作一种逃避现实生活或在遇到难以克服的挫折和打击时使自己得到解脱的手段。也有很多自杀者因做错了事而产生悔恨、自罪自责的心理，以自杀谢罪，慰藉心灵。有时，自杀也常被用来报复有关的人，使他们感到内疚、后悔和不安。

2. 内心矛盾冲突阶段

当大学生产生自杀动机后，求生的本能会使他们陷入一种生与死的矛盾冲突之中，难以最终做出决定。在这一阶段，自杀者会经常谈论与自杀有关的问题，如预言、暗示自杀，或以自杀来威胁别人。而实际上，这可以说是自杀者发出的寻求帮助或引起别人注意的信号。此时，如果能及时得到别人的关注，或能在他人的帮助下找到解决问题的其他办法，自杀者很可能就会打消自杀的企图，这也是自杀行为可以预防和救助的心理基础。如果保护因素缺失，周围的人没有能够识别出自杀大学生求助的信号，而没有及时给予他们必要的社会支持，他们自杀的意念战胜求生的本能，内心矛盾冲突就解决了，从而做出了自杀的决定。

3. 自杀行为选择阶段

自杀大学生一旦做出自杀的决定，他们不再谈论或暗示自杀，似乎从所面临问题的困扰中解脱出来，抑郁的情绪似乎有所康复，表现得异常平静，给周围人造成一种其心理状态好转的假象。虽然有时可能是真的，但也可能是自杀者已经做出了坚决的自杀决定，认为自己终于找到了解决问题的最终方法，而不再为生与死的选择而苦恼。表面好转的假象是为了摆脱周围人的干预，他们所要做的事情是做自杀的准备工作，如暗地里写下遗嘱、处理心爱物品、选择自杀地点和工具等，如果遇到合适的时机或者恰当的刺激源，就会完成自己的自杀行为。

(二)大学生自杀行为认识误区

对绝大多数人而言，在亲身遇到周围发生的自杀事件之前，都认为自杀是一个遥远而陌生的话题，人们不明白也不理解当事人为什么要自杀。关于自杀的话题，人们本能地逃避；当无法逃避时，便以自己朴素的有限的知识对自杀者和自杀行为进行理解和解释。其实，人们这种理解很多都是错误的，对自杀预防和干预的开展是十分不利的。具体的错误的自杀认知有以下几种：

1. 自杀无规律可循

自杀事件常常带有突发性，一旦发生，周围的人常感到意外、诧异。其实大部分自杀者都曾发生过明显的直接或间接的求助信息，他们在决定自杀前会因为内心的痛苦和犹豫而发出种种信号。

2. 宣称自杀的人不会自杀

当有些人向他人透露自己会自杀，尤其当用语带有恐吓成分时，他人会以为他不过是说说而已，真正想死的人是不会把自己的打算告诉别人的。其实，研究表明，50%的自杀者在自杀前曾经向他人谈论过自杀，这种人很可能会有自杀的举动，必须高度重视。

3. 一般人不会有自杀念头

很多人以为一般人不会有自杀念头，但是国内外的研究结果显示，30%～50%的成年人曾有过一次或多次自杀念头。对于心理健康、家庭关系好的人，自杀意念可能会一闪而过，很少发展为真正的自杀行动；而性格或精神卫生状况存在问题的人在缺乏社会支持时，自杀念头有可能转变为自杀行为。

4. 所有自杀的人都是精神异常者

有人认为只有精神病患者才自杀，但事实证明自杀的人大多不是精神病人，只有20%的自杀患有抑郁症或精神分裂症，大多数自杀者都是正常人。

5. 自杀危机改善后就不会再有问题

有自杀企图的人经过危机干预，状态改善后，情况会好转。周围人常常会误认为自杀危险性降低了，而放松了防范。自杀危机改善后，至少在3个月内还会有再度自杀的可能，尤其是抑郁病人在症状好转时最有危险性。

6. 自杀者非常想死

事实上绝大多数的自杀者通常是在生死之间犹豫不决，他们仅仅是想结束自己的痛苦感受而已。

7. 当一个人试图自杀而未成功，他便不会再有自杀的危险

事实上有自杀未遂史的人是自杀的高危人群。如果他所遭遇的危机并没有解除，他的痛苦并没有得到缓解，那么他再次自杀的手段将更具致命性。

8. 应避免向有自杀倾向的人提及“自杀”，否则会激起当事人的自杀念头

这种担心听起来合乎逻辑，但屡次被科学研究否定。正确的做法正好相反，对怀疑有自杀企图的人，你应该明确地问他是否要自杀，并听他述说对自杀的感受。如果故意避而不谈，反而可能会使其无法从困境中解脱。

9. 当想自杀的人的情绪变得平静了，自杀的危险就降低了

一些情绪极度抑郁或自杀未遂的人，有时情绪突然平静，令周围的人以为危险已过。正在人们放松防范时，可能突然自杀。其实那样的平静往往表明其已经做出决定，死意已决，正在思考死的方法。

10. 自杀是他的权利，我们应当尊重他的选择

可以说这是关于对自杀认识的最大误解。事实上，尽力保障一个人的生命存在及安全，才是对人权的最大尊重。

三、大学生自杀行为的预防和干预

（一）大学生自杀行为的预防

自杀行为的个人预防是大学生避免自杀行为的关键。除了患精神疾病的人之外，绝大

多数自杀者是神志清醒的，而且从最终意义上来说，自杀是个人的决定和个人的行为。因此，为了避免自杀行为的出现，关键的是要进行个人预防。

1. 树立正确的人生观

自杀往往都是在遭遇挫折时，没有勇气面对现实而采取的极端行为，因此应提高抗拒挫折的能力，改变对事物的看法，使自己能够尽快地从旋涡中摆脱出来。要做到这一点，树立正确的人生观、价值观，拥有远大的理想和目标是必不可少的。这个目标可能不一定伟大，但它能使人具有强烈的责任感，并蕴涵生活的勇气。一个志向远大、知识水平高的人往往对人生有清醒的认识，能理智地分析挫折、调控情绪。具有科学的人生观，对人生充满希望，自然就不会被一时的情绪所左右，被一时的困难所吓倒，即使有悲观失望的时候，甚至有自杀的念头，也往往能够自我干预。

2. 培养良好的个性特征

心理学研究表明，一个人的心理健康状况与其个性特征有着非常密切的关系。心胸宽广、乐观开朗、爱好广泛的人往往能正确面对和处理各种挫折。而自杀者一般情绪不稳定、自卑、感受性强、依赖性强、自我显示性强、思考缺乏灵活性等。所以，应自觉地加强个性修养，克服不良个性品质，积极主动地培养良好的性格特征，从理论上掌握应付挫折的各种方式和各种调控情绪的技术，在日常生活中有意识地加以运用，锻炼自己抗挫折的能力，把一些琐碎的烦恼和困扰当作自己的试金石，时常磨炼自己，化消极为积极。

3. 寻求社会支持

社会支持是一种相互依存、可靠的人际关系，个体能够从这种关系中获得有效的帮助。家庭、邻居、朋友、同学、同事等都是社会支持的组成部分。大量研究表明，在同样的压力情境下，那些得到较多社会支持的人比很少获得类似支持的人的心理承受能力更大，身心也更为健康。因此，要有效地预防自杀，应建立完善的社会支持系统。应创造温暖和睦的家庭气氛，扩大交往，处理好与同学、老师等方面的关系，建立宽松、愉快的人际环境等。当遇到重大挫折或心理压力时，应积极寻求这些社会支持，以帮助自己渡过难关，走出死亡的阴影。例如，遇到不顺心的事，就找个朋友聊一聊，甚至在自己的亲人面前痛哭一场，以宣泄内心的情绪。

4. 寻求专业机构的帮助

专业机构其实也是社会机构的一部分，在这里单独加以强调。专业机构主要指各种各样的心理咨询和心理治疗机构。当一个人遇到巨大心理压力的时候，可以向亲朋好友寻求帮助，也可以向专业人士寻求帮助。经过专门训练的咨询人员能耐心倾听来访者的烦恼，严格保守来访者的秘密，由于他们掌握科学的理论和方法，所以这种帮助往往更加有效。因此，在我们的通讯录上记下生命热线的电话号码，记下心理咨询机构的地址和电话，是对自己的一种保护，也是对生命的一种尊重。

心理视窗　　生与死的抉择

在一次森林大火中，蚂蚁家族不得不进行一次大规模的迁徙。

面对熊熊的大火，大大小小的蚂蚁迅速地结成一个球体。为了那一线生的希望，它们冲向了火海。

伴随着一阵噼噼啪啪的声响，最外层的蚂蚁被火吞噬了，烧焦了。

然而，这蕴含着生命的团体仍向前滚动着，噼啪声越来越响，蚂蚁团越来越小，最后滚出火海的蚂蚁只剩下了一小团……

这是一个感人至深的蚂蚁的故事。在生与死的抉择中，有谁不渴望生呢？可是，这群蚂蚁却生得艰难，死得辉煌。

(二)大学生自杀行为的干预措施

如果身边的人有了自杀的念头，应从以下方面帮助他们。

(1)警觉身边同学的自杀信号

很多人在自杀之前已经综合考察过周围的人并向他人或多或少发出了信号，但往往没有引起他人的注意。

(2)作为非专业人士，保持冷静，不做评价地倾听是很好的办法。

(3)相信、认可他们表露出来的痛苦情绪，不要评判，不要说他们不应该这样想，也不要说他们不应该有这样的感受，更不要试图说服他们改变自己的感受。

(4)询问他们是否想自杀，如问“在你痛苦、绝望的时候想到要结束生命吗？”

(5)不要轻视，当他们说想要自杀或是不想活了时应认真对待，不要以为那只是开玩笑。

(6)如他们要你对其想要自杀的事情或者已采取的自杀行动给予保密时，不要答应。

(7)让他们相信可以获得所需要的帮助，并鼓励他们寻求这些帮助。

(8)应该告知与其关系密切的人(如班长、老师、他的家人以及心理咨询师等)；并说服他们和你一起来承担帮助他的责任，而不是一个人独自扛着这个重担。

(9)尽量帮助其与学校的心理咨询中心或精神卫生机构取得联系，寻求专业的帮助，包括必要的药物帮助。

(10)如果你认为他们当时自杀的危险性很高，千万不要让其独处，要立即报告老师或陪他们去心理卫生服务机构或医院接受评估和治疗；如果觉得局面不可控时，要立即报警。

(11)对刚刚出现自杀行为(服毒、割腕等)的人，要立即送到最近的急诊室进行抢救。

思政元素

雷锋的人生叩问

“如果你是一滴水，你是否滋润了一寸土地？如果你是一线阳光，你是否照亮了一分黑暗？如果你是一颗粮食，你是否哺育了有用的生命？如果你是一颗最小的螺丝钉，你是否永远守在你生活的岗位上……在生活的仓库里，我们不应该只是个无穷尽的支取者。”这则雷锋1958年6月7日写于团山湖农场的日记，是对人生价值的叩问——一个人该如何活着？

雷锋，原名雷正兴(1958年10月改为雷锋)，乳名庚伢子，1940年12月18日出生在长沙县望岳乡(后又称安庆乡、坪山公社，今长沙市望城区雷锋镇)简家塘一个贫苦农民家庭。一家靠租种地主的田土维持生计，常常是“禾镰上壁就揭不开锅”。在不到6年的时间里，贫病相煎的一家中，爷爷、父亲、哥哥、弟弟、母亲先后离世，不到7岁的雷锋成了孤儿。

“我活着，只有一个目的，就是做一个对人民有用的人。”一个令许多人苦思冥想而不得其解的命题，被一名年轻士兵用行动酿成了一壶甘醇。半个世纪前，雷锋这位普通士兵，以其短暂的23岁的生命，诠释了人性中最可贵的品质——真善美。

雷锋，犹如湘江之滨一座熠熠生辉的精神坐标，为他当初的人生叩问给出了最佳答案——是战友渴时的“一碗水”，乡邻饿时的“一把粮”，素不相识的路人冷时的“一团火”。雷锋用自己短暂而璀璨的生命，践行了当年自己的诺言：生命的价值，就是全心全意为人民服务。

复习思考题

1. 小组讨论生命的意义是什么？
2. 试述大学生心理危机的类型及表现。
3. 谈一下如何预防心理危机？
4. 大学生自杀行为的特点有哪些？大学生如何预防自杀行为？

心灵阅读

桑德伯格的文章摘选

Facebook COO——雪莉·桑德伯格（Sheryl Sandberg）的丈夫戴夫·高德伯格（Dave Goldberg）于2015年5月3日因意外离世，时隔1个月时间，桑德伯格再次在Facebook上发表文章，表达自己对丈夫的思念。

我的一个童年好友最近告诉我说，他听到过的最有力量的一句话是“请不要让我在活着的时候死去”。在失去戴夫之前，我根本不理解这句话。现在，我懂了。

我想，当悲剧发生时，人们会面临选择。过去三十天里，有很多时候我陷入了空洞之中。我也知道，未来的日子里，我仍然会经历许多被无边的空虚吞噬的时刻。但是，我想选择我的生活和其中的意义，在我能够这样做的时候。悲痛是极其个人的体验，但是那些向我敞开心扉分享他们自己悲痛体验的人，他们的勇敢让我能够支撑下去。其中有些人是我最亲密的朋友，还有一些是我完全不认识的陌生人。所以我也想分享我从中学到的一些东西，希望能帮助到更多的人，希望这一起悲剧能够带来某些意义。

过去的三十天，我像是过了三十年，我多了三十年的悲伤，但也感觉自己多了三十年的智慧。

我更加深刻地理解了身为人母的意义，这部分来自我的孩子们哭叫时我感受到的深沉悲痛，部分则来自我的母亲对我所承受的痛苦的理解。每一天晚上，她都会躺在我身边填补我的空虚，搂着我，直到我哭累之后睡着。为了让我的泪水有释放的空间，她努力忍住自己的泪水。她对我说，我的痛既是我自己的，也是我孩子的痛。我看到她眼睛里的痛，明白了她的话。

我也知道了，原来我从来就不知道怎么去安慰那些需要帮助的人。我以前说的话都是错的；我一直对人们说，一切会好起来的，我以为希望是我能够给他们的最好的安慰。我的一位癌症晚期的朋友对我说，人们对他说的最糟糕的话就是“一切都会好起来的”。那句话会一直在他的脑海里尖叫。你怎么知道一切会好起来呢？你知道我可能会死吗？在过去一个月，我理解了他的这句话。真正的同情，不是坚持说一切会好起来的，而是承认一切不会好起来。当人们对我说，“你和你的孩子们会重新快乐起来的”，我的心告诉我，是的，我相信，可是我知道我永远也不可能感受到单纯的快乐了。

也有人对我说，“你的人生会恢复正常，可是再也不会像从前那样美好”，这样的话反而更能够安慰我，因为他们知道真相，并且告诉了我真相。

即使是出于最大的善意而问出来的一句简单的“你过得怎么样”，也不如换成问我“你今天过得怎么样”。当人们问我“你过得怎么样”的时候，我几乎忍不住要吼出来，“我的丈夫一个月前死了，你觉得我现在过得怎么样了？”可是当我听到“你今天过得怎么样”的时候，我知道，对方知道我现在能够做的，是努力度过今天。

我也有一些实际的体会。虽然我们现在都知道戴夫是当场死亡的，可是在救护车里的时候我并不知道这一点。去医院的那段路慢得让我难以忍受，我到现在仍然恨不肯给我们让路的每一辆车，恨那些惦记着自己早几分钟到达目的地而不愿意给我们让路的每一个人。在很多国家和城市开车的时候我都发现了这个现象。让我们给救护车让路吧，因为有人的父亲母亲，有人的伴侣，有人的孩子，他们的生命可能依赖于此。

我也知道了世间万物看起来是何其短暂——或许，它们就是如此短暂。你脚下的那块地毯，随时都可能在完全没有警告的情况下被抽走。在过去的三十天里，我听到了太多的女人在失去伴侣之后的故事，她们脚下的许多块地毯都被抽走了。有些人缺乏帮助，只能独自面对情感上的悲痛和经济上的困境。在她们极其需要帮助的时候放弃这些女性和她们的家庭，在我看来是极不应该的。

我学会了寻求帮助——我还知道了我有多么需要帮助。我一直是个大姐姐，是做事情的人，是做计划的人。我没有预计到那件事的发生，当它发生的时候，我再也没办法做任何事。那些我最亲近的人接管了一切，他们帮我做计划，帮我做安排。他们告诉我坐在哪里，提醒我吃饭。直到现在他们仍然给我和我的孩子提供着极大的帮助。

我也知道了，坚韧是一项可以学习的技能。亚当告诉我，我需要掌握三件对培养坚韧至关重要的事。首先是不把“自己”卷入其中，要意识到这不是我的错，他告诉我要忘记“对不起”这个词，要一遍一遍地对自己说，这不是我的错。其次是不把“永远”卷入其中，要记住我不会永远这样痛苦，事情会好起来的。最后是不让事情无止境扩大，这件事没有必要影响我生活中的每一个方面，学会做出区隔才是健康的做法。

对我来说，重新过渡到工作中是一个拯救自己、让自己觉得有用和与外界重建联系的机会。但是我很快发现，即使这样的联系也已经改变了。很多同事看到我走过来的时候眼睛里都出现了畏惧。我知道那是为什么——他们想帮我，却不知道该怎么帮。我应该提那件事吗？还是不应该提？如果我提起来的话，我到底要说些什么呢？和同事之间的亲密关系对我来说非常重要，我意识到我需要去重新建立起那样的关系。

所以，我需要让他们走进我的内心，而那意味着我需要比自己以往想要表现的样子更加开放、更加软弱。我告诉那些和我工作最紧密的同事，他们可以诚实地问我问题，我会回答。我还说，他们可以讨论自己的感受。其中一个同事对我说，她曾经开车经过我家很多次，但是不知道是不是应该进来看看。另一个同事说，每次我在他旁边的时候他都会觉得窒息，因为担心自己会说错话。坦诚的交流从此代替了对说错话或者做错事的担心。

我一直很喜欢的一部卡通里有一头在房间里接电话的大象,它说:“我是大象。”当我承认了这头大象的存在,我们就能够把它从房间里面赶走。房间里的大象是一句谚语,指那些显而易见但是人们因为某种原因假装不存在的东西。

但是也有一些时候,我不能让别人进入我的内心。有一天我去学校参加活动,在那里孩子们给家长展示挂在教室墙上的自己的作品。有很多很多的家长——他们全都出于好意——想要和我有眼神接触,想要对我说一些安慰的话。因为害怕自己会崩溃,我一直低着头,不让任何人看到我的眼睛。我希望他们能够理解。

我也学会了感激。对那些我从前习以为常的东西怀有的真正的感激——比如生命。虽然我如此心碎,但是每天看到我的孩子们,我都会为他们拥有生命而感到欣喜。我感激他们的每一个微笑和每一次拥抱。我不再对每一天习以为常。一个朋友告诉我他讨厌生日,所以不准备庆祝,我含着眼泪对他说:“好好庆祝生日吧,每一次过生日都是幸运的事。”我的下一个生日一定会像身陷地狱一样痛苦,但是我在心里比以往任何一个生日都更加坚定地想要庆祝。

我对许许多多给予我同情的人深怀感激。一个同事告诉我,他的太太——一个我从来没有见过的女性,为了表示对我的支持,决定回到学校去完成学业,这件事她已经拖了很多年。是的!我比以往更加相信只要条件允许,女性要挺身而进。也有许许多多的男性——有些我非常熟悉,还有一些我可能永远也不可能认识——为了表达对戴夫的纪念,开始抽出更多的时间陪伴家人。

为了让我相信他们会一直陪在我身边,我的家人和朋友们为我付出了那么多,我没办法表达我对他们有多感激。在我被空洞感吞没的最残酷的时刻,在我未来的人生中会被无尽的年年月月拉长的空虚之中,只有他们的爱能够带我走出孤独与恐惧。我对他们的感激之情难以言尽。

有一次,我和一个朋友谈到因为戴夫不在而没办法完成一个需要父亲和孩子一起参加的活动。我们一起想了一个如何代替戴夫角色的计划。我哭着对他说,“可是我想要戴夫,我想要选项 A。”他伸出手臂搂着我说,“选项 A 已经不在了,让我们把选项 B 好好用起来吧。”

戴夫,为了纪念你,为了好好抚养你的孩子们,我承诺我会好好地把选项 B 给用起来。我仍然会纪念选项 A,我会一直纪念选项 A。

我爱你,戴夫。

自我测试

青少年生活事件量表

参考文献

［1］张日冉，黄子鉴，李霞．新编大学生心理健康［M］．大连：大连理工大学出版社，2012.

［2］葛廷友．大学生心理健康［M］．北京：北京航空航天大学出版社，2013.

［3］段鑫星，赵玲．大学生心理健康教育［M］．北京：科学出版社，2016.

［4］夏林，李晓军，李光．大学生心理健康教育［M］．杭州：浙江大学出版社，2013.

［5］董朝燕．大学生心理健康教育［M］．北京：新华出版社，2021.

［6］王岩，于滢慧．大学生心理健康教育［M］．北京：北京邮电大学出版社，2013.

［7］吴南中，彭飞霞．心理学与健康生活［M］．成都：电子科技大学出版社，2019.

［8］张萍，彭德珍，于婷．大学生心理健康教育［M］．重庆：重庆大学出版社，2022.

［9］吴静．大学生心理健康教育［M］．郑州：河南科学技术出版社，2012.

［10］张海婷．高职大学生心理健康教育［M］．北京：北京理工大学出版社，2020.

［11］王建平，张宁，王玉龙．变态心理学［M］．北京：中国人民大学出版社，2013.

［14］钱铭怡．变态心理学［M］．北京：北京大学出版社，2016.

［15］彭聃龄，陈宝国．普通心理学［M］．北京：北京师范大学出版社，2023.

［16］孙英华．大学生心理健康［M］．北京理工大学出版社，2012.

［17］武继素，曾庆．大学生心理健康教育教程［M］．北京：中国人民大学出版社，2013.

［18］张双庆，何全旭．新编大学生心理健康教程［M］．北京：人民邮电出版社，2012.

［19］樊富珉．大学生心理健康与发展［M］．北京：清华大学出版社，2007.

［20］朱智贤．心理学大辞典［M］．北京：北京师范大学出版社，1989.

［21］张春兴．现代心理学［M］．上海：上海人民出版社，2005.

［22］黄希庭．心理学［M］．上海：上海教育出版社，2020.

［23］葛明贵，王军，施玉琴，等．大学生心理健康教育［M］．北京：教育科学出版社，2014.

［24］方平．自助与成长——大学生心理健康教育［M］．北京：教育科学出版社，2010.

［25］君晓．受益一生的 2000 个心理健康故事［M］．北京：新世纪出版社，2007.